Odile de BISSCHOP
16, Rue Dauphine
75006 PARIS

Passeurs de vie

DU MÊME AUTEUR

Le corps de chair, Cerf, 1992 (traduit en italien).
Le mariage, tout simplement, Éditions de l'Atelier, 1994 (traduit en italien, espagnol, portugais, polonais).
Le corps de l'esprit, Vie chrétienne, 1995, Cerf, 1999 (traduit en italien).
Les mirages de l'amour, Bayard – Novalis, 1997.
La traversée de l'impossible, Vie chrétienne, 2000 (traduit en italien).
L'avenir, c'est l'autre, Cerf, 2000.

Direction d'ouvrages

Le divorce est-il une fatalité ?, Desclée de Brouwer, 1992.
Homme et femme, l'insaisissable différence, Cerf, 1993 (traduit en portugais).
L'amour du semblable. Questions sur l'homosexualité, Cerf, 1995.
Oser dire le mariage indissoluble, Cerf, 2001.

Xavier Lacroix

Passeurs de vie

Essai sur la paternité

Bayard

ISBN 2.227.47062.3

3 et 5, rue Bayard, 75008 Paris

À mon père,
à mes pères.

Je remercie

Marie-Anne mon épouse,
mes amis Alain Grandjean et François Poinas
qui ont accompagné toute la rédaction de ce livre.

Je remercie aussi pour leur aide et leurs conseils :
Pierre Benoît, Jean Comby, Michèle Debidour, Michel Fournier,
Jean-Marc Ghitti, Pierre Giuliani, Vincent Laupies,
Pierrick Madinier, Philippe Mercier, Paul Moreau,
Bernard Philippe, Jacques Philippe, Claude Plettner,
Guy Raymond, Jean-Pierre Rosa, Jean-Claude Sagne.

Introduction

Une petite fille marche dans la rue en tenant la main de son père. Elle multiplie les pas pour suivre son allure, tandis que lui-même ralentit les siens pour s'accorder à son rythme. Légèrement penché vers elle, il l'écoute lui raconter, joyeuse, sa journée. Votre regard s'arrête alors sur l'image de ces deux mains. La grande, puissante, velue, virile, et la petite, lisse, tendre et fragile. Quelle image est-elle plus signifiante de la paternité ? Une main guide, tire, assure contre les dangers de la ville ; l'autre se fie, prend appui, se laisse entraîner. Mais c'est aussi par affection qu'ils se tiennent la main. Ce geste est langage ; il dit un lien, aux harmoniques multiples. Lui accepte d'être dépendant, retenu par plus petit que lui ; elle fait confiance, se laisse conduire. Une intuition vous traverse alors l'esprit : peut-être est-ce aussi la petite main qui retient la grande en lui disant : reste avec moi, reste avec nous, ne pars pas ! Ce lien, en effet, à quoi tient-il lui-même ? La petite main serait-elle assez forte pour retenir la grande ? Rien n'est moins sûr. Pour que le lien dure (et pour qu'il ait le temps de se transformer, jusqu'au détachement), il lui faut un autre ancrage, un pacte avec une tierce personne absente en ce moment, lien de chair et de parole avec une femme sans le corps de laquelle cette scène n'existerait pas.

Peu de nos contemporains sont insensibles à l'image qui vient d'être évoquée. Pour le plus grand nombre d'entre eux, le lien paternel est d'un grand prix, ainsi qu'en atteste, chez les hommes, la force du désir d'engendrer, leur souffrance lorsqu'ils sont séparés de leurs enfants ou alors, chez ces derniers, le déchirement éprouvé lors de la mort du père. Tous ont l'intuition qu'autour de ce lien, invisible et secret, se nouent des enjeux existentiels très profonds. Difficile à définir simplement, il a, dans certaines cultures ou à certaines époques, été conçu surtout en termes de puissance ; mais, dès lors que l'on s'écarte de ce registre, il laisse deviner des ressorts beaucoup plus essentiels, d'ordre éthique et spirituel.

Il se trouve pourtant que, depuis une trentaine d'années, ce lien est dit *en crise*. Après avoir été, pendant des siècles, le principe premier de la cohérence des liens familiaux, il est devenu le « maillon faible » de leurs bouleversements. Plus de deux millions d'enfants vivent aujourd'hui, en France, sans la présence de leur père sous le toit familial[1]. Quant à la figure paternelle, encore mal remise des soupçons dont elle a été l'objet dans la culture des précédentes décennies, elle est devenue incertaine, floue, problématique. Aussi avons-nous vu fleurir, depuis quelques années, abondance de publications aux titres plutôt inquiétants : *La déroute des pères* ; *Les pères jetables* ; *Chacun cherche sa place* ; *Les mésaventures du père* ; *La fragilisation du lien paternel* ; *Les pères dépossédés* ; *Pères manquants, fils manqués* ; *Y a-t-il encore un père à la maison ? Sans père et sans parole*[2]. La littérature, le cinéma, les bandes dessinées nous offrent à loisir des images de pères défaillants, absents, disparus, puérils, errants, alcooliques, violents[3].

À la fin du XXe siècle, la figure du père était loin de bénéficier de la prestance et de la netteté qui furent les siennes durant deux millé-

1. Évelyne Sullerot, *Le grand remue-ménage*, Fayard, 1997, p. 188.

2. Dans l'ordre : *Le Monde*, 21-9-94 ; *La Vie*, 25-8-94 ; *La Croix*, 20-10-95 ; *Sciences humaines*, n° 112, janvier 2001 ; *Espaces et familles*, n° 17, 1991 ; Bruno Décoret, DDB, 1988 ; Guy Corneau, éd. de l'Homme (Québec), 1989 ; Jacques Arènes, Fleurus, 1997 ; Didier Dumas, Hachette, 1999.

3. Michel del Castillo, *De père français* (1998) ; Jean-Louis Fournier, *Il a jamais tué personne, mon papa* (1999) ; Philippe Vilain, *La dernière année* (1999) ; Alain Rémond, *Chaque jour est un adieu* (2000). Au cinéma : *Paris, Texas*, de Wim Wenders (1984) ; *Y aura-t-il de la neige à Noël ?* de Sandrine Veysset (1986) ; *Mercredi, folle journée*, de Pascal Thomas (1998) ; *Tout sur ma mère,* de Pedro Almodovar (1999) ; *Elephant*, de Gus Van Sant (2003).

naires, depuis trois siècles surtout. Abraham, Isaac, Jacob, Ulysse, Gargantua, Dom Diègue, le père selon Victor Hugo, « ce héros au sourire si doux », avaient cédé la place au père de l'Œdipe freudien, à ceux de Kafka, d'André Gide, de Céline ou de Jean-Paul Sartre. En 1963, le chef de file de l'existentialisme français pouvait écrire : « Il n'y a pas de bon père, c'est la règle ; qu'on n'en tienne pas grief aux hommes mais au lien de paternité qui est pourri. Faire des enfants, rien de mieux ; en avoir, quelle iniquité[4] ! » Le lien de filiation n'a pas très bonne presse dans une philosophie de la liberté comprise comme autocréation de soi par soi. Pour la pensée selon laquelle « l'homme sera d'abord ce qu'il a projeté d'être[5] », le donné de naissance est conçu comme une limite, la tutelle paternelle comme une entrave et chacun, finalement, doit devenir son propre père.

Il semble qu'au tournant du siècle, la donne ait changé. Après le temps des parricides est venu celui des orphelins. Nombre d'œuvres littéraires ou cinématographiques attestent moins d'une révolte contre le père que d'une quête de celui-ci. Voici le temps des hommages au père, de ces écrits à travers lesquels fils ou filles reconnaissent – souvent après sa mort – celui qui était resté pour eux un inconnu, ou encore de ces récits de recherche du père, sur fond d'absence ou de rendez-vous manqués[6]. L'un et l'autre, hommage et quête, se rejoignent quelquefois, comme si le fils, en sauvant la mémoire du père, sauvait sa propre filiation, redonnant vie par l'écriture à celui dont il redécouvre après coup la grandeur. Plusieurs de ces thèmes se trouvent réunis dans le beau film d'Anne Fontaine : *Comment j'ai tué mon père* (2001), où le retour d'un père absent depuis de longues années réveille souffrances et rancœurs, en même

4. Jean-Paul Sartre, *Les mots*, Gallimard, 1963.
5. Jean-Paul Sartre, *L'existentialisme est un humanisme* (1946), Nagel, 1968, p. 23.
6. Paul Auster, *L'invention de la solitude* (1982) ; Annie Ernaux, *La place* (1983) ; Michel Braudeau, *Mon ami Pierrot* (1993) ; François Weyergans, *Franz et François* (1997) ; Jean Rouaud, *Des hommes illustres* (1999). Au cinéma : *Paysage dans le brouillard*, de Théo Angelopoulos (1988) ; *Les enfants volés*, de Gianni Amelio (1991) ; *Smoke*, de Paul Auster (1995) ; *Mon père, il m'a sauvé la vie*, de José Giovanni (2000).

temps que la présence de ce tiers à la fois proche et lointain révèle failles et mensonges dans la famille de ses fils. C'est en découvrant leur commune faiblesse qu'après un combat « à mort » l'aîné pardonnera à son père dans un geste d'apaisement, en lui donnant la caresse qu'il n'a pas reçue. Il pourra alors devenir père à son tour.

Il se trouve, paradoxalement, qu'au moment où littérature et sciences humaines sont ensemble centrées sur les fragilités du lien et de la figure paternels, nous assistons à un renouveau de la paternité. Rarement les pères ont été aussi proches de leurs enfants, aussi désireux de partager les tâches éducatives, aussi soucieux de la qualité de leur vie conjugale et parentale. « Jamais, écrit Jacques Arènes, les pères n'ont été si proches affectivement, et peut être n'y a-t-il jamais eu autant d'interrogation sur leur absence[7]. » Voici ceux que l'on se plaît à désigner comme *les nouveaux pères*. Participant dès la grossesse aux séances de préparation à l'accouchement, intensément présents lors de la naissance aux côtés de la mère, comme en témoigne le récit de Denis Marquet[8], ils s'impliquent dans les premiers soins et dans l'éducation des premières années d'une manière qu'à certains égards l'on peut qualifier d'inédite. Mais l'accentuation de cette « nouveauté » est souvent excessive. Contrairement à une opinion répandue, il n'y a pas un abîme entre la paternité contemporaine et celle des générations antérieures. Globalement et culturellement, l'écart est incontestable mais, dans les conduites particulières, les « nouveaux pères » furent de tous les temps. Ils existaient déjà au Moyen Âge, relève l'historienne Sandrine Hubaut[9], et plus encore à partir de la Renaissance. Au IVe siècle avant Jésus Christ, Aristote pouvait écrire : « Les parents chérissent leurs enfants comme étant

7. Jacques Arènes, *Y a-t-il encore un père à la maison ? op. cit.*, p. 25.
8. Denis Marquet, *Père*, Albin Michel, 2003.
9. « Le Moyen Âge eut ses "nouveaux pères", tendres et impliqués dans les soins maternels, en référence à l'idéal de la Sainte Famille. » Sandrine Hubaut, « Regards croisés sur le père », in *L'aventure de la paternité*, dossier spécial du *Nouvel Observateur*, décembre 2002, p. 22.

quelque chose d'eux-mêmes[10]. » Et, plus anciennement encore, le psalmiste : « Comme est la tendresse d'un père pour ses fils, tendre est le Seigneur pour qui le craint » (Ps 103).

Par ailleurs, le « nouveau modèle » n'est pas sans fragilités, ni limites. Trois questions au moins se posent à son propos. En premier lieu, celle de sa durée. Combien de temps le père restera-t-il à la maison ? Autrement dit : quelle est la solidité du lien qui le relie à la mère ? La montée du divorce, le fait que, dans près de neuf cas sur dix, l'enfant soit confié à la mère, le fait aussi que, dans le concubinage, la situation soit encore plus fragile donnent à penser que le lien paternel est la principale victime de la fragilisation du lien conjugal. Il est, selon l'expression d'Évelyne Sullerot, le « fusible » qui saute au premier court-circuit. « Le seul segment qui tienne, résume Louis Roussel, est le segment mère-enfant[11]. »

Une seconde question soulevée par le modèle des « nouveaux pères » est celle de sa différenciation par rapport au modèle maternel. « Le père est une mère comme les autres », titrait un article récent, repris comme annonce d'une émission télévisuelle[12]. C'est surtout autour des premiers jours, des premiers mois, premières années peut-être, que son rôle est mis en valeur. Il se coule alors dans celui de la mère. « Les bons pères, écrit un sociologue canadien, ce sont ceux qui se comportent comme de bonnes mamans. Ce qui porte l'image du père, son vecteur, c'est l'agir féminin[13]. » On a pu dire qu'il s'agit plus, alors, de *paternage* que de paternité. La question mérite d'être débattue, car il n'est pas exclu que des gestes apparemment similaires prennent une tonalité et une portée différentes lorsqu'ils sont accomplis par un homme, par un corps

10. Aristote, *Éthique à Nicomaque*, VIII, 14.

11. Louis Roussel, « L'avenir de la famille », *La Recherche*, n° 214, octobre 1989, p. 125.

12. Dans le dossier spécial du *Nouvel Observateur* cité plus haut. Émission *Envoyé spécial*, France 2, 1-05-03.

13. Germain Dulac, *Revue Notre-Dame* (Québec), n° 7, juillet 1994.

masculin. Mais cela demeure à éclaircir : la mise en valeur de la différence sexuelle n'est pas le point fort de notre culture. Nombre d'incertitudes sur la paternité proviennent d'un doute profond sur les valeurs liées à la masculinité et, plus encore, à la virilité. « Nous assistons à une formidable crise de l'identité masculine », affirme Paul Yonnet, avant de développer : « Les enfants vont se trouver confrontés au modèle de l'interchangeabilité. Ils verront leur mère jouer tous les rôles, devant un père incertain et repenti, tour à tour suspect d'autoritarisme et de laxisme, d'archaïsme et de copinage[14]. » La corrélation entre l'identité paternelle et une relation entre les genres qui marie avec bonheur égalité et différence sera une des thèses de cet ouvrage. Mais cela est-il possible ?

La troisième question annoncée concerne, comme la première, la durée, mais sous un autre angle. Passé les premiers mois ou années, passé le « paternage », l'enfant va s'affirmer, devenir adolescent. Il aura besoin d'une présence proprement *paternelle*, d'une parole différente de celle de la mère. L'interchangeabilité des rôles ne suffira pas. L'enfant, puis l'adolescent, auront notamment besoin d'une certaine forme d'autorité, dont la culture actuelle ne favorise guère l'expression, encore moins la réception. Depuis qu'il n'est plus le « chef de famille », et *a fortiori* s'il est l'« auxiliaire de la mère », d'où le père tient-il aujourd'hui son autorité ? De toute évidence, une telle fonction suppose un appui social, une confirmation symbolique, un statut. Il en va de même pour une autre fonction essentielle de la paternité, la transmission. « Gardien des passages », selon l'expression d'Yves Pélicier[15], le père a aussi pour office de transmettre à l'enfant un héritage culturel et spirituel, d'œuvrer au *passage de témoin* d'une génération à l'autre. Mais comment pourrait-il y parvenir dans le seul face-à-face avec son enfant, sans relais et sans appuis culturels, sociaux, éducatifs, communautaires ?

---

14. Paul Yonnet, entretien avec Jacqueline Rémy, in *L'Express*, 30 avril 2003.
15. *In* Jean Delumeau (dir.), in *Histoire des pères et de la paternité*, Larousse, 1990, p. 432.

Tout se passe comme si, par l'effet d'une funeste coïncidence, c'était au moment où les pères souhaitent le plus être présents à leur famille que l'appui moral et culturel à leur fonction venait à manquer. « Ils ne sont pas démissionnaires », affirme ce thérapeute qui voit des pères de plus en plus nombreux venir spontanément aux consultations concernant leur enfant[16]. Mais, nous le verrons, *la paternité a besoin d'étayages*. Peut-être, alors, y a-t-il une corrélation souterraine entre les deux constats que nous venons de rapprocher, corrélation qui pourrait avoir pour noms : subjectivité, primat de l'affectivité. La dimension affective, intersubjective, psychologique même de la paternité est passée au premier plan, au détriment de ses dimensions sociale, institutionnelle, politique, religieuse. Jusqu'à une date récente, la paternité était confortée par la culture et la société. La figure du père agrandissait sa personne, allant même jusqu'à le remplacer en son absence. Longtemps, il a eu non seulement un statut, mais une stature. Le voici aujourd'hui dépouillé de tous ses oripeaux, des habits qui rehaussaient cette dernière. Est-il pensable que le père soit, tel le roi du conte, « nu » ? Nous sommes passés du père « institué » au père « individualisé » mais, précisément, il est douteux que la figure paternelle puisse être définie par la seule qualité relationnelle de ce qui se tisse entre le père et l'enfant. Sans modèle, sans partition, sans participation à une dimension plus vaste, plus haute et plus large de la paternité, cette figure risque de sombrer avec ce que Michel Schneider appelle le « naufrage de la fonction paternelle[17] ».

Le lecteur doit commencer à percevoir combien les fragilités de la paternité se trouvent être à l'intersection d'un nombre impressionnant de phénomènes de société. En écrivant ce livre, j'ai maintes fois eu présente à l'esprit l'image du tricot : vous tirez un fil et vient tout le

16. Maurice Berger, auteur du *Travail thérapeutique avec la famille*, Dunod, 1995, entretien paru dans *L'école des parents*, n° 11, 1996.
17. Michel Schneider, « Le pouvoir comme amour », entretien avec Olivier Mongin, *Esprit*, mai 2002.

vêtement. La crise de la paternité est en corrélation évidente avec celle du lien conjugal, mais elle l'est aussi avec celle du lien social, avec celle du lien religieux, avec celle de l'institution comme telle, avec celle de l'autorité, de l'appartenance communautaire, sans oublier le bouleversement des anciens modèles de relation entre hommes et femmes. Vraiment la paternité est un *révélateur*, révélateur des enjeux culturels, éthiques, institutionnels et spirituels d'une société.

Cela peut se dire, bien sûr, de toute *crise* : le terme vient du grec *krisis*, qui signifie « décision », lui-même issu d'un verbe, *krinein*, traduit par « passer au crible ». Nous ne manquerons pas de souligner le coût humain et social des fragilités évoquées. Toutefois, pour ce qui concerne la réflexion elle-même, un tel moment offre un intérêt : obliger à la confrontation avec les questions les plus radicales. Au-delà des rôles, des statuts, des fonctions, que signifie vraiment « être père » ? Au temps des doutes sur la conjugalité, de la critique des stéréotypes sur la virilité, au temps de ce qu'un philosophe a pu appeler la « crise de la hauteur[18] », au temps des prétendus « nouveaux modèles familiaux », des familles composites, des tests génétiques et des possibilités offertes par les procréations médicalement assistées, sans oublier le fantasme du clonage, l'enjeu de la paternité renvoie aux questions les plus fondamentales. *Le premier venu aujourd'hui se trouve confronté aux questions philosophiques premières*, qui sont souvent les plus difficiles : D'où provient la responsabilité paternelle ? Que signifie être « pro-créateur » ? Le père est-il à l'origine de son enfant ? La paternité passe-t-elle essentiellement par la chair ou par la parole ? Comment parole et chair se nouent-elles dans la paternité ? Quelle portée a le fait qu'il faille être deux pour donner naissance à un enfant ? Au-delà de la naissance, à travers le temps, l'alliance entre les sexes ne demeure-t-elle pas constitutive de la paternité ?

Face à de telles questions, une décision originaire de cet ouvrage fut d'inciter le lecteur à ne pas se contenter de la pensée du « on »,

18. André Jacob, *Aliénation et déchéance*, Ellipses, 2000.

dénoncée en son temps par Martin Heidegger, et qui aujourd'hui règne en maître. L'anonymat de l'opinion et des constats sociologiques (eux-mêmes, pourtant, fruits d'une interprétation) est érigé en norme. Tous, nous participons à des mouvements collectifs sur lesquels tout jugement critique serait interdit, toute distanciation vaine. Face au crédit accordé *a priori* aux déterminismes, renouons avec la liberté du philosophe qui décide de penser par lui-même, visant à dégager les enjeux de sens, c'est-à-dire les options décisives qui se situent en amont des conduites extérieurement observables. Osons poser la question des fondements, du structurel, de l'essentiel : quelles sont les données requises pour que le mot « père » ait un sens ?

La philosophie est curieusement absente de la plupart des débats contemporains sur la famille et la paternité. Les sociologues se posent en conseillers des princes. Dans les écrits les plus attentifs aux enjeux interpersonnels, la dimension psychologique est presque exclusivement mise en avant. Nous ne manquerons pas d'être attentifs à cette discipline, particulièrement importante, il est vrai, pour notre sujet et dans notre culture. Mais ce sera encore l'une des thèses de ce livre que la paternité ne peut se comprendre qu'en intégrant deux autres perspectives, par élargissement et par approfondissement. Élargissement, nous l'avons déjà entrevu, vers la dimension extrafamiliale, sociale, publique, communautaire, politique même du lien paternel ; approfondissement par la mise en lumière des enjeux spirituels de la paternité. Que serait celle-ci sans fidélité, sans espérance, sans loyauté, sans pardon ? La psychologie définit le socle, c'est-à-dire les *conditions* d'apparition et de construction du sujet et du lien. Mais elle ne dit rien, en tant que telle, des *fins*, des biens humains fondamentaux, des vertus, des décisions d'une liberté. Elle n'est pas encore l'éthique, qu'à la suite de Paul Ricœur nous entendrons comme « visée de la vie bonne ». Or, nous l'avons annoncé dès le premier paragraphe, la paternité en son cœur relève de l'éthique. Moins manifestement charnel que le lien maternel, le lien paternel est soit un lien de puissance, soit un lien d'essence éthique. Au fil des chapitres, il apparaîtra que l'on ne peut pas proprement parler de la paternité en termes seulement descriptifs. Le simple dessein de la figure paternelle implique nécessairement des dispositions, des attitudes, des options fondamentales et même des vertus. Sans ces dernières, le lien lui-même ne tiendrait pas. Il ne serait pas vivant et vivifiant. *La paternité est éthique ou elle n'est pas*. Ou, en termes à peine différents : elle est spirituelle ou elle n'est pas.

Il faudra aller jusqu'à l'ontologique, c'est-à-dire jusqu'à la question de l'implication de l'être même des personnes dans la relation. Au-delà du fonctionnel, auquel le discours se limite trop souvent aujourd'hui, que signifie *être* père, *être* fils ou fille ? Une personne peut-elle engendrer une autre personne ? Dans l'union des corps, en quel sens et jusqu'à quel point l'union des personnes est-elle le lieu d'apparition de la vie d'une troisième personne ? Que signifie « engendrer », en différence avec « enfanter » ? Comment la relation à l'origine – ou à l'Origine – est-elle impliquée dans un tel acte, et dans le lien qui en découle ?

Le projet initial était un simple essai, non un traité. Toutefois, au regard des différentes faces de la paternité, de l'irréductible pluralité de ses dimensions, il fallut dialoguer avec plusieurs disciplines. Pluridisciplinaire sera donc cet itinéraire, étant bien entendu toutefois que le dessein est de surmonter le morcellement actuel des approches. Sur beaucoup de réalités aujourd'hui, sur la paternité tout particulièrement, les discours sont juxtaposés, fragmentaires. Celui du juriste, celui du psychologue, celui de l'historien, du sociologue, de l'anthropologue et d'autres encore. Dans un contexte culturel où tant de facteurs poussent à l'éclatement et à la dissémination, la visée est de penser la cohérence. Cohérence *du* lien et *des* liens : du lien paternel en lui-même et dans sa relation aux autres liens – en vue de l'unification des sujets, sur fond d'unicité des personnes.

Les trois premiers chapitres examinent ces enjeux, autrement dit les conditions d'émergence du lien et de la figure paternels. Ils exigent quelques détours, pour assumer la problématique contemporaine. Le lecteur qui souhaite se référer directement au vif de mon approche pourra choisir de commencer par le chapitre IV, où la méthode reposera sur la mise entre parenthèses de tout savoir antérieur.

On aura pu voir en filigrane se dessiner l'itinéraire suivant :

Dans un premier chapitre, c'est le lien paternel comme tel qui sera interrogé. *Un lien tressé de plusieurs fils*, dont il nous faudra démêler la complexité pour en dégager les principales composantes : charnelle, symbolique et relationnelle. Mais nous ne nous arrêterons pas à la pluralité : la question se pose du nécessaire nouage de ces fils, de leur vivante unité. C'est alors qu'apparaissent les limites d'une perspective seulement individuelle selon laquelle le père serait considéré comme un sujet isolé. La question de l'institutionnalisation du lien paternel étant au centre de ce chapitre, c'est le droit qui sera notre principale discipline interlocutrice.

Le second chapitre adoptera délibérément le point de vue de l'enfant. L'attention aux *appels vers le père* sera notre premier principe de méthode. Elle nous permettra d'esquisser un « portrait en creux » de la figure paternelle, un « cahier des charges » de son rôle et de ses tâches, une première définition de sa fonction. L'insistance étant mise sur l'enfant et sur les conditions de sa croissance, la discipline principalement convoquée ici sera la psychologie et, plus spécialement, la psychanalyse.

Le troisième chapitre s'arrêtera sur une des thèses majeures de cet ouvrage : la paternité ne peut pas être pensée en dehors de sa relation avec la maternité. *Il faut un homme et une femme pour faire un père*. Mais ce qui aurait pu constituer la suite du titre est vrai également : il faut une femme et un homme pour faire une mère. La réflexion sur la paternité s'avère être une des portes d'entrée les plus instructives pour une pensée de la différence sexuelle, à travers même la déficience des manières dont celle-ci est occultée ou déniée aujourd'hui. L'enjeu en est considérable, si l'on veut bien reconnaître que l'articulation de la différence *et* du lien entre l'homme et la femme est le pivot de la famille.

Le quatrième chapitre, le plus original peut-être quant à la méthode, s'engagera délibérément sur la voie d'une phénoménologie de la figure paternelle, par l'attention portée à son apparaître. *Le père, tel qu'en lui-même* la mémoire des fils et des filles l'élit et le dessine, révèle un certain visage de la paternité. Témoignages originaux et œuvres littéraires concourront non à un tableau sociologique mais à la mise en valeur de quelques traits significatifs qui permettront de caractériser la figure du père. Six manières d'apparaître, six postures ou attitudes qui confirment le « portrait en creux » antérieur et qui, bien que relevant de l'« esthétique[19] », sont déjà porteuses, en germe, d'une éthique.

Le cinquième chapitre entrera dans ce qui est, pour nous, le vif du sujet. Le regard se déplaçant du point de vue des fils ou des filles vers celui des pères, la paternité s'avère être en son cœur *une aventure spirituelle*. Ce dernier terme renvoie à la vie de l'esprit, c'est-à-dire aux choix fondamentaux d'une liberté et, pour cela, aux vertus requises. Le mot résonne avec celui d'« aventure », car la paternité s'y révèle être un long chemin, où ne manquent ni les embranchements, ni les périls. Mais le terme désigne également un dynamisme, une source de dépassements et d'espérance. Il implique aussi une disposition fondamentale d'accueil de la vie en sa source, par ce que nous appellerons l'« alliance avec l'origine ».

Le chapitre suivant, *Paternité plurielle*, s'ouvrira sur une évidence : un seul homme ne peut pas assumer tous les rôles, fonctions, offices et missions paternels. Le sens de la paternité s'appauvrit lorsqu'il est entendu en un sens exclusivement familial. La pluralité d'abord envisagée ne sera pas la dissémination dont certains se font aujourd'hui les avocats, mais plutôt celle de l'enrichissement des liens familiaux par d'autres formes de filiation et de fécondité. Adoptive, spirituelle, la paternité sera relayée par divers visages, dont celui des parrains et des grands-pères. Mais les dissociations existent et se multiplient. La « paternité de l'ombre » sera celle des pères dépossédés, celle de la fécondité troublée, celle des situations familiales complexes. L'alliance de l'unité de la personne du père

19. Du grec *aisthèsis*, « sensation », et surtout du verbe *aisthanesthai*, « sentir ».

avec la diversité des médiations paternelles est un des grands défis à relever aujourd'hui.

Après avoir intégré le pluriel, nous reviendrons non seulement à l'unité, mais à l'unicité. *Vous n'avez qu'un seul Père*, selon l'Évangile celui « qui est aux cieux ». Le propos deviendra théologique, particulièrement attentif à l'articulation entre philosophie et théologie. Ici sera abordée la dimension proprement religieuse du lien paternel, annoncée depuis le début et croisée à plusieurs reprises entre-temps. L'affinité entre « paternité » et « mystère » peut être reconnue par chacun. Nous franchirons un pas de plus en entendant le mystère comme le lieu d'une révélation. L'ouverture à plus grand qu'elle, l'accueil d'un don antérieur sera une bonne nouvelle pour la paternité, ainsi engagée sur la voie de la désappropriation.

Si elle est mystère, la paternité est aussi une traversée. Si le père, comme le titre de ce livre le suggère, fait passer l'enfant d'une rive à l'autre de la vie, il effectue lui-même un passage. Traversée que le lecteur lui-même est invité à opérer, du passé à l'avenir, de l'imaginaire au réel, du fonctionnel au personnel ou encore, je l'espère, des incertitudes des premières pages aux définitions proposées dans les dernières – lesquelles ne supprimeront pas les questions, car la traversée n'est jamais achevée. Mais on chemine mieux sur la terre ferme que sur les sables mouvants.

Chapitre I

Un lien tressé de plusieurs fils

Quelque chose nous lie l'un à l'autre,
mais quoi, et de quelle nature[1] ?

Notre culture hésite entre plusieurs critères pour définir la paternité. Deux certitudes peuvent par exemple entrer en conflit : « le vrai père est celui qui a engendré » ; « Le vrai père est celui qui élève. » Sera consacrée par la *vox populi* la formule fameuse du César de Pagnol : « Le père, c'est celui qui aime[2]. » On entendra encore, selon les sciences humaines : père est celui qui a donné son nom, père est l'homme qui compte pour la mère… Des paradoxes apparaissent alors : l'avancée des moyens d'investigation biologique favorise une tendance à définir la paternité selon la génétique, tandis que nombre de discours mettent l'accent sur la dimension affective ou adoptive, au point parfois de disqualifier le rôle du « géniteur ».

Contraste avec le lien maternel qui, en première analyse du moins[3], se donne comme plus évident, plus homogène. La grossesse

---

1. Michel del Castillo, *De père français*, Fayard, 1988 ; coll. Folio, p. 243.
2. Marcel Pagnol, *Fanny*, acte III, scène IV.
3. Je pense à l'écart possible entre maternité charnelle et maternité adoptive. Par ailleurs, les procréations médicalement assistées introduisent des dissociations entre celle qui donne l'ovule, celle qui porte et celle qui accouche…

et l'accouchement établissent, pour la relation entre la mère et l'enfant, un ancrage corporel qui est reconnu dans le monde entier, tandis que la norme de définition du lien entre le père et l'enfant varie considérablement d'une culture à l'autre. Il y a une impressionnante évidence de la maternité, à laquelle ne peut prétendre la paternité. Plurielle, celle-ci demeure finalement invisible. Tel historien affirme qu'elle ne peut être définie que par le détour d'une « fiction juridique[4] ». On se dispute encore sur la manière de la définir ; *il n'est aujourd'hui, dans notre culture, aucune définition de la paternité qui fasse l'unanimité*, ce qui est un phénomène considérable si l'on en prend conscience.

Un enfant peut avoir été conçu par un homme, reconnu par un second, élevé par un troisième, tandis que sa mère vit avec un quatrième. Cela est possible, cela a lieu, au moins partiellement, dans un certain nombre de situations. Mais comment ne pas reconnaître que la cohérence et la solidité du lien paternel seront tout autres si ces quatre fonctions sont exercées par un seul homme ? En vérité, il y va de bien plus que de « fonctions ». Ce sont des personnes qui sont en jeu, des êtres indissociablement de chair et de parole, êtres de relation, dans le cadre d'institutions. Le nouage de ces trois dimensions, charnelle, symbolique et relationnelle, de la filiation est ce qui donnera au lien père-enfant toutes ses chances d'accomplissement. Ce nouage à son tour appelle d'autres intégrations, d'autres liens, à commencer par le lien entre le père et la mère, qui est comme une quatrième dimension du lien paternel.

La tâche qui s'ouvre devant nous est donc paradoxale. Il s'agit à la fois de prendre conscience de la pluralité et de reconnaître les bienfaits de l'unification. Pluriel, le lien paternel l'est triplement, sous trois rapports : 1. en étant lui-même pluridimensionnel (*Trois fils à nouer*) ; 2. en étant, dans notre droit, susceptible d'être défini de trois manières au moins (*Qui est le père ?*) ; 3. en passant par

4. J. Mulliez, « La désignation du père », in Jean Delumeau (dir.), *Histoire des pères et de la paternité*, Larousse, 1990, p. 27.

d'autres liens, dont il est lui-même indissociable (*Une place pour l'alliance* et *Un lien lui-même relié*).

Trois fils à nouer

Le fil charnel

Le père n'a pas porté en lui l'enfant. S'il le porte, c'est hors de son corps. Jamais l'intimité corporelle entre eux ne sera aussi grande que celle qui a existé entre une mère et son enfant. C'est par la parole et par les gestes que passe et est passée leur relation, comme le franchissement d'une distance, d'une séparation. Pourtant, il y a cette ressemblance dite « physique », ces marques d'hérédité anatomique ou physiologique, ces traits que l'entourage reconnaît comme plus ou moins mêlés à ceux de la mère. « C'est tout à fait toi à son âge ! » Il y a aussi la mémoire, consciente ou inconsciente, de ce moment singulier où, dans une extase de toute sa chair, il s'est uni à la mère ; où de son corps a jailli la semence. Ensuite, certes, il n'a pas été maître du devenir de celle-ci, ni de son voyage dans le corps de la femme, ni de la sélection du spermatozoïde fécondant, ni de ce qui s'est passé lors de la fusion des gamètes, et encore moins de la suite. Au demeurant, la mémoire obscure de tout cela, de ce passage par le corps, fait partie des éléments qui donnent au lien paternel son impressionnante gravité.

Même si cela n'a jamais été aussi visible, patent, devant témoins, que pour la grossesse et l'accouchement maternels, le fait, attesté ou présumé, que l'existence corporelle de tel individu soit passée par le corps, par la chair, par la substance intime de tel autre individu ne peut pas ne pas être source de sens. Un tel ancrage n'a aucun équivalent. Il instaure entre deux sujets un lien tout à fait singulier, à dimension ontologique, c'est-à-dire qui implique l'*être* de ces sujets, et non seulement leur conscience ou leur volonté. Un lien qui se rapporte à l'origine, le commencement de la vie de l'un ayant eu lieu à travers la vie de l'autre. C'est cet événement sans équivalent qui permet au poète de s'exclamer : « *Désormais, entre moi et les hommes, il y a ceci de changé : que je suis père de l'un d'eux*[5] ! »

Cette prise de conscience est contemporaine de celle d'une singulière responsabilité. Je suis responsable de ce petit, c'est-à-dire j'ai à « répondre » non seulement de ce qu'il fait ou devient mais du fait même qu'il vive, qu'il *soit*. Parent est celui qui est responsable de *la vie* de son enfant. Ce souci de la vie est à mettre en lien avec le fait que la paternité (maternité) soit, comme nous l'avons dit et en reprenant ici les termes de saint Thomas d'Aquin, « une relation d'origine[6] ».

La vie charnelle ou corporelle est souvent désignée aujourd'hui du terme de « biologique ». On peut regretter ce glissement, qui ne va pas sans une déperdition de sens. *Car le charnel est plus que le biologique*. Au second terme correspond une rationalisation, une analyse[7] du vivant, perçu comme un objet et décrypté à partir de la grille de lecture qu'en donne la raison scientifique, alors que le premier, « charnel », renvoie à l'expérience intérieure, sensible et affective de chacun. La chair est mémoire immémoriale, lieu de la donation originaire de la vie, vie indissociablement sensible et spirituelle[8]. Nous sommes alors bien au-delà – ou en deçà – des codes, des structures et des molécules. Comme le dit Philippe Julien, cela n'aurait pas de sens de se dire fils ou fille d'un spermatozoïde[9]. On n'est fils ou fille que d'un sujet.

---

5. Paul Claudel, *Cinq grandes odes* (1908), Troisième ode, Paris, Gallimard, coll. « La Pléiade », p. 259.
6. Thomas d'Aquin, *Somme théologique*, I q. 33. L'attention à cette dimension doit beaucoup à une étude de Pierre Benoît, *La relation parentale est ontologique*, mémoire de DEA, en vue d'une thèse, à l'Université catholique de Lyon, 1999.
7. De *ana-luein*, dé-lier.
8. Elle est notre « corporéité originaire », le lieu de « l'autodonation pathétique de la vie ». Michel Henry, *Incarnation. Une philosophie de la chair*, Seuil, 2000, p. 205.
9. Philippe Julien, *Le manteau de Noé*, DDB, 1991, p. 42.

La dimension charnelle du lien ne tient pas seulement au fait que le patrimoine génétique de l'un ait partiellement été transmis à l'autre, autrement dit que des processus physico-chimiques, *en eux-mêmes anonymes*, aient provoqué tels et tels effets. Elle a d'ailleurs été affirmée et éprouvée bien plus tôt, des millénaires avant les découvertes scientifiques récentes ! Elle se joue entre deux ou plutôt entre trois *sujets incarnés*, entre trois personnes qui éprouvent que leur vie plonge dans une profondeur qui échappe à leur conscience claire, profondeur qui a été le lieu d'un croisement, d'une étonnante et bouleversante intersection entre leurs existences. Que celles-ci ne sont pas seulement séparées, discontinues – elles le sont fondamentalement – mais sont aussi reliées par une souterraine et insaisissable continuité.

La relation à l'enfant ne relève ni du faire, ni de l'avoir, mais de l'être. Mon fils ou ma fille, « chair de ma chair », n'est pas mon œuvre, ni ma propriété. Il est important de souligner cela en un temps où la culture technicienne et l'idéologie du « faire » sont devenues envahissantes. Le père ne « fait » pas le fils, il le *reçoit*. Il le reçoit de son épouse, des mystérieux prolongements de son union avec elle ; il le reçoit aussi et déjà de la vie qui l'a traversé, dont il n'est pas à l'origine et qui pourtant est sa substance même. Rappeler la dimension charnelle de la paternité conduit à souligner cette passivité fondamentale qui marque les limites de la toute-puissance de la volonté.

Le fil symbolique

Cela dit, il faut bien reconnaître que la paternité ne se définit pas seulement, ni même essentiellement, par le donné corporel ; *a fortiori* si celui-ci se trouve réduit au « biologique ». C'est à juste titre que l'on distingue la notion de « père » de celle de « géniteur », et cela en vertu d'une intuition universelle : le lien paternel est nécessairement *inscrit*, il passe par un rite, un acte social, une « reconnaissance ». Inscrire son enfant à l'état civil, lui donner un nom, s'engager à le nourrir et à l'élever est intrinsèque au fait de devenir père. Ceux-là même qui ignorent ou méprisent le sens des « papiers », c'est-à-dire de l'acte civil, lors de la constitution du couple parental (les concubins) en perçoivent l'importance pour la filiation.

La paternité ne se joue pas exclusivement entre les corps individuels. Elle est instituée par un acte de parole qui introduit l'enfant dans un plus grand corps, le corps social, en y donnant une place à l'enfant. Selon Pierre Legendre, « il ne suffit pas de produire de la chair humaine, encore faut-il l'instituer[10] ». Ce qui veut dire que le lien passe par la formulation de la règle et du droit. On dira que le lien maternel, lui aussi, est institué. Il l'est certes mais, ses autres dimensions étant plus évidentes, celle-ci est moins ce qui le constitue en propre. Pour le lien paternel, en revanche, d'essence invisible, cette dimension devient une caractéristique déterminante.

Il est exclu que le lien de filiation puisse être considéré comme exclusivement privé. Il faudra l'appui du corps social et de ses codes pour définir « qui est qui par rapport à qui[11] ». Le linguiste Émile Benveniste nous apprend que la racine indo-européenne présente dans *patrius* désignait moins le père physique que le père « classificatoire », c'est-à-dire celui qui donnait, en y étant lui-même inséré, d'entrer dans la « lignée des pères », lignée essentiellement sociale, ces derniers étant plus perçus comme « pères fondateurs » que comme procréateurs[12]. Dans la plupart des cultures (jusqu'à nos jours du moins…), le père est celui qui donne son nom à l'enfant. Aujourd'hui, c'est en lui transmettant le « patronyme » (terme significatif) ; dans d'autres cultures, dans telles traditions dont nous héritons, la tradition biblique par exemple, la distinction entre prénom et patronyme n'existant pas, c'est par un second prénom, précédé

10. Pierre Legendre, *L'inestimable objet de la transmission*, Fayard, 1986.

11. Catherine Labrusse-Riou, « La filiation en mal d'institution », *Esprit,* décembre 1996, p. 93.

12. Indiqué par Philippe Julien, *Le manteau de Noé*, DDB, 1991, p. 14.

ou suivi par « fils ou fille de » (*ben*, *-vitch*, *-son*) que l'individu était désigné. Il prenait ainsi place dans la chaîne des générations. D'où l'appellation de « généalogique » retenue par certains auteurs pour caractériser cette seconde dimension.

Dans la majorité des cultures patrilinéaires, la transmission du nom a été une prérogative paternelle. Il y a lieu de penser que ce choix vient contrebalancer la visibilité et la prégnance si manifestes du lien maternel. Le symbolique apporte alors un contrepoids à l'évidence du biologique. Que cela soit mis en question par certains politiques ou que, comme c'est déjà le cas dans plusieurs pays européens, les couples puissent désormais se trouver devant l'obligation de choisir entre le nom du père et celui de la mère risque de créer des situations bien délicates, plaçant devant des choix redoutables et privant le lien paternel, déjà fragilisé, d'une de ses ultimes valorisations sociales[13]. « C'est mettre une équivalence dans un domaine où, de toute façon, il n'y a pas d'équivalence », résume le psychanalyste Jacques Arènes[14].

Mais la nomination ne se réduit pas à une reconnaissance des liens entre individus. Elle fait apparaître que l'enfant entre dans un système symbolique beaucoup plus large. Elle est « la façon dont la société humaine dit que le parent n'est pas seulement celui qui donne, mais celui qui transmet la vie », une vie qui n'est pas seulement familiale, mais aussi sociale, communautaire, collective. On assiste aujourd'hui à un affaiblissement du sens de cette dimension, au profit de la dimension affective de la relation. « La dévaluation des fictions juridiques et des places considérées comme inauthentiques, condamne à l'enfermement dans l'intersubjectif », note Irène

13. « La prééminence paternelle offre l'avantage d'équilibrer socialement les liens de filiation. La maternité est toujours visible en raison de la gestation et la paternité est toujours *a priori* incertaine et découle d'une désignation : le port par l'enfant du nom du père. » Françoise Dekeuwer-Defossez, dans le rapport *Rénover le droit de la famille* remis au garde des Sceaux en septembre 1999, La Documentation française.
14. Entretien in *La Croix*, 2 février 2001.

Théry dans le même article[15]. S'ouvre alors l'hypothèse d'une corrélation entre la dévaluation en question et la fragilisation du lien paternel.

Envahis par le discours psychologique, nous avons tendance à oublier la dimension sociale, politique même, du lien paternel. Que le terme « père » voie son acception réduite à la sphère familiale est une évidence qui n'a pas toujours eu cours. Louis XII a pu être dit « père de la nation ». Le *paterfamilias* romain, qui pouvait porter ce titre en l'absence même d'enfants, était investi d'une fonction sociale et citoyenne. L'empereur était le *pater patriae*, les sénateurs *patres*, les patriciens *patricii*. Bien au-delà de la sphère familiale, la paternité était considérée comme instauratrice du lien social, lequel était fondé non sur le sang, mais sur la parole. Par la suite, on parlera encore des « Pères de l'Église », des « pères fondateurs » des États-Unis d'Amérique ou des « pères de l'Europe »[16]. Au XIXe siècle, Balzac a lancé la fameuse formule : « La Révolution a coupé la tête à tous les pères de famille[17]. » Entre paternité et monarchie, il y avait affinité. Qu'en sera-t-il entre paternité et démocratie ? C'est plutôt la « fraternité » que celle-ci semble mettre en avant. Mais une fraternité sans paternité est-elle pensable[18] ? Que reste-t-il de l'éthique de la paternité passée au crible des valeurs démocratiques ? La famille peut-elle, doit-elle être pensée selon les seules catégories de l'idéal démocratique ? Ce n'est pas le lieu, ici, pour développer ces questions, mais elles se posent.

---

15. Irène Théry, « Différence des sexes et différence des générations », *Esprit*, décembre 1996, p. 78.

16. Voir à ce propos Philippe Julien, *op. cit.*, p. 14-15.

17. « En coupant la tête de Louis XVI, la République a coupé la tête à tous les pères de famille. [...] Il n'y a plus de familles aujourd'hui, il n'y a plus que des individus. » Honoré de Balzac, *Mémoires de deux jeunes mariés* (1842).

18. « Descendre tous du singe ne fait pas de nous des frères. [...] Pour être frères, de qui les hommes sont-ils les fils ? » Marie Balmary, *Abel ou la traversée de l'Éden*, Grasset, 1999, p. 11.

La dimension symbolique du lien paternel, réintégrée dans la sphère familiale, est aujourd'hui réinvestie par le discours psychanalytique. Celui-ci met en valeur le concept de loi et l'associe, précisément, à la fonction paternelle. On dira couramment que *le père est le tiers dont la parole fait loi pour la mère*. Tiers séparateur, non seulement en sa personne, mais en tant que représentant d'un ordre plus grand, qui le dépasse. La psychanalyse, surtout depuis Lacan, mettra fortement en avant cette dimension de la paternité. À tel point parfois que ce discours semble reléguer au second plan son ancrage charnel et, surtout, la réalité sensible, incarnée, de la personne du père. La prononciation du « nom du père » par la mère importerait plus que la présence physique de celui-ci. On en arrive alors à des affirmations étonnantes : « Parce que la dimension du Père symbolique transcende la contingence de l'homme réel, il n'est donc pas nécessaire qu'il y ait un homme pour qu'il y ait un père[19] » ! Voici alors le père réduit au statut de « signifiant », voire de « métaphore ». « Le père ne peut être qu'une fonction de parole », écrit Aldo Naouri[20]. Nous soulignerons plus loin l'importance de la présence physique du père, de sa tendresse, de ses caresses, des contacts corporels même entre père et fils, père et fille.

Pareillement la reconnaissance de la dimension symbolique du lien paternel ne doit-elle pas conduire à une conception selon laquelle celui-ci serait seulement construit, à la limite conventionnel. Une forte pente de la pensée actuelle va dans ce sens. À lire certains écrits, on a le sentiment que la paternité est perçue comme de part en part culturelle. Elle n'est définie que comme « place », « statut » ou « fonction ». Tout y est fait de langage, code, système de différences. Que ces différences puissent trouver ancrage dans un corps, il est de moins en moins bienvenu de le rappeler. Il n'est pas question que paternité et maternité s'ancrent dans quelque « nature » que ce soit.

---

19. Joël Dor, *Le Père et sa fonction en psychanalyse*, Points-Hors ligne, 1989.
20. Aldo Naouri, *Une place pour le père*, Le Seuil, coll. « Points », 1985, p. 363.

Il est vrai que l'on peut trouver à travers le monde des systèmes familiaux qui dissocient paternité légitime et procréation. Les anthropologues recensent les situations les plus surprenantes, où les enfants peuvent être reconnus comme ceux d'un mort (qui n'est pas leur géniteur), où une femme stérile peut avoir le statut de père, où une femme épouse successivement tous les membres d'une fratrie (polyandrie), l'aîné étant déclaré père de tous les enfants. Chez plusieurs peuples où le système de parenté est matrilinéaire, chez les Tobriandais et les Touaregs par exemple, le frère aîné de la mère exerce l'autorité de tutelle sur les enfants de sa sœur, le père-géniteur restant à l'écart... Ces exemples nous montrent que des corrélations et des normes qui nous paraissent aller de soi, être « naturelles », sont en fait instituées, ne sont pas définies seulement en référence à une nature biologique. Il n'y a pas de « père » dans le règne animal[21].

Prendre conscience de cela peut être un bon stimulant pour la réflexion. Ces données n'autorisent pas, toutefois, à donner dans le « constructivisme », c'est-à-dire dans le point de vue selon lequel les configurations familiales ne seraient que des constructions contingentes, l'expression d'un certain code social ou de structures recomposables à l'infini. Du point de vue statistique déjà, il apparaît que la famille que nous appelons aujourd'hui « nucléaire », où les enfants sont élevés par un homme et une femme reliés entre eux par un lien d'alliance conjugale est *largement majoritaire* à travers l'histoire[22]. On a pu montrer que l'avènement du triangle mère-père-enfant a été une avancée culturelle considérable. Cette structure est plus forte et plus stable, par exemple, que la structure dite « avuncu-

21. Voir *Encyclopedia Universalis*, articles « Famille » par Françoise Héritier et « Parenté (systèmes de) » par Daniel de Coppet.

22. « La famille nucléaire est de tous les temps », a pu affirmer François de Singly dans *Le Monde de l'éducation*, juillet-août 2001. Voir aussi Jean-Hugues Déchaux : « Les groupes domestiques de notre passé ont toujours été majoritairement nucléaires, c'est-à-dire composés du père, de la mère et des enfants » in « Des relations de parenté inédites ? », *Esprit*, juillet-août 1990.

laire » (où l'oncle remplace le père). En effet, le lien oncle-enfant n'est aucunement symétrique du lien mère-enfant. Dans ce cas de figure, le couple sexuel demeure en dehors de la sphère de l'éducation et de la transmission, il est plutôt un élément de désordre. Faire passer la filiation par l'alliance sexuelle en lui accordant un prix plus grand qu'aux liens de consanguinité, introduire le géniteur au cœur de la relation mère-enfant a été reconnu comme un facteur de stabilisation et de socialisation[23].

Par ailleurs et plus encore, si l'on veut être cohérent, il faut aller jusqu'au bout de l'investigation et examiner de près ce que donnent les modes de vie en question quant au développement des personnes et au respect de leur dignité. Si nous nous reconnaissons héritiers d'une tradition éthique qui met en avant ces critères, ainsi que quelques autres, comme le sens de l'égalité entre l'homme et la femme ou l'attention au bien de l'enfant, nous devons affirmer que tous les systèmes familiaux ne se valent pas, ne sont pas éthiquement équivalents.

Dans leurs différences mêmes, paternité et maternité se situent à l'articulation du corps et de l'histoire, de la nature et de la culture. Reconnaître un donné de nature, ce n'est pas céder au « naturalisme ». C'est, s'en tenant au sens originel du mot « nature » – du latin *naturus*, « ce qui doit naître » –, reconnaître un donné de « naissance ». Un *donné* qui précède toute culture, même s'il est vrai que tout est médiatisé, interprété par la culture. C'est reconnaître que le corps est déjà là, non seulement comme un « matériau[24] », mais comme source de sens. Un philosophe qui insiste beaucoup, pourtant, sur le côté culturel et construit de la famille

23. Voir Serge Moscovici, *La société contre nature*, U.G.E., 10/18, 1972, p. 241. Voir aussi Évelyne Sullerot, *Quels pères ? quels fils ?*, Fayard, 1992 ; Livre de poche, p. 32-33. Elle cite Edgar Morin : « Le grand phénomène que prépare l'hominisation et qu'accomplit, croyons-nous, *homo sapiens*, est, non le "meurtre du père", mais la naissance du père. »

24. Selon Françoise Héritier, *Masculin-Féminin*, Éd. Odile Jacob, 1996, p. 38.

l'affirme : « Demeurera toujours autour de la naissance une relation irréductible entre ce que l'on appelle d'une part le génétique, le biologique, le naturel, et d'autre part le symbolique ou le culturel. On ne construit pas n'importe comment[25]. » Qu'en serait-il alors si, au lieu de parler de « biologique », on parlait de « charnel » ! Cela nous renverrait à la dimension affective et, plus largement, *relationnelle*, de la paternité, la troisième sur laquelle il faut maintenant s'arrêter.

Le fil relationnel

Cette dimension est aussi désignée par les sociologues comme « domestique », comme « éducative » ou encore comme « affective ». Le père est aussi l'adulte sous le toit duquel vit l'enfant. Je pèse ces derniers mots : l'adjectif « paternel » est souvent associé à la désignation du « toit ». La substance de ce qui se communique, se donne, s'échange entre un père et son fils ou sa fille passe par la vie quotidienne. Rien ne peut remplacer les repas pris en commun, le retour à la maison, les retrouvailles où l'on se raconte les menus faits de la journée, les mille services, soucis partagés, heurts, affrontements, réconciliations qui constituent la trame de la vie domestique. Cela apparaît bien dans le beau film de Nanni Moretti, *La chambre du fils*. Une étude serait à conduire sur les relations entre « père » et « maison ». Elle indiquerait que le lien paternel, comme le lien maternel, passe aussi par les choses.

Mais ce qui est proprement constitutif de la paternité se joue entre les personnes. L'essentiel de la paternité passe par un acte de *reconnaissance*. Cet acte n'est pas seulement social ou public ; il est d'abord interpersonnel : « Tu es mon fils ou ma fille bien aimé(e), en qui je trouve ma joie. » Les résonances d'une telle parole sont insondables. Elle implique l'identité du père comme celle de

25. Jacques Derrida, *De quoi demain ?*, Fayard-Galilée, 2001.

l'enfant. Il ne s'agit pas seulement d'un mouvement d'affection, mais d'un engagement où sont assumés un acte et un donné antérieurs. La reconnaissance intègre le charnel dans le spirituel, le vital dans l'ordre de la parole et de la liberté. Qu'est-ce donc qui est ainsi reconnu ? L'unicité d'une personne, bien entendu mais, si l'on peut dire, d'une unicité bien particulière, tissée d'un mystérieux alliage de ressemblance et de dissemblance, d'intimité et d'altérité. Cette reconnaissance ne se fera pas en un jour. Elle demandera du temps, tout comme sa réciproque, la reconnaissance du père par le fils ou la fille qui, elle aussi, est constitutive du sens plénier de la paternité.

Au fil des jours, de la proximité quotidienne entre des sujets adultes et des sujets plus faibles, vulnérables, naîtra l'appel à une responsabilité spécifique. La relation se dira en termes d'attention, de tendresse, de patience – sans oublier toutes les défaillances possibles. C'est surtout selon son versant psychoaffectif qu'elle est le plus souvent envisagée aujourd'hui. Cela traduit une certaine conscience de la complexité du lien et de ses enjeux. Mais cela peut aussi être interprété comme l'expression d'un désarroi. L'inflation du psychologique est révélatrice de l'affaiblissement des étayages objectifs et institués. *On ne dépassera pas les fragilités de l'affectif par les ressources de la seule affectivité.* Plus fondamentalement, au-delà des déterminismes psychologiques, comme au-delà de l'ancrage socioculturel, sont en jeu dans la paternité les choix décisifs de la vie spirituelle, sur lesquels nous reviendrons plus loin : confiance, espérance, pardon, humilité, générosité.

Aussi importante, aussi centrale, essentielle soit-elle, la dimension relationnelle n'est pas le tout de la paternité. La consolidation appelle l'articulation de cette troisième dimension avec les deux autres, que nous avons appelées « charnelle » et « symbolique ». Le subjectif trouvera alors un ancrage dans plus profond que lui : l'ordre du corps, qui est aussi celui de l'être – en même temps qu'il trouvera une intégration dans plus large que lui : l'ordre du social, qui est aussi celui de la loi. Si la dissociation, redisons-le, est possible, ce ne peut être qu'au prix de la fragilisation de chacune des dimensions tandis que de leur interaction dynamique naît une plus grande solidité non seulement de l'ensemble, mais de chacune d'entre elles. Quoi de plus sûr que ce qui est à l'intersection de la *chair*, de la *parole* et de la *liberté* ?

Qui est le père ?

L'ordre de la loi vient d'être évoqué. Il s'avère, en effet, que l'articulation entre le charnel, le symbolique et le relationnel n'est pas étrangère aux visées du droit. Pour définir avec clarté la filiation, c'est-à-dire le lien de droit qui unit un enfant à son père et à sa mère, le juriste est bien obligé de distinguer les dimensions en question. Mais nous allons voir qu'il ne peut pas les dissocier.

La question de la désignation du père ne date pas d'hier. La langue latine offrait trois termes pour le dénommer : *pater* était le père légal, celui qui donne son nom ; *genitor*, celui qui a engendré ; *nutritor*, le nourricier. À l'âge classique de l'Empire romain, l'acte constitutif de la paternité était le *tolle liberum*, geste rituel par lequel le *paterfamilias* élevait l'enfant né de son épouse à bout de bras. Par le même geste, il pouvait aussi adopter un enfant étranger à son sang. (Lorsqu'il s'agissait d'une fille, le père ne la soulevait pas mais se contentait d'ordonner « qu'on la nourrisse ».) La volonté de l'individu, de l'homme, primait donc, et celui-ci avait aussi bien le pouvoir de vouer l'enfant à l'abandon. Au IIe siècle de l'ère chrétienne, sous l'empereur Trajan, apparaît un autre principe, formulé par l'adage fameux du jurisconsulte Paul : « *Pater is est quem nuptiae demonstrant* », « Le père est celui que les noces indiquent ». Il s'agit de ce que l'on appelle aujourd'hui la « présomption de paternité », à savoir le rattachement anticipé de tous les enfants qui naîtront de l'épouse à la paternité de l'époux. Cette fonction du mariage est la plus universelle et la plus élémentaire. « Le mariage fut institué afin que, grâce à la chasteté des femmes, les fils soient connus de leurs pères et les pères de leurs fils », pourra écrire, au ve siècle, saint Augustin[26]. L'adage en question se retrouve dans le Code civil de Bonaparte et vaut encore de nos jours. La présomption impliquait l'obligation alimentaire et le père devenait alors *nutritor*. Mais il gardait toujours la possibilité de désavouer l'enfant. L'obligation, à partir du même siècle, s'appliquera également aux enfants illégitimes, à condition toutefois qu'il puisse être attesté qu'il est *genitor*. Toutefois, dans les deux situations que nous venons d'évoquer – si, dans le mariage, il désavoue l'enfant, ou envers l'enfant né hors mariage –, le *nutritor* n'est pas le *pater* : c'est la volonté qui demeure déterminante.

C'est sous l'influence chrétienne, au cours des siècles suivants, que le cadre du mariage sera le critère décisif, autrement dit que la présomption de paternité sera le seul principe. Toutefois, à la fin de l'Empire, le *concubinatus*, ou « concubinat stable », deviendra également principe de paternité, au nom de ce que les juristes appellent aujourd'hui la « possession d'état », à entendre comme l'attestation d'un nombre suffisant de faits qui prouvent que le père vit ordinairement avec l'enfant et se charge de son éducation.

Au cours de cette brève évocation, sont apparues les deux principales sources de la filiation légale, la volonté et la procréation, mais à ces deux termes il faut en ajouter un troisième, l'institution : le mariage ou, au minimum, la loi elle-même, autrement dit l'existence d'instances qui disent le droit et désignent le père. Irréductiblement, donc, se présente une tension : d'une part le droit institue et donc, de soi, il ne coïncide pas avec les faits – particulièrement pas avec un donné aussi invisible que la procréation paternelle. Mais, d'autre part, c'est bien la filiation qu'il institue, et celle-ci a lieu au sein de la famille, laquelle est, *a priori*, le lieu de la naissance. Nous voici donc d'emblée devant

26. Saint Augustin, *La cité de Dieu*, 14, XI. Augustin sera pourtant un des auteurs qui mettront l'accent sur l'amour conjugal.

une dualité, au moins potentielle. Dès l'Antiquité apparaît la distinction entre l'*agnatio*, parenté juridique, et la *cognatio*, parenté de sang[27].

Dans le mariage, en vertu de la présomption de paternité, ces deux versants ne s'opposent pas. La présomption de fidélité de l'épouse accorde une première place de principe aux liens du sang, mais point n'est question de fournir la moindre preuve biologique, ce qui fait que le principe s'étend à d'éventuels enfants adultérins. Tant que ce cadre a été le seul principe de légitimation, l'établissement de la paternité était simple. Mais les enfants illégitimes, eux, étaient privés de filiation paternelle. Les choses se sont compliquées depuis la loi du 3 janvier 1972, et surtout depuis la loi du 8 mars 2002, qui supprime le statut particulier des enfants adultérins, en vertu de l'intégration d'un double principe d'égalité : égalité entre les enfants, qu'ils naissent dans le mariage ou hors mariage ; égalité entre l'homme et la femme. Ce dernier critère, en particulier, induit la possibilité de l'action à fin de subsides qui obligent l'homme à assumer les conséquences de la relation sexuelle[28].

À ce principe d'égalité sont venues s'ajouter d'autres données : l'apparition de moyens d'investigation de plus en plus poussés pour établir la paternité dite biologique, le recours aux procréations médicalement assistées, le développement du concubinage, la montée des familles composites. La présomption de paternité dans le cadre

27. « Ce sont deux types sociologiques d'organisation familiale qui se cachent derrière ces termes. L'un qui considère la famille comme un groupe puissant, cohérent, organisé sous l'autorité d'un chef, auquel se réfère la notion de parenté. L'autre mettant au premier plan les liens d'affection qui résultent normalement d'une communauté de sang et d'origine, mais qui n'impliquent ni les fortes cohésions sociales de la famille agnatique ni une vie communautaire. » Jean Gaudemet, *Aspects sociologiques de la famille romaine. Cours de sociologie d'histoire du droit*, Paris, 1963. Cité par Guy Raymond in « Filiation biologique, filiation affective : quels choix en droit français ? » in *Revue d'éthique et de théologie morale*, n° 225, juin 2003, p. 56.

28. Guy Raymond, *Droit de l'enfance et de l'adolescence*, *op. cit.*, § 146. (Pour plus de simplicité concernant les références des extraits cités de cet ouvrage, nous indiquerons seulement le numéro du paragraphe entre parenthèses dans le texte.)

du mariage demeure clairement affirmée[29] mais, tandis qu'elle était irréfragable avant 1972, elle pourra désormais être annulée par la preuve du contraire (166). À ce principe toutefois se sont ajoutés d'autres critères de définition qui, pour l'essentiel, peuvent être référés à deux sources : la *volonté* et la *génétique* – ou, en d'autres termes, le lien affectif et le lien du sang. Selon Guy Raymond, dont nous reprenons ici les données, il s'avère qu'entre ces deux termes le droit français ne choisit pas clairement.

La volonté est, en principe, la première source. Elle l'est dans le mariage, tout en étant liée par des obligations spécifiques (fidélité, secours, assistance et communauté de vie[30]). En dehors du mariage, elle intervient dans la reconnaissance de paternité qui est « une manifestation solennelle et unilatérale de volonté par laquelle un homme ou une femme déclare reconnaître un enfant pour sien » (182). Les deux tiers des enfants naissant actuellement hors mariage sont reconnus par leurs deux parents. Mais la démarche, comme le relève la définition que nous venons de donner, est *unilatérale*. Il ne s'agit pas d'une filiation « conjointe ». Elle n'est établie qu'à l'égard de la mère d'une part, du père d'autre part (181). Pour établir une telle filiation, point n'est besoin de preuve biologique, toutefois l'établissement n'est pas absolu : elle ne fait loi que jusqu'à preuve du contraire ; il est toujours possible d'en contester la véracité (185). Par ailleurs, donnée étonnante mais significative, dans le même contexte (hors mariage), la mère peut accoucher à l'insu du père, lui cacher la naissance, et celui-ci n'aura pas la possibilité juridique d'entreprendre une action en reconnaissance de paternité.

29. « Tout enfant conçu pendant le mariage a pour père le mari de la mère. Sont donc enfants légitimes tous les enfants qui naissent plus de 180 jours après la célébration du mariage et tous ceux qui naissent dans les 300 jours qui suivent la dissolution de ce mariage ». Article 312 du Code civil, Guy Raymond, *op. cit.*, § 168.

30. Articles 212, 213 et 215 du Code civil. Voir le chapitre IV de mon livre *Le mariage*, éditions de l'Atelier, 1999.

Outre le mariage et la reconnaissance, une troisième source de la filiation est la *possession d'état*, rétablie en 1982 pour la filiation hors mariage, à entendre comme « une accumulation de faits qui font présumer l'existence d'un lien de filiation entre un enfant et un homme ou une femme[31] ». Ce critère peut valoir, par exemple, lorsque des concubins ont négligé de reconnaître leur enfant. Il pourra avoir force de droit pour empêcher la reconnaissance de l'enfant par un tiers, ou encore en matière d'héritage.

Dans les trois cas de figure que nous venons de citer (mariage, reconnaissance, possession d'état), la volonté semble bien tenir le rôle prépondérant. Elle peut même être à l'origine d'un lien de filiation sans substrat génétique. Selon la loi du 29 juillet 1994, l'enfant conçu par insémination artificielle avec donneur externe est reconnu comme fils ou fille de l'époux de la mère. La volonté, avec ses prolongements institutionnels (mariage) ou relationnels (possession d'état), semble donc être la source quasi exclusive du droit. Elle l'est toutefois tant qu'il n'y a ni litige ni conflit. Car, dans les cas contraires, il s'avère non seulement que la définition par le « biologique » prend de l'importance, mais que c'est elle qui a le dernier mot.

Le développement des moyens d'investigation scientifique fait partie des raisons de la diminution de la primauté de la filiation légitime par rapport à la filiation naturelle. Depuis 1960, ces moyens se sont multipliés. Par la comparaison entre les groupes sanguins, tout d'abord, on a pu établir une preuve négative. Depuis que des tests, dits « de Jeffrey », disponibles en 1987, permettent de comparer les codes de l'ADN, il est possible d'établir une preuve

31. (150) Cette possession d'état doit être continue et se caractérise par des faits qui sont : « – que l'individu a toujours porté le nom de ceux dont on le dit issu ; – que ceux-ci l'ont traité comme leur enfant et qu'il les a traités comme ses père et mère ; – qu'ils ont, en cette qualité, pourvu à son éducation, à son entretien et à son établissement ; – qu'il est reconnu pour tel, dans la société et par la famille ; – que l'autorité publique le considère comme tel. » Article 311-2 du Code civil.

positive, c'est-à-dire de déclarer avec certitude que tel homme ou telle femme est le père ou la mère de tel enfant. Ce qui modifie considérablement les données – pratiques du moins. Hors mariage, nous avons vu que la reconnaissance ne faisait foi que « jusqu'à preuve du contraire ». Un homme qui a reconnu un enfant pourra donc se voir opposer une action en contestation de paternité. En sens inverse, un homme vers lequel se tourne une femme ou un enfant pour une recherche de paternité naturelle ne pourra pas opposer une fin de non-recevoir. Si la preuve est établie, l'enfant sera son fils ou sa fille de plein droit.

Dans le mariage lui-même, la preuve biologique viendra enfoncer des coins dans la « présomption de paternité ». Cette dernière peut être contestée soit par le mari au moyen d'une action en désaveu de paternité, soit par la mère au moyen d'une action en contestation de paternité (173). Mais, plus frappant encore, la mère peut unilatéralement déclarer l'enfant, soit en l'inscrivant à l'état civil sous son nom de jeune fille, soit en désignant son amant comme le père de son enfant. Si le mari souhaite voir reconnue sa paternité, il devra engager une action en revendication de paternité, et la preuve biologique sera l'argument décisif. (On pourra noter au passage la diminution de l'écart entre l'union libre et le mariage, en même temps qu'ici encore, l'inégalité entre l'homme et la femme devant la filiation.) Retenons surtout ici que, dans tous ces cas, la filiation génétique occupe une place jamais connue auparavant dans l'histoire.

Pourtant, dans le même droit, nous avons vu la présomption de paternité jouer son rôle jusque dans les cas où l'épouse a été fécondée par un donneur externe. Nous n'avons pas encore traité de l'adoption, mais il est bien évident que celle-ci repose sur une double volonté, celle des parents qui consentent à l'adoption et celle des parents candidats[32]. Nous voyons bien se confirmer la thèse de Guy Raymond, selon qui « *entre la filiation par le sang et la filiation*

32. Nous traiterons de l'adoption au chapitre VI.

affective, le droit français n'a pas fait un choix absolu[33] ». Il en est sans doute mieux ainsi. Imaginons qu'un seul de ces principes l'emporte : le sens de la paternité en serait fortement appauvri. Aucun de ces deux principes, d'ailleurs, n'est absolu. La volonté ne peut être la seule source de paternité, dans la mesure où il n'est pas au pouvoir d'un homme de déclarer de son propre chef qu'il est le père d'un enfant, pas plus qu'un enfant ne peut de lui-même dire qui est son père (149). L'adoption elle-même est le fruit d'un acte judiciaire. Quant à l'action pour l'établissement d'une preuve génétique, elle implique une procédure et la décision d'un juge. Elle est loin de pouvoir avoir lieu dans n'importe quelle condition. C'est ainsi que, lorsqu'un enfant est né d'un inceste, il est exclu que les deux géniteurs puissent être reconnus, ensemble, parents.

Tenir ensemble tous les critères envisagés est une véritable gageure. À chacun des derniers paragraphes, nous avons vu apparaître une fragmentation ou une vulnérabilité possible du lien paternel. La grande limite est que, dès que l'on quitte la présomption de paternité liée au mariage, la problématique est seulement individuelle. Or, comme l'écrit très justement Jean-Marc Ghitti, « le père concret n'est jamais le père seul, le père sec. Il est le père-mari, mari ou concubin, ou ex-mari, ou veuf[34]. » Si, entre la volonté et le biologique, le droit semble hésiter, c'est peut-être non seulement à cause des limites de chacun de ces critères, mais parce que, dans ce débat, il manque un troisième terme : le *lien* entre les parents, et son institution. Mais, dès lors que les questions sont abordées *exclusivement* en termes de liberté et d'égalité, la place de ce troisième terme est de plus en plus contestée ou relativisée. Le principe d'éga-

---

33. Guy Raymond, « Filiation biologique, filiation affective : quels choix en droit français ? », art. cité, p. 67. Pour toutes ces questions, voir aussi Guy Raymond, *Ombres et lumières sur la famille*, Bayard, 1999, chapitre « Des droits pour l'enfant ». Du même auteur, voir également : « Volonté individuelle et filiation par le sang », in *Revue trimestrielle de droit civil*, n° 3 de 1982, p. 539 à 559.
34. Jean-Marc Ghitti, *Les transformations de la paternité*, à paraître.

lité lui-même, d'ailleurs, n'est guère honoré puisque, après avoir été, pendant des siècles, en faveur du père, l'inégalité est maintenant, comme nous avons pu le voir, en faveur de la mère. Étant donné l'inégalité de base, corporelle, devant le don de la vie, si l'on se place du seul point de vue des droits individuels, hors de la perspective du lien, on bascule d'une inégalité à l'autre. Fondamentalement, l'estompement des différences entre filiation légitime et filiation illégitime, comme entre union légitime et union libre, affaiblit nécessairement le sens de la dimension institutionnelle du lien. Si le droit d'une société libérale et démocratique peut difficilement trouver des contrepoids à cette tendance lourde, ce sera, pour le moins, à l'éthique de le faire.

Une place pour l'alliance

En 1997, en France, un « fait divers » défraya la chronique. Une jeune femme, Aurore Drossart, voulant apporter la preuve qu'elle était la fille de l'artiste Yves Montand, demanda et obtint du juge que soit entreprise une recherche génétique sur les cellules du corps du défunt. Les tests s'avérèrent négatifs. S'ils avaient été positifs, elle aurait pu faire état des mêmes droits qu'une enfant reconnue. L'affaire donna lieu à des débats significatifs. Les partisans du bien-fondé de cette démarche firent valoir le droit pour l'enfant à connaître ses origines. « Comment accepter qu'il dépende du seul bon vouloir des parents d'établir ou non leur filiation à l'égard de leurs enfants : n'est-ce pas un droit fondamental de tout individu d'avoir sa double filiation, paternelle et maternelle, établie ? », demandait le président d'un collectif. Et l'article de conclure que faire état de la trace biologique, ce serait « responsabiliser les adultes, car être père ou mère, c'est donner la vie et être comptable de son acte[35] ».

35. Pierre Verdier, président de la Coordination des actions pour le droit à la connaissance des origines, *Le Monde*, 15 novembre 2001.

Les adversaires de cette position rappelèrent la dimension irréductiblement volontaire de la paternité, en droit comme en morale. Ils refusaient d'en subordonner la définition à la « vérité » d'un fait naturel objectif. Ils rappelaient qu'aux termes mêmes de la loi, l'identification d'une personne par ses empreintes génétiques ne peut avoir lieu que selon le consentement préalable et expressément recueilli de l'intéressé[36]. Ce qui ne pouvait être le cas pour un mort…

L'intérêt de ce débat, véritable « cas d'école », est de faire apparaître une double insuffisance : tant du point de vue « biologiste » qui prétendrait définir la paternité par un savoir portant sur des molécules, que du point de vue « volontariste » qui accorderait toute la place à la volonté du géniteur présumé. Le fait que les hommes et, en général, notre culture, n'aient pas, jusqu'à présent, accordé une importance considérable à la nouveauté que représentent les tests génétiques est l'indice d'un décalage entre ce qui est ordinairement placé sous le vocable « père » et le type de savoir auquel donne accès la science. Plus même, il pourrait y avoir mensonge à croire ou laisser croire que le *savoir* biologique dise « le vrai de la paternité ». Il y a un non-savoir fondamental, constitutif, originaire, de la paternité et, indissociablement, un rôle irremplaçable de la confiance, ainsi que de l'acte de reconnaissance qui est moralement un pacte entre le père et l'enfant. À bien y réfléchir, c'est l'expression « enfant biologique » elle-même qui peut paraître incongrue !

Mais le débat fait apparaître également les limites d'un point de vue qui ne mettrait en avant que la seule volonté. Le lien entre le père et l'enfant n'est pas de l'ordre du contrat. Il n'y a pas symétrie entre les sujets. L'enfant, lui, n'a pas le choix ; il n'a pas l'initiative. En son être, en sa chair, il éprouve sa vie comme reçue, et reçue par l'intermédiaire du corps de deux autres sujets. Il y a là un donné auquel correspond ce qui, dans la culture qui est la nôtre, est reconnu comme un droit. La Convention des Nations unies sur les droits de

36. Axel Kahn, *Ibid.*

l'enfant stipule en son article 7 que « l'enfant a, dans la mesure du possible, le droit de connaître ses parents ». Tout droit n'étant que l'envers d'un devoir, cela implique, en vis-à-vis, l'affirmation d'un devoir du côté des parents. Disons, dans notre langage, d'une responsabilité. Procréer donne des responsabilités. J'ai à « *respondre* » non seulement de ce qu'a voulu ma volonté claire, mais de mon acte en sa totalité, y compris de ce qui, en lui, déborde ma volonté, tels les processus physiologiques qui auront pu me conduire à être géniteur. Répondre de cela, c'est se reconnaître père. Je réponds d'un autre en répondant de ce qui, dans mon acte, de par la nature de celui-ci, a pu donner lieu au surgissement d'une altérité.

Le droit français accorde à la volonté une place plus grande que la plupart des autres pays européens. Les parents, père et mère, n'y ont pas l'obligation de décliner leur qualité dans l'acte de naissance. Catherine Labrusse-Riou y voit une trace du droit romain où le *paterfamilias* avait le pouvoir d'accueillir ou de rejeter l'enfant. Mais elle s'inquiète aussi de ce qu'alors on « pousse à l'extrême la force créatrice et la force dénégatrice de la volonté, plaçant ainsi l'enfant sous la puissance des adultes à un point rarement connu dans le passé[37] ».

L'hésitation déjà relevée entre la valorisation de la volonté et celle du biologique donne lieu à des incohérences. Lorsqu'il s'agit de procréations médicalement assistées, le recours à l'insémination artificielle avec donneur anonyme est prévu par la loi : la paternité, nous l'avons vu, est alors reconnue à l'époux ou à celui qui, vivant en couple avec la mère, atteste avec celle-ci d'un « projet parental ». Mais d'autre part est reconnu, par l'adhésion à la Convention citée plus haut, le droit de l'enfant à la connaissance de ses origines biologiques.

En vérité, il apparaît que *ni le biologique ni le volontaire seuls* ne permettent de définir la paternité. La volonté, dit très justement Catherine Labrusse-Riou, est un « intermédiaire obligé », mais il

37. C. Labrusse, *op. cit.*, p. 102.

faut en fixer les bornes. On ne peut faire dépendre une réalité aussi vitale que l'institution d'un lien de filiation du seul bon vouloir des adultes. Mais, sur l'autre versant, on ne peut définir la paternité comme la conséquence d'un simple fait biologique. La dualité du biologique et du volontaire laisse apparaître une double carence. Cette insuffisance fait ressortir l'opportunité du troisième terme évoqué plus haut, celui de l'alliance conjugale, ou encore de ce que Catherine Labrusse-Riou appelle l'« alliance des sexes ». Ce principe – faut-il le rappeler ? – est celui qui, dans nos pays, jusqu'à aujourd'hui inclusivement, est le plus communément reconnu. Si nous considérons le mariage et, plus précisément, l'union sexuelle au sein du mariage comme le fondement central de la parenté, les incohérences précédemment indiquées tombent. L'alliance conjugale est un acte volontaire. Cette volonté s'étend à la reconnaissance anticipée de tous les enfants qui naîtront du couple, en vertu de la présomption de paternité exposée plus haut et qui reste encore, selon le doyen Jean Carbonnier, le « cœur » du mariage[38]. La volonté a donc sa place : celle qu'elle tient dans le pacte conjugal. Mais elle n'est pas tout. Elle est débordée, et elle l'est triplement : par l'institution, par la chair, par la responsabilité à long terme.

Le mariage est plus qu'un contrat. Ce dernier, selon sa seule logique, ne laisserait pas de place au tiers qui est l'enfant. Étant l'arrangement entre deux intérêts bien compris, il ne pourrait considérer celui-ci que comme un objet, un objet de droits. Dans un contrat comme le « Pacs » français, l'enfant n'a pas, à proprement parler, sa place[39]. Le mariage, en revanche, sans faire de la survenue de l'enfant une condition de validité, est orienté vers l'accueil de

38. « Le cœur du mariage, ce n'est pas le couple, c'est la présomption de paternité. » Jean Carbonnier, conférence sur le mariage, École nationale de la magistrature, 1er avril 1994. Le doyen Carbonnier est le principal inspirateur de la loi de 1972. Cité par I. Théry, *op. cit.*, p. 79.

39. Voir sur ce sujet l'article très précis de Paul Moreau, « La place de l'enfant. Conjugalité et parentalité : la médiation de la loi », in *Études*, n° 390/2, février 1999.

l'enfant en tant que sujet. Étant la fondation d'une famille, il lui reconnaît d'emblée une place. Alors que le contrat est bilatéral, le propre de l'institution comme telle est d'être ouverte au tiers, par la médiation de la loi, qui définit un corpus de droits et de devoirs, au-delà de la relation individuelle de chaque membre du couple pris séparément avec l'enfant. En particulier, le mariage crée ce que le juriste appelle un « tronc commun » généalogique[40], qui correspond à la constitution d'une nouvelle famille. Il offre d'emblée un cadre à la parenté. Les faits le confirment : les contestations de reconnaissance de paternité sont beaucoup plus rares entre époux qu'entre concubins[41].

L'alliance sexuelle est un acte corporel, mais ce qui se joue dans la chair – le désir, les pulsions, la jouissance – y est d'avance intégré à l'ordre de la parole, parole qui donne à l'acte un sens spirituel. Il est alors évident que le charnel y est plus que le biologique. Lorsque l'union est vécue sous l'égide du don et de l'accueil mutuels entre deux sujets, deux existences, la fécondité est pressentie comme l'horizon de ce don, son redoublement, son incarnation. Elle est assumée par deux libertés, sans pour autant relever des seuls caprices de leur « bon plaisir » : ces deux libertés en effet, au fil du temps, se confrontant l'une à l'autre – et à l'enfant –, se trouveront nécessairement dépossédées de l'illusion de toute puissance.

Ainsi, dans l'alliance conjugale, ce qui pourrait relever des prétentions de la volonté souveraine comme ce qui pourrait relever de

40. Guy Raymond, « Un contrat d'union sociale ? », *Études*, avril 1998. Voir aussi *Ombres et lumières sur la famille :* « Si les parents ne sont pas mariés, il n'y a pas d'alliance, donc pas de tronc commun ; l'enfant est relié de manière divise à ses deux parents ou seulement à l'un d'entre eux. C'est l'enfant et non le couple parental qui, d'une certaine manière, unit psychologiquement mais non juridiquement la famille de sa mère et la famille de son père. Si la filiation est établie à l'égard des deux parents, l'enfant est relié d'une part à l'arbre généalogique de sa mère, d'autre part à celui de son père. Il n'y a pas de tronc commun, même si père et mère vivent en concubinage. » *Op. cit.,* p. 218.
41. É. Sullerot, *op. cit.*, p. 149.

l'objectivisme biologique sont-ils dépassés, et ils le sont l'un par l'autre. Le charnel est imprégné de liberté et la volonté est dépossédée d'elle-même par le consentement à *toutes* les implications du charnel.

En réponse donc aux « bricolages de la filiation » auxquels nous assistons actuellement, à l'heure où sociologues et politiques semblent explorer tous les moyens de fonder ou de tenter de renforcer la paternité *en dehors* du mariage, en contournant celui-ci[42], le plus sûr et le plus clair est de se rappeler que nous disposons d'une institution qui recueille encore la faveur de la majorité de nos concitoyens et qui a le triple mérite de réunir : a) le charnel et le spirituel, b) le volontaire et l'involontaire, c) l'intime et le social.

Reposant sur l'engagement d'un homme et d'une femme à vivre sous le même toit dans la fidélité et à accueillir les enfants qui naîtront de leur union, le mariage réunit d'avance les trois dimensions de la paternité ci-dessus énoncées : charnelle, symbolique, relationnelle. Est-il besoin de rappeler que la troisième prendra toute sa consistance en étant concrètement reliée aux deux autres, lorsque le père et la mère vivent sous le même toit ! La sociologue Irène Théry elle-même, à qui il arrive parfois d'anticiper sur la disparition du mariage[43], le reconnaît : « Ainsi la force du modèle matrimonial de construction de la famille est-il de fusionner, sur une personne et une seule pour chaque sexe, les trois composantes de la filiation, et de le faire à partir de la force d'une fiction juridique, entraînant en quelque sorte à sa suite le fait de se conformer à la fiction[44]. »

Concluons avec Catherine Labrusse-Riou :

---

42. Livret de paternité, reconnaissance officielle de paternité ou maternité, garde alternée…

43. Allant parfois jusqu'à parler de celui-ci à l'imparfait ! «… trois questions qui n'en fai*saient* qu'une au temps du mariage » (*op. cit.*, p. 80). Ou encore : « Au temps des mariages stables, ces trois composantes *étaient* rassemblées » (*La Croix*, 20 octobre 1995).

44. I. Théry, article cité (*Esprit*), p. 84.

« Point n'est besoin de passer par la manipulation de la filiation lorsqu'il existe déjà une structure, celle de l'alliance, pour répondre socialement et juridiquement aux besoins des familles [...]. Encore faut-il que l'on respecte la structure de base, à savoir le mariage, seul créateur des liens d'alliance. Car la recomposition par le concubinage ne crée aucun lien juridique d'alliance, ni entre le concubin et les parents de l'autre, ni entre le concubin et les enfants de l'autre. Voici donc en retour, qu'on le veuille ou non, la question lancinante du rapport entre parenté et alliance dont le point de liaison est le mariage, l'alliance des sexes qui ne peuvent s'allier et générer la vie que parce qu'ils sont différents et égaux[45]. »

Un lien lui-même relié

Revenons à l'existentiel. Il nous fera passer de la disjonction à la conjonction. Ce que la pensée analytique sépare, l'existence l'unit. C'est dans la conjugalité que la paternité trouve son meilleur ancrage. Né de l'union d'un homme et d'une femme, c'est sur le lien qui unit cet homme et cette femme que l'enfant prendra appui pour construire son identité. Si son père et sa mère sont ses deux premiers « modèles identificatoires », comme disent les psychologues, l'unification intérieure entre ces deux modèles sera facilitée s'ils ne renvoient pas à deux individus *disjoints* mais à deux *conjoints*, liés et reliés par une communauté de vie et d'amour. L'unité entre ses parents sera le roc de sa propre unité. Par la négative, un adolescent le disait à ses parents en cours de divorce : « Vous m'avez coupé en deux. »

Nous verrons au chapitre suivant combien il est bon, pour l'enfant comme pour la mère, que celle-ci soit tournée vers un tiers, vers un homme sur lequel porte son désir. On dira que cet homme peut ne pas être le géniteur. C'est exact ; mais comment nier l'évidence, à savoir qu'une telle situation introduit une discontinuité dans le

45. C. Labrusse, *op. cit.*, p. 107.

psychisme de l'enfant, discontinuité entre deux couples de référence : celui dont il est né ; celui avec lequel il vit ? On pressent *a contrario* les bienfaits de la continuité, de la cohérence entre la mémoire immémoriale de cette « scène originaire » dont chacun se sait issu et la tendresse qu'il voit aujourd'hui se manifester devant lui. Autre version de l'unité du charnel et du spirituel.

Diverses sont les approches qui arguent dans le même sens. Un autre psychanalyste, Tony Anatrella, souligne que l'amour des parents pour leurs enfants ne se déploie pas en ligne directe, de tel individu à tel autre individu, mais qu'il est indirect, médiatisé par la relation à ce tiers qu'est l'autre parent[46]. L'enfant ne reçoit pas seulement le faisceau de l'amour de son père parallèlement à celui de sa mère, mais il reçoit d'abord le rayonnement de l'amour entre ses parents. Il souffre de leurs mésententes, il est tourmenté par leurs divisions et il se réjouit de leur joie. Lorsqu'il voit son père faire un cadeau à sa mère ou l'inviter au restaurant, lorsqu'il voit celle-ci préparer l'anniversaire de son époux, il trouve là un roc, un point d'ancrage pour sa solidité intérieure.

> « *Les enfants n'ont besoin que d'une chose.*
> *Pas d'un amour braqué sur eux comme une arme blanche. Seulement de grandir dans l'orbe de l'amour d'un homme et d'une femme*[47]. »

On dira que nous avons présent à l'esprit un modèle déterminé, celui de la famille nucléaire, qu'il serait plus exact de désigner ici comme « conjugale » (les deux notions ne coïncident pas). J'assume ce choix, considérant que ce modèle n'est pas « un parmi d'autres », dans une sorte de supermarché des modèles familiaux. Au demeurant, la prétendue « diversification des modèles familiaux » dans nos

46. « Les effets psychologiques du divorce », in *Le divorce est-il une fatalité*, X. Lacroix (dir.), DDB, 1992, p. 27.
47. Christiane Singer, *Éloge du mariage, de l'engagement et autres folies*, Albin Michel, 2000, p. 120.

sociétés n'est bien souvent qu'une apparence[48]. Mais surtout, pour ce qui concerne la paternité, il faut avoir le réalisme de reconnaître la corrélation entre la fragilisation du lien conjugal et celle du lien paternel. Après le divorce, dans 88 % des cas l'enfant est confié à la garde de la mère. C'est pratiquement dans 100 % des cas qu'il est confié à celle-ci lors d'une séparation après concubinage. Il s'avère alors que plus d'un père divorcé sur deux ne voit plus, ou très épisodiquement, ses enfants après une période de cinq ans. La proportion est des deux tiers pour les concubins séparés[49]. L'aspect quantitatif, certes, n'est pas seul en cause. Mais nous devinons déjà – et nous aurons l'occasion de le développer – que l'exercice de la paternité est pour le moins amputé lorsqu'il est privé de tout ce qui se joue dans la vie quotidienne sous le même toit. Que l'on nous permette une dernière statistique qui confirme, si besoin est, que le cadre de la conjugalité n'est pas sans corrélation avec la stabilité des liens : il se vérifie qu'entre concubins, le risque de rupture, sur dix ans, est six fois plus fort qu'entre époux, deux fois plus fort encore lorsqu'il y a présence d'enfants[50]. Nous aurons l'occasion de revenir sur la question : quelle est donc la consistance de l'engagement paternel en l'absence d'engagement solennel à l'égard de l'autre parent ?

Que ce soit du point de vue des parents ou de celui de l'enfant, on ne peut pas prendre son parti de la dissociation entre conjugalité et parentalité[51]. Les arguments sont d'ordres très divers pour mettre en évidence combien l'une enrichit l'autre, et réciproquement. En

48. Je renvoie sur ce point au chapitre : « Quelle famille pour demain ? » de mon livre *L'avenir, c'est l'autre*, Cerf, 2000.

49. *Populations et sociétés,* n° 220, janvier 1988.

50. Laurent Toulemon, « La place des enfants dans l'histoire des couples », *Population*, n° 49-6, 1994. Pour le Québec, des analyses sérieuses donnent des chiffres similaires : Nicole Marcil-Gratton, « Les conditions nouvelles de la stabilité familiale », in *Recueil de réflexions sur la stabilité des liens parents-enfants,* collectif, Conseil de la famille du gouvernement du Québec, 1996, p. 18-19.

51. Voir Paul Moreau, *La famille, enjeu citoyen*, Cerf, 2002, tout spécialement au chapitre « Conjugalité et parentalité ».

particulier celui-ci, développé par Philippe Julien, qui se place du point de vue de la transmission. Solidement ancrés dans leur conjugalité, les parents seront mieux à même de transmettre à leur enfant la capacité de partir, de les quitter, sans sentir peser sur lui le poids d'une dette de réciprocité. Il n'est pas de meilleure source pour découvrir la loi du désir et de l'alliance que de recevoir celle-ci de ses parents. « La vraie filiation est d'avoir reçu de ses parents le pouvoir de les quitter à jamais, parce que leur conjugalité était et reste première[52]. »

Voici donc le lien paternel dépendant d'un autre lien, lui-même entrelacé d'un autre lien, ce qui, selon le point de vue adopté, lui donne plus de force ou plus de faiblesse. Plus de faiblesse dans la mesure où son devenir dépend des aléas de cet autre lien ; plus de force dans la mesure où ce lien qui se noue à trois est enrichi par ce qui se joue entre l'homme et la femme, par tous les enjeux de l'alliance conjugale. En recevant l'amour de son père, il reçoit aussi l'orientation du désir de celui-ci, les fruits de ce qui, dans l'histoire même dont il est né, continue aujourd'hui de s'échanger entre ses parents. Se sachant (consciemment ou inconsciemment) lui-même né d'un don, il lui est bon de voir ce don vivre encore devant lui.

Mais le lien conjugal n'est pas le seul lien dont est tressé le fil de la filiation. Ici ou là on aura pu en voir se dessiner deux autres déjà : *le lien social* et *le lien religieux*.

Entre lien paternel et lien social, la corrélation est étroite. Le premier est nourri du second et y introduit. Le père n'est pas seulement un individu. Il est aussi une figure, qui représente autre chose que lui-même, et qui renvoie à plus grand que lui. Celle-ci sera relayée

52. « Autrement dit, mettre au monde, c'est savoir se retirer, de telle sorte que les descendants soient capables de se retirer à leur tour. [...] Seuls les parents qui savent vivre leur conjugalité et rester dans leur propre génération ne font pas peser sur leurs descendants le poids d'une dette de réciprocité. » Ph. Julien, « Conjugalité et parentalité : les nouvelles frontières entre le privé et le public », *Études*, novembre 1998, p. 475.

et confirmée par d'autres figures paternelles, en un réseau qui appellera une expression sociale. Cela était très net au « siècle d'or » de la paternité, le XVIIe. Il y avait alors consonance entre le système social, le régime politique et l'autorité qui s'exerçait dans la famille. « Le père était le garant de l'ordre public et le soutien de la société. Il était donc normal qu'il gouvernât sa famille comme le prince, “père des sujets”, gouvernait l'État[53]. » On retrouve une harmonie comparable sous la IIIe République où, comme pouvait le dire Péguy, l'enseignement moral des pères, celui des curés et celui des instituteurs allaient dans le même sens. Aujourd'hui, la société est bien présente dans la relation pères-enfants, mais c'est davantage sous la forme de ce « troisième partenaire sans visage[54] », parfois envahissant, qui vient concurrencer la fonction paternelle. Qui est pourvoyeur de normes ? Qui se présente comme Providence tutélaire ? Qui dit la loi, encadre, éduque, offre un modèle identificatoire ? Les médias, la puissance publique, les acteurs sociaux interviennent de plus en plus dans la vie des familles (surtout, pour les deux derniers, en l'absence de lien conjugal). La vision du monde, l'ordre des valeurs de ces tiers (je pense ici surtout aux médias et à l'école) entrent souvent en contradiction avec ceux des pères, lesquels se trouvent alors devant une rude concurrence, face à laquelle ils sont rarement gagnants. Ce qui amoindrit d'autant leur stature. Si, de surcroît, comme c'est le cas dans une certaine « culture 68 », encore vivace, tout ce qui a rapport à la figure paternelle comme telle ou à l'exercice de l'autorité est disqualifié, on mesure l'affaiblissement.

Plus radicalement encore, dès lors c'est le lien social lui-même qui est en crise, la fonction de celui qui aurait pour tâche d'introduire

53. « La figure majestueuse du père est historiquement associée à cette rigueur morale de l'âge classique. L'autorité du droit romain et celle de l'Église se conjuguaient pour la placer sur un piédestal. » Jean Delumeau, *Histoire des pères et de la paternité*, *op. cit.*, p. 25.

54. Jean Delumeau, *ibid.*, p. 15.

à ce dernier est affaiblie d'autant. À quels biens culturels, éthiques et spirituels communs introduire dans un monde éclaté, où le sens du « bien commun » et de la *res publica* a perdu de sa prégnance ? Comment être le relais d'un plus grand corps si l'appartenance à ce dernier est devenue douteuse ?

En revanche, plus positivement, on peut observer ici ou là que, lorsque la dimension communautaire de l'existence individuelle et familiale est redécouverte, la place et le profil du père retrouvent une certaine netteté. Au-delà de la sphère familiale, mais plus visible que le monde professionnel, souvent lointain et abstrait, voici un réseau relationnel où son rôle de passeur, c'est-à-dire de relais vers plus grand que lui, prend une forme concrète. Il est manifeste alors que ce qu'il veut transmettre ne lui est pas propre seulement, n'est pas seulement subjectif, mais partagé par d'autres, reçoit la confirmation et l'objectivité de son ancrage dans un monde spirituel commun.

Avec le terme « communauté », nous voici aux confins du social et du religieux. La dimension religieuse du lien paternel, qui fut manifeste dans maintes cultures, est aujourd'hui devenue plus discrète. Elle demeure cependant. Jacques Lacan a même pu affirmer que « le père, c'est la religion[55] ». Rappelons l'étymologie la plus probable de ce terme : en latin, *re-ligare* signifie « relier ». Le lien en question peut alors être compris de deux manières : horizontalement, comme reliant à un groupe, une communauté ; verticalement, comme reliant à un invisible, une transcendance. Le lien paternel se trouve à la croisée de ces deux directions.

Entre père et fils, père et fille, nous pouvons discerner, dans le sens ascendant comme dans le sens descendant, le fil d'une invisible *fides*, terme qui signifie ensemble « foi », « confiance » et « fidélité ». Foi non seulement en la personne de l'autre, mais dans le prix de ce qui passe de l'un à l'autre. Ce qui « passe » ainsi n'est pas de

55. Séminaire inédit. Cité par Philippe Garnier, « Une dernière pensée de Lacan pour le père », *Dialogue*, n° 107, 1990, p. 103.

l'ordre des choses, mais de l'ordre d'une vie qui vient de plus grand, plus haut et plus intime que le moi. Une réflexion en profondeur sur la paternité oblige à dépasser une conception seulement individualiste du sujet humain. Il est traditionnel de parler de « piété filiale ». Péguy innove, dans un beau texte, en parlant de « piété descendante[56] ». Le terme désigne une dévotion, un dévouement, le respect d'une réalité devant laquelle on s'incline, le service d'un mystère qui nous dépasse. Il y a dans l'estime accordée au lien paternel l'intuition que la vie n'est vie qu'en se donnant et en se transmettant. La « vie » qui se communique alors ne relève pas seulement de l'organique, non plus que du psychologique ou du culturel ; elle provient de plus originel, tout en étant principe de dynamisme et d'élan intérieur. Une telle vie, que nous nommerons *spirituelle*, est irréductible à celle qui se transmettrait seulement par voie généalogique. Cette vie, les religions l'interprètent et la symbolisent. Elles l'interprètent à travers le corpus d'une Écriture, elles la symbolisent à travers les rites, les fêtes et les célébrations d'un corps communautaire.

Que serait la paternité si elle ne renvoyait qu'à la sphère familiale ? Le sens même du mot « père » ne serait-il pas affaibli si la vie à laquelle il introduit était seulement celle d'un lignage ou, à l'opposé, celle d'une collectivité anonyme ? Dès lors qu'au contraire, ce que le père a la charge de transmettre conduit *à la fois* vers une conscience plus aiguë de la vie et vers l'appartenance à une communauté concrète dans laquelle cette même vie trouve une expression, le sens de la paternité s'en trouve enrichi.

Si le lien paternel et le lien religieux sont l'un et l'autre en crise dans le même contexte idéologique et culturel, cela n'est sans doute

56. « Cette grande bonté, cette grande piété descendante de tuteur et de père, cette sorte d'avertissement constant, cette longue et patiente et douce fidélité paternelle, un des tout à fait plus beaux sentiments de l'homme qu'il y ait dans le monde. » Charles Péguy, *L'argent* (1913), Paris, Gallimard, coll. « La Pléiade », *Œuvres en prose* 1900-1994, p. 1133.

pas le fait du hasard. Sans le sens d'une reliance invisible, qui déborde le familial et précède le social, la paternité est vidée de sa substance. En particulier, si tout peut être déconstruit et reconstruit, si la relation technicienne au monde devient hégémonique, il n'y a pas cher à donner de l'avenir du lien paternel. Ce dernier, en revanche, sera redécouvert lorsqu'il sera reconnu que le fil qui relie entre eux les sujets humains – non seulement les enfants à leurs parents, mais tous ceux que, sans trop savoir pourquoi parfois, l'on appelle « frères » – est le lieu d'une mystérieuse et universelle donation.

*

Il est un trait du lien paternel communément reconnu : son caractère ineffaçable. Comme au lien maternel, on ose lui associer un terme que seuls les chrétiens ont l'audace d'appliquer au mariage, celui d'*indissoluble*[57]. On le distinguera des liens seulement contractuels pour souligner sa marque irréversible, indélébile. « Le père reste le père, quoi qu'il arrive », dit le sens commun. Le droit traduit cela en termes d'« indisponibilité du lien paternel[58] ». J'espère avoir montré que le caractère effectivement indissoluble du lien paternel ne provient pas d'une seule de ses dimensions, mais de leur intersection, de leur nouage. C'est lorsque le charnel, le symbolique et le relationnel sont réunis que le lien est le plus fort et le plus riche. Mais cette unité à son tour appelle d'autres liens, à commencer par le lien conjugal.

Au terme de ce chapitre se dessine une étroite corrélation entre les trois « fils » qui, intrinsèquement, constituent le lien paternel et les trois liens, apparemment extérieurs, avec lesquels, il entre en synchronie : conjugal, social, religieux. L'intérieur est habité par l'extérieur, le lien paternel en son plus intime est consolidé par des

57. « Le lien de filiation demeure, dans nos représentations, un lien inconditionnel et non contractuel ; il est même devenu l'archétype du lien indissoluble. » Irène Théry, « Différence des sexes et différence des générations », *Esprit*, décembre 1996, p. 72.
58. Voir Guy Raymond, *Droit de l'enfance et de l'adolescence*, Litec, 2003, § 144.

liens qui le dépassent. Cela dit, il nous reste du chemin à faire pour définir avec plus de précision le nouage en question, autrement dit le noyau de sens central de la paternité. Ce nouage aura lieu entre chair et parole, à l'articulation du corps individuel et du corps social.

À ce stade de notre réflexion, proposons une définition minimale : est père celui qui répond de la vie d'un autre, vie qui est passée par lui, en répondant de l'acte par lequel il l'a accueilli dans l'existence. Le père est un vivant qui tient parole, vivant traversé par une vie qui se donne, parole qui le lie non seulement à celui qui est engendré mais à celle avec qui et de qui cette vie a été reçue.

Chapitre II
Appels vers le père

Pour l'enfant, la mère est un acquis,
le père, lui, est un dû[1].

Après avoir abordé la relation père-enfant surtout de l'extérieur, du point de vue notamment de l'institution et du droit, envisageons maintenant de la saisir de l'intérieur, par l'attention à sa place, ses rôles, ses fonctions. Pour cela, je propose le choix de méthode suivant : partir de l'enfant, de ses besoins, de ses attentes, de ses appels. La perspective sera donnée « de bas en haut », depuis le regard du fils ou de la fille vers le père. De quoi le bébé, l'enfant, l'adolescent a-t-il besoin pour grandir et, plus précisément, pour être fils ou fille en vérité ?

Prendre pour critères les besoins ou appels de l'enfant peut être justifié par trois raisons. La première est l'attention au plus faible, *au plus petit*, qui est aussi le plus vulnérable. Dans notre société libérale et utilitaire, où règne la loi de l'intérêt, c'est presque toujours celui des adultes qui est prioritaire. Leur « épanouissement », leur confort psychoaffectif priment souvent sur la réelle prise en considération de ce qui est bon pour l'enfant. Derrière les apparences de l'enfant-roi, on peut douter que les grandes décisions de la vie affective ou familiale se prennent réellement en fonction de lui. On trouvera toujours de bonnes raisons pour justifier la « réalisation

1. Aldo Naouri, *Une place pour le père*, Seuil, 1985, coll. « Points », p. 173.

de soi » et nier le désarroi des enfants. Qui se fera le porte-parole de ces derniers, de leurs désirs, de leur souffrance ? Une société se juge au sort qu'elle réserve aux plus faibles de ses membres.

La seconde raison de ce point de départ est que la condition filiale, le fait d'être fils ou fille est plus originaire que le fait d'être parents. *Plus universellement que parents, tous nous sommes d'abord fils ou filles*. Au plus intime de notre âme et de notre corps, au cœur de notre relation à nous-mêmes, il y a ce point aveugle, la conscience de ne pas être à l'origine de nous-mêmes, de recevoir la vie comme don, et de l'avoir reçue par l'intermédiaire d'autres sujets. Un auteur a même pu affirmer que « la découverte de la filiation est la tâche première et dernière de toute notre vie[2] ». Or, cette découverte suppose certaines conditions. Par exemple que nous n'éprouvions pas notre existence comme le simple prolongement d'une autre, ce qui risquerait d'avoir lieu si un seul des deux parents comptait, si un seul – la mère en particulier – était censé être à l'origine de notre existence.

La troisième raison tient au fait que le père lui-même est un fils devenu père. Une école récente a mis en évidence l'importance de l'*intergénérationnel*, c'est-à-dire de tout ce qui se joue et se transmet d'une génération à l'autre. C'est à partir de l'image paternelle qu'il a lui-même reçue de son propre père que l'homme va construire sa manière d'être père. Et cela, plus inconsciemment que consciemment. C'est ainsi que vous verrez tel homme d'un naturel doux et paisible s'adresser soudain à ses enfants avec une violence inouïe, comme si un modèle antérieur faisait brusquement irruption dans sa parole. Après Françoise Dolto, Didier Dumas a bien montré que certaines carences ou maladies, les psychoses d'enfants en particulier, étaient dues moins à une absence du père actuel qu'à une absence de celui qu'ils dénomment le « père antérieur[3] ».

---

2. Jean-Claude Sagne, *L'itinéraire spirituel du couple*, tome II, Éd. Saint-Paul / Chemin Neuf, 2003, p. 14.

3. Didier Dumas, *Sans père et sans parole*, Hachette, 1999, p. 93.

Entreprenons donc ce *portrait en creux* du père, portrait en négatif à partir de ce qui manquerait aux fils et aux filles si cet autre-que-la-mère n'était pas présent et parlant. Avec un peu de chance, comme dans le laboratoire photographique, à partir du négatif se révélera peut-être un visage en positif…

C'est bien d'un « père » que l'enfant a besoin, d'un être différent de sa mère, tout en étant le vis-à-vis de celle-ci. D'un père et non seulement, comme il est trop souvent sous-entendu, d'un soutien de la mère, d'un « grand frère aidant la maman dans sa lourde tâche[4] ». D'un homme singulièrement responsable de son enfant, et non d'un « prince consort » ou d'une « pièce rapportée ». Non d'un « père-bébé », lui-même soumis à la loi de sa femme comme il l'a été à celle de sa mère. Il lui faut un autre pôle, un autre tuteurage, un autre support identificatoire que celui de sa mère. Après des dizaines d'années d'écoute et de thérapie, Didier Dumas l'affirme nettement : « L'intelligence, la vivacité et la santé mentale d'un enfant dépendent en premier lieu de sa capacité à s'identifier à quelqu'un d'autre que sa mère[5]. »

Ne parlons pas seulement de manques. Le thème de l'*appel* a un sens plus riche, créateur même. L'appel suscite, il éveille non seulement une réponse mais une capacité à répondre. Se découvrant invoqué, convoqué, le père cherchera en lui les ressources susceptibles de lui permettre d'exercer sa fonction. S'il n'est pas entravé par des carences ou des obstacles particuliers, ces ressources seront éveillées par l'appel. On dit parfois que ce ne sont pas seulement les parents qui font les enfants, mais les enfants qui font les parents. On rejoint alors la thèse de Didier Dumas selon laquelle « l'enfant est l'auteur de ce que sont ses parents pour lui, il suscite leurs capacités à répondre à ses besoins[6] ». Être responsable, comme l'indique le verbe latin *respondere*, c'est « répondre de ». Rassemblons autour de quatre pôles ces appels des fils et des filles.

---

4. *Ibid.*, p. 74.
5. *Ibid.*, p. 68.
6. *Ibid.*, p. 35.

Vers une relation ternaire

Le premier devoir des parents
est de donner à leur enfant une situation ternaire[7].

Quel amour a-t-il été plus unanimement célébré que celui d'une mère pour son enfant ? Quel plus bel exemple de don, de douceur, de dévouement ? Aucun lien ne prend naissance dans une intimité corporelle aussi grande. Aucun sans doute n'est aussi inconditionnel. Mais rien de ce qui est humain n'est absolument simple, surtout lorsque l'on a affaire à une réalité qui implique à ce point la totalité de l'être. De par sa force même, cet amour a quelque chose de redoutable. « Vous savez ce que c'est, le cœur d'une mère ? Une mère, c'est tout pour son enfant ; un enfant, c'est tout pour sa mère ! » Entendant à longueur d'années des paroles de cette sorte, Aldo Naouri est du nombre de ceux qui tirent aujourd'hui le signal d'alarme. Dans son livre *Une place pour le père*, il dresse des portraits aussi vivants qu'inquiétants de l'« étouffante perfection maternelle » ou de l'« écrasante toute bonne mère » omniprésente, omnisciente, qui déploie son dévouement comme une aile protectrice au-dessus de son enfant.

Pour devenir sujet, sujet de son existence, il faudra bien que l'enfant s'éloigne de cette aile, prenne de la distance par rapport à ce giron. Qu'il soit réellement *mis au monde*. Mais, demande Didier Dumas, « comment quitter celle qui est tout pour soi et pour qui l'on est tout[8] ? » Il sera extrêmement difficile pour une mère seule d'être à la fois sol nourricier et tuteur. De favoriser la prise de distance tout en étant singulièrement proche. Celles qui y parviennent réalisent un exploit extraordinaire, auquel il faut rendre hommage, car cela relève de l'équilibrisme. En vérité, elles ne peuvent y par-

7. Catherine Dolto-Tollich, Entretien, in *Messages du Secours catholique*, février 1993.
8. D. Dumas, *op. cit.*, p. 35.

venir que si elles ne sont pas vraiment seules avec leur enfant, que si la dyade qu'elles forment avec lui est ouverte à d'autres acteurs, acteurs masculins notamment.

Par ailleurs, les enquêtes sociologiques montrent que les risques pour l'enfant sont moins grands quand la mère a été abandonnée ou conduite à une rupture avec le père que lorsque c'est volontairement qu'elle a voulu un enfant sans père, « pour se faire du bien », « pour ne pas être seule », « pour se raccrocher à la vie », « pour se prouver qu'elle peut se passer d'homme[9] ». Dans le premier cas, le père est nommé, ou peut l'être ; l'enfant porte son nom. Les statistiques indiquent que les troubles psychologiques sont plus nombreux dans les autres cas, où le père demeure innommé et où il n'y a jamais eu de place pour lui dans le désir de la mère. « L'enfant qui entend parler de son père, déclare tel travailleur social, même d'une manière négative, peut s'en sortir. Ce qui est important, c'est qu'il entende parler de ce père. »

Depuis plusieurs décennies, psychiatres et psychanalystes ont clairement mis en lumière les écueils de la « monoparentalité dévorante ». Ils ne craignent pas de qualifier d'*incestueuses* ces situations où rien ne vient réellement séparer la mère et son enfant, situations angoissantes aussi bien pour la mère que pour l'enfant. Aldo Naouri transcrit le propos de ces mères dévorées par l'inquiétude, envahies par l'angoisse de ne pas bien faire, de ne pas faire assez, de ne pas être *entièrement* à leur enfant. « Chaque mère se sent éperdument remplie de bons désirs pour son enfant, et voilà qu'elle le perçoit soudainement faillible et menacé. Aurait-elle commis quelque erreur ? Serait-elle coupable d'une distraction, d'une inattention ? Pourquoi est-elle ainsi l'objet d'une malchance ? Sa volonté, la force de sa volonté pour que tout soit bien n'aura donc pas suffi[10] ? » L'appel vers le père est aussi appel des mères. Il est important que les pères, si souvent silencieux, même dans le cabinet du pédiatre,

9. Évelyne Sullerot, *Quels pères ? quels fils ?*, 1992, Livre de poche, p. 236.
10. A. Naouri, *op. cit.*, p. 78.

prennent la parole, aient une stature suffisante pour aider leur épouse à mettre une limite à « la violence de leur volonté de bien faire ».

L'enfant lui-même éprouvera comme une menace cette trop grande sollicitude. Comment, sous cette coupe, pourra-t-il, de bébé, devenir enfant et, d'enfant, adolescent ? À chacun de ces seuils, une distanciation est nécessaire. Lorsqu'il manque d'appuis pour la mettre en œuvre, il traduit sa volonté par l'agressivité, voire la violence. C'est ainsi qu'avec Tony Anatrella l'on peut comprendre comme révélatrice la fortune de l'expression « Nique ta mère[11] ». À la violence de l'attractivité maternelle répondra la violence destructrice de l'adolescent en mal d'affirmation de sa différence. N'oublions pas que « vie » et « violence » plongent dans le même sens originaire[12].

Précisons donc ce dont mère et enfant ont besoin. Il leur faut en premier lieu, à l'un et à l'autre, une *limite*. Qu'une instance fasse barrage à leur tendresse débordante, à la violence de leurs affects. Dès les premiers mois de la vie, Aldo Naouri met en lumière le rôle apaisant du *tiers coutumier*, de cet autre « grand » aux côtés ou à la place de la mère, à la voix et à l'odeur différents. « Ce grand volumineux a ceci de curieux qu'il se meut, se lève, fait des choses et ne paraît pas du tout dépendant, lui, des gestes de maman. Non soumis à sa toute-puissance. Et si, cette toute-puissance, il pouvait la restreindre, la limiter, la rendre moins menaçante[13] ? » À l'un et l'autre il faut la référence à une *loi*, c'est-à-dire à une parole normative qui introduise de la distance, de la différence. Il leur faut à la fois un « non » et un *nom*. L'enfant a besoin qu'un autre que la mère dise « non » à ses désirs, *a fortiori* à ses caprices. « Mon père ne m'aime pas ; il ne me gronde jamais », disait un enfant de dix ans à

11. « La formule "Nique ta mère" exprime bien une agression incestueuse et sadique, la volonté de s'affirmer et de détruire l'objet archaïque qui, en l'absence du tiers, en l'occurrence le père, n'offre aucune alternative à l'enfermement dans la relation première. » Tony Anatrella, in *Être père aujourd'hui*, actes du Congrès national de la pastorale familiale de 1997, Vichy, SNPF (Paris), 1998, p. 33.

12. Du grec *bios* (ou *vios*), « vie ».

13. A. Naouri, *op. cit.*, p. 109.

un éducateur. Sa mère, bien sûr, sera conduite souvent à lui dire « non », mais le « non » du père prend une autre coloration. De celui-ci, l'enfant attend un certain type de parole que les termes de *force* et de *distance* caractérisent assez bien, surtout par différence avec une parole qui pourrait être caractérisée par ceux de *douceur* et *proximité* (jusque dans le timbre de la voix). Les frontières peuvent se déplacer, tant il est vrai que chacun des parents peut réunir ces quatre qualités ; l'essentiel est dans le contraste, la différenciation.

La triangulation peut se dire en termes de rééquilibrage ou d'alternance. C'est un bienfait pour l'enfant que de passer de l'*alternative* entre présence ou absence de la mère à l'*alternance* entre deux présences. Lorsque l'on prend conscience de l'investissement considérable – et réciproque – à l'œuvre dans l'amour maternel, on est conduit *a priori* à penser que, pour qu'un désir ayant quelques chances de devenir libre et personnel puisse advenir, il est indispensable que cet amour ne reste pas unique. « C'est à un niveau fondamental de l'existence humaine que l'amour pour le père rééquilibre, contrebalance et agrandit celui que l'enfant porte à sa mère[14]. » Cet amour le protégera contre les risques d'enfermement propres à toute relation duelle, en l'ouvrant à un amour d'une autre nature. Il est important que l'enfant ne connaisse pas un amour monochromique mais, au minimum, bichromique. Qu'il bénéficie de l'alternance entre deux pôles, deux repères, d'un « correctif », d'une « dissymétrie », qui lui permettent de trouver *la bonne distance*.

Il existe une affinité entre « paternité » et « distance ». Même si les modèles éducatifs changent, si les pères deviennent de plus en plus affectueux et prennent de plus en plus en charge la vie corporelle de leur enfant, il y a une intimité, une certaine forme de consonance, de circulation de la vie qui ne se trouve que dans l'échange entre la mère et l'enfant. Celui-ci a connu une phase symbiotique que n'a jamais offerte l'échange avec le père. Dès la naissance (et déjà avant), le père est aux côtés, mais aussi *à côté* de la

14. D. Dumas, *op. cit.*, p. 158.

mère… Pour l'enfant, il a d'abord été une voix. Avant même d'être capable de percevoir son visage il peut, paraît-il, reconnaître sa voix[15]. Cette voix est indissociable d'une parole. Avant de l'entendre à lui adressée, l'enfant l'entend adressée à la mère. Il perçoit l'alternance des voix masculine et féminine habitant l'espace de la maison. Il naît et grandit dans un réseau d'échanges et de paroles qui constitue « le socle immatériel de sa vie psychique ». L'expression est de Didier Dumas, qui résume ainsi la thèse sur laquelle nous reviendrons plus loin : « L'utérus est la matrice de son existence corporelle. Le nom est celle de sa vie mentale[16]. » La prononciation du fameux *nom du père* par la mère, qui introduit l'enfant dans l'ordre du symbolique, ne prendra tout son poids que si celui *dont* parle la mère est aussi celui *à qui* elle parle.

Très tôt, dès ses premiers mots, l'enfant appellera différemment ses deux parents, par des noms qui remontent à la nuit des temps. L'attention aux différences entre les deux vocables peut ici être instructive. Sabina Spielrein, pionnière de la psychanalyse, a étudié[17] la genèse de ces mots « papa » et « maman ». Or, elle remarque que, dans toutes les langues indo-européennes, le *m* de « maman » est une constante. Il s'agit là d'une labiale dont le mouvement est très proche de celui de l'enfant au sein. C'est le mouvement aussi qu'il reproduit lorsqu'il mime le plaisir de téter. *Maman*, *mama*, *mummy*, *mïe*, *momo*, *mamy* et *miam-miam*, même bonheur… Vient ultérieurement « papa », « baba » ou « daddy ». « p », « b », « d » sont des explosives, qui expriment naturellement un mouvement d'expulsion. C'est le son produit par l'enfant lorsque, rassasié, il babille après la tétée. Son ludique, marquant une mise à distance. *Papa*, *pépé*, *pipi*, *popo*, *pan*, *paf*, même mouvement vers l'extérieur. Dans

15. Voir Boris Cyrulnik, « Comment mettre au monde un père », in *Sous le signe du lien*, Hachette, 1989, p. 104.
16. D. Dumas, *op. cit.*, p. 71.
17. Article paru en 1920, présenté *in* Michel Guibal, Jacques Nobécourt, *Sabina Spielrein, entre Freud et Jung*, Aubier, 1980.

un cas, le mouvement est centripète, dans l'autre il est centrifuge. Or le mouvement centrifuge, qui est celui de la sexualité masculine, est aussi celui de l'expression langagière.

Avant de revenir sur la détermination réciproque entre l'accès au langage et la relation au père, arrêtons-nous sur un troisième bienfait de la triangulation : que l'enfant se perçoive et s'éprouve comme *né de deux corps différents*. Si, en effet, il se concevait comme issu du seul corps de sa mère, il aurait du mal à ne pas se concevoir comme le prolongement de celle-ci. Dès lors, au contraire, qu'il s'éprouve comme le fruit de l'union de *deux* corps, il se perçoit nécessairement comme différent, unique, nouveau. La dualité d'origine ouvre à l'altérité. Didier Dumas montre clairement les dégâts, chez telle enfant psychotique, du fait d'être dans l'impossibilité de pouvoir s'imaginer issue du corps de son père. Elle se vit comme conçue à partir de rien, répétant souvent cette phrase : « On est trop rien quand on vient chez monsieur Dumas[18]. »

Il faut bien voir ce que peut signifier, de la part de la mère – avec l'éventuelle complicité du père – le silence sur le rôle du père dans la conception. Ce silence peut être interprété comme « la forme la plus quotidienne de l'inceste », c'est-à-dire comme une manière de sauvegarder la dyade mère-enfant. Forme d'autant plus sournoise que, précisément, elle n'implique jamais le sexe. « Elle s'applique au contraire à en nier l'existence, à le gommer, à ne jamais rien en dire et à tout organiser comme s'il n'existait pas. Car, en réalité, l'exclusion radicale de toute représentation sexuelle est la seule chose qui puisse garantir la pérennité des relations incestueuses[19]. » Le psychanalyste plaide alors pour une mise en valeur du rôle du *corps* du père dans la conception, autrement dit par une parole sur la fonction des testicules. Outre le fait qu'une parole où ceux-ci sont passés sous silence conduit à une image partielle du sexe masculin (qui n'aurait vraiment d'existence que lorsqu'il est en érection), une

18. *Ibid.*, p. 106.
19. *Ibid.*, p. 196.

représentation asexuée de l'origine cautionne un univers où la mère seule « porte la culotte » (expression ô combien révélatrice !), confortant l'image de sa toute-puissance. Il est important que soit signifié au moment opportun à l'enfant que « ce sont les testicules qui créent la mère » et que « la seule bonne mère est celle qui sait qu'elle ne peut l'être sans un père[20] ». Cette information va bien au-delà du savoir biologique. La simple notion de *semence*, l'histoire de la « petite graine » et de son itinéraire, hautement significatifs, indiquent déjà une voie d'interprétation de l'existence et de l'histoire personnelles. L'enfant comprendra ceci : de même que la graine en question s'est séparée du corps du père pour aller le construire dans le corps de la mère, de même, il aura un jour à se séparer de sa mère. Il se percevra comme fruit d'une union *et* d'une séparation.

Vers le témoin de l'existence langagière

L'homme ne naît pas seulement
de l'entrecroisement de gamètes
dans le coït de ses parents,
mais aussi de toute parole qui sort
de la bouche des sujets de cette alliance[21].

La relation entre la mère et l'enfant appartient déjà, elle-même, à l'ordre du langage. Il serait simpliste, comme on l'entend dire parfois, de la réduire, en ses commencements mêmes, à n'être que sensible ou corporelle. Ainsi que l'a bien souligné Jean-Claude Sagne dans *La loi du don*, le don du sein, l'allaitement déjà s'accompagne de paroles, et l'enfant entend cette musique : « Tiens, mon tout-petit » ; « Encore ? Fini ? »... « La voix de la mère constitue une

20. *Ibid.*, p. 193, 194.
21. D. Vasse, *La vie et les vivants*, Seuil, 2001, p. 160.

enveloppe sonore, un bain de sons et un soutien affectif[22]. » Mais que se passerait-il si cette parole ne s'adressait qu'à lui ? S'il en était le seul destinataire ? Pourrait-il même la recevoir comme parole, dans sa fonction reliante, au-delà de la sphère du besoin et du plaisir ? Elle n'est véritablement parole que si elle *relie* cette présence-ci à d'autres présences. Si la mère ne lui parle pas d'eux seuls, mais aussi de tiers. De tiers indifférenciés, de n'importe quel(s) tiers ? Ce serait déjà sortir du cercle duel. Mais cette parole prendra plus de poids, elle sera davantage perçue comme reliante si celui dont et devant qui parle la mère est régulièrement un tiers bien singulier. S'il est cet autre « grand » familier dont il connaît l'odeur et la voix et auquel la mère se réfère comme médiateur de son origine. Pour deviner cette référence, point n'est besoin de paroles explicites. La psychologie nous a assez appris que nous entendons le non-dit derrière les mots. La mère ne parlera pas comme de n'importe qui de celui auquel elle se réfère comme à l'autre origine de l'enfant. À mesure que l'enfant comprendra le sens des mots et, d'abord, dès qu'il recevra des lèvres de sa mère (ou de l'entourage) ce petit mot « papa », il comprendra, consciemment ou inconsciemment, que cet autre n'est pas un « grand » comme les autres. Il le comprendra d'autant plus et mieux que ce tiers n'est pas seulement celui *dont* parle la mère, mais celui *à qui* elle parle, *avec qui* elle répond de son existence, ce qui se manifestera dans la manière dont elle s'adresse à lui et lui à elle. L'enfant sent alors qu'il a en face de lui deux pôles, deux instances, deux sujets de parole. Il pressentira alors qu'il n'est pas seulement l'objet de leur parole (celui dont ils parlent) mais le fruit de cette double parole attentive. Plus encore, étant celui auquel ils s'adressent, il se sentira appelé à entrer dans leur commerce[23], à devenir lui-même *sujet* de parole. Comment nier que

22. « La parole de la mère comme enveloppe et comme ouverture », *in* Jean-Claude Sagne, *La loi du don*, PUL, 1997, p. 24.
23. Parmi les sens de ce mot : *échange*, *fréquentation*, *relation*.

cela soit plus aisé, plus probable, dans cette circulation ternaire que dans le face-à-face (ou le corps à corps) duel ?

Je me suis souvent demandé pourquoi l'enfant comprenait si vite qu'il était né de *deux* personnes bien avant de savoir, d'apprendre explicitement « comment on fait les bébés ». Tout se passe comme s'il s'éprouvait intuitivement « conçu » dans le langage autant que dans le corps. Pour tout être humain – et ceux qui ont pour métier d'écouter quotidiennement des enfants en attestent –, « découvrir que l'on a tout d'abord existé dans le désir et les paroles de ses parents se présente comme un événement bouleversant. Pour un petit enfant, comprendre qu'il existait dans leur désir avant d'exister dans leur corps est une fabuleuse révélation. Car, découvrant qu'il a tout d'abord été fait de mots et de pensées, il prend conscience qu'exister dans le désir et le langage est le seul *vrai berceau* de l'existence corporelle[24]. »

Il est donc certain que père et mère sont *tous deux* témoins de l'existence langagière. Il y a toutefois un lien spécifique entre fonction langagière et fonction paternelle, à tel point que Didier Dumas va jusqu'à désigner le père comme « garant » de celle-ci. Il n'est pas difficile de comprendre, intuitivement, que si l'enfant se concevait comme issu du seul corps de sa mère, il aurait plus de peine à s'éprouver comme sujet de parole. La relation à son père, quant à elle, ne se noue pas *d'abord* dans le corps à corps. Elle passe irréductiblement et obligatoirement par la parole. Selon une heureuse expression d'Aldo Naouri, le père se situe « entre le corps et les mots ».

De même que la relation entre la mère et l'enfant passe aussi par la parole, de même faut-il souligner ici que la relation entre le père et l'enfant passe aussi par le contact corporel (nous y reviendrons). Le donné premier, toutefois, n'est pas le même ; le passage de la chair à la parole n'a pas lieu dans le même sens. Chez le père, le mouvement premier est celui d'une *incarnation de la parole* ; chez la mère, il est plutôt celui d'une *verbalisation de la chair*. Quelles

24. D. Dumas, *op. cit.*, p. 148.

que soient les modalités exactes de la différenciation, variables d'un couple à l'autre, il est important que l'enfant soit introduit à ces deux mouvements.

Il ne s'agit pas de « spécifier », de diviser ou d'opposer deux catégories de relations, qui correspondraient chacune à un genre. Le lien paternel et le lien maternel sont *tous deux* charnels *et* spirituels, corporels *et* de parole. Il s'agit, comme nous l'avons déjà suggéré, d'une différence de couleur. Dans un tableau, un vert ne sera pas perçu de la même manière selon qu'il est à côté d'un bleu ou d'un orange. À côté du bleu, c'est la vibration jaune qui ressortira. Dans le voisinage de l'orange, ce sera plutôt la vibration du bleu. De même, dans sa relation à sa mère et à son père, c'est avec ce dernier que l'enfant sera introduit de la manière la plus caractéristique, la plus « incontournable », aimerait-on dire aujourd'hui, la plus *nécessaire*, dans le monde du langage. Non – redisons-le – que le langage soit l'apanage du père, mais il est ce sans quoi il n'y a pas de relation au père, relation qui elle-même, en retour, aidera la relation à la mère à être elle-même plus sûrement langagière.

Il n'est pas nécessaire d'être « lacanien » pour percevoir l'importance que prend pour l'enfant la prononciation, par la bouche de la mère, du fameux *nom du père*. Ce signifiant ouvre la relation mère-enfant, relation sensible entourée d'imaginaire, à une tout autre dimension, à un autre ordre, où le visible renvoie à un invisible, où la parole est *reliante*, au sens entrevu plus haut, c'est-à-dire à l'ordre du *symbolique*. Il est certain que la prononciation matérielle de ce nom ne suffit pas à ouvrir la relation mère-enfant. Elle prend tout son poids, elle acquiert son caractère structurant quand elle correspond, dans le même mouvement, à la reconnaissance d'une dimension essentielle du langage, et qui le structure comme tel, à savoir la reconnaissance de la *loi*. Le langage obéit à des lois, dont la première est l'interdit de la fusion et de la confusion. Interdit qui prend tout particulièrement, dans la petite enfance, la forme de l'appel au dépassement de la relation symbiotique avec la mère.

« L'être humain est tout autant fait de ce qu'il mange que de ce qu'il entend. C'est en lui parlant de son père que sa mère l'introduit à son existence mentale. L'enfant découvre le rôle revenant à son père dans sa présence, en le rencontrant, tout d'abord, dans les affects de sa mère. Il comprend qu'il est autre chose qu'un petit chat en percevant que les paroles qu'elle a échangées avec lui sont les premiers jalons de sa présence. C'est ainsi qu'il découvre qu'il a été conçu dans l'amour, le langage et les mots, autant que dans un corps. Garant de l'existence langagière, le père est ainsi un lieu d'enracinement proprement humain, une matrice identificatoire dont dépend l'inscription de l'enfant dans le langage, et c'est en cela qu'il est le premier pivot de sa construction mentale[25]. »

Dans un des récits fondateurs de l'humanité, que nous ne lisons jamais avec assez d'attention, il nous est donné de voir ce à quoi conduit la « forclusion du nom du père », c'est-à-dire l'exclusion, au moment où il eût pu être opérant, du signifiant paternel[26]. Dès le chapitre 4 de la *Genèse*, l'aventure humaine commence mal. Aussitôt après le récit de ce que l'on nomme communément la « Chute », vient la première génération, mais de la manière suivante :

« L'homme connut Ève, sa femme ; elle conçut et enfanta Caïn et elle dit : "J'ai acquis un homme de par YHWH" » (Gn 4,1).

On ne remarque généralement pas ce qu'il y a de surprenant dans la parole de celle qui vient tout juste de recevoir le nom de « Ève ». Louable est la référence à l'Éternel ; mais qu'en est-il du père ? Silence sur Adam. Le récit garde mémoire de cette exclamation par

25. D. Dumas, *op. cit.*, p. 120.
26. « Ce terme, repris du vocabulaire juridique, signifie "la perte de faire valoir un droit par expiration d'un délai" (Larousse, 1980). Il signifie que, dans le déroulement temporel de l'histoire d'un être humain, les processus donnant toute leur place signifiante au "Nom du Père" n'ont pas eu lieu dans les délais et selon des modes efficients. » Françoise Hurstel, *La paternité déchirée,* PUF, 1996, p. 33.

le nom du premier-né, Caïn, du verbe *qânâ'*, qui signifie « acquérir ». On connaît la suite… Caïn fut le premier meurtrier. Quant à son frère, sa victime, Abel, son nom signifie « buée », terme couramment entendu en hébreu pour signifier « rien ». Voilà donc ce que donne, dans ce récit primordial, l'exclusion symbolique du père. Place n'étant pas faite au nom de celui-ci, les deux premiers fils d'Ève se trouvent devant l'alternative de tuer ou d'être tué. Deux manières d'être hors langage, de ne pas être sujets de parole. Interprétation psychanalytique : « En assassinant Abel, Caïn illustre le déséquilibre mental d'un homme qui, n'ayant eu le droit de s'identifier qu'à sa mère, ne sait, comme elle, que s'exprimer avec son corps[27]. » Quant à Abel, il n'a pas, lui non plus, été conçu dans le langage. Lors de sa naissance, dans le texte, Ève ne dit rien. Littéralement, elle « ajoute à enfanter ». Elle met bas, sans un mot, elle est dans la répétition. « Abel, c'est du rien dans le langage, de la buée. C'est l'enfant qui, n'ayant jamais été conçu dans des mots et des pensées, dérange l'ordre établi, celui dont on tait l'existence, le rien, le schizophrène. Il est ainsi l'ancêtre de tous les enfants qui pâtissent dans leur construction mentale du manque à savoir se parler de leurs parents[28]. »

Ni Caïn ni Abel n'ont été conçus « à l'image » de leur père, comme le sera Seth, qui engendrera lui-même des fils et des filles, au chapitre suivant. Ni l'un ni l'autre n'ont reçu de lui leur nom, n'ont entendu prononcer son nom, n'ont appris à prononcer ce nom qui est par lui-même le signifiant de l'alliance, c'est-à-dire de l'autre filiation, qui n'est pas celle de la mère[29]. Ni l'un ni l'autre n'ont été introduits dans une distanciation heureuse à son égard, heureuse parce qu'habitée par la présence d'un tiers parlant.

---

27. D. Dumas, *op. cit.*, p. 98.
28. *Ibid.* Sur ce texte, voir aussi : André Wénin, « Des pères et des fils. En traversant le livre de la Genèse », in *Revue d'éthique et de théologie morale*, n° 225, juin 2003, p. 12-15 ; Marie Balmary, *Abel ou la traversée de l'Éden*, Grasset, 1999, p. 300-302.
29. F. Hurstel, *op. cit.*, p. 48.

Vers le parent de sexe masculin

Les hommes aussi ont un corps[30].

On entend souvent aujourd'hui le terme « parent » employé au singulier (le parent gardien, le parent qui travaille…), ce qui était rare autrefois, où l'on parlait soit *des* parent*s*, soit du père ou de la mère. Cela est significatif d'une neutralisation, voire d'une désexualisation, si l'on peut dire, du regard sur la parenté. Cette tendance touche tout particulièrement la paternité, en lien avec une crise plus générale de la virilité dans notre culture. Garçons et filles ont pourtant besoin d'un père masculin et d'une mère féminine.

De même qu'il est important, nous l'avons vu plus haut, que le petit garçon se considère comme issu du corps d'un homme, de même, au cours de ses premières années, sera-t-il important qu'il trouve un « ancrage dans le masculin ». Selon Guy Corneau, l'une des principales conséquences de l'absence de liens forts avec le père est que « les fils soient laissés sans corps[31] ». C'est, en effet, dans notre relation au corps que nous construisons (ou recevons) notre identité. Or, une des médiations principales par lesquelles le garçon se sentira homme sera la proximité, l'affinité, la ressemblance avec le corps de son père. L'identité du fils est ancrée dans le corps du père[32]. Il faut ici se rappeler que, lors des premiers mois de sa vie psychique, l'enfant vit une telle intimité avec sa mère qu'il s'éprouve lui-même comme le prolongement de son corps. Spontanément et *a priori* féminin, donc. Se découvrir homme-masculin n'est pas un donné immédiat chez le petit garçon. C'est, selon Jean Le Camus, au cours de la deuxième partie de sa deuxième année

30. Guy Corneau, *Père manquant, fils manqué*, éd. de l'Homme, 1989, p. 33.

31. *Ibid.*, p. 30.

32. *Ibid.*, p. 27. Voir aussi p. 71 : « L'assise d'une identité, pour un individu, commence dans le corps qui est semblable au sien. »

(entre quinze et vingt-quatre mois) que l'enfant, pour passer de la « protoféminité » initiale au développement de son identité mâle, a besoin de la « présence d'un père fort et masculin qui encourage, le moment venu, la séparation d'avec le corps et la psyché de la mère et le développement des attributs masculins[33] ».

Cette présence devra être une présence sensible, et non seulement intellectuelle. Après une période où la psychologie a beaucoup mis l'accent sur la dimension symbolique, langagière, de la relation au père, un certain nombre d'auteurs soulignent aujourd'hui l'importance du corps du père, de son odeur, du timbre de sa voix, des jeux physiques, du corps à corps avec lui. Guy Corneau est l'un de ceux qui ont le plus mis l'accent sur cette dimension. « Aujourd'hui, nous ne naissons plus que par le cerveau du père. Nous ne sommes initiés qu'au père spirituel, qu'à la loi, aux principes et aux règles. En raison de l'absence de nos pères, nous devenons nous-mêmes absents de corps, désincarnés, des têtes ambulantes disjointes de leurs sensations physiques. Nous demeurons coupés de la vitalité corporelle, du sang, et craignons les femmes qui ont le malheur d'être un peu trop "en chair". Pourtant la présence au corps est la racine même de la présence au monde[34]. »

Dans le même sens, Christiane Olivier plaide pour une « homosensualité » entre père et fils. (À ne pas confondre, bien entendu, avec l'homosexualité, la confusion d'un terme à l'autre étant un des traits caractéristiques de notre culture érotisée.) La possibilité, en alternance avec la distance ordinaire, de retrouver la proximité corporelle avec le père sera, pour l'enfant, un appui, une « confortation » de son identité masculine qui lui donnera plus d'assurance pour assumer le renoncement à la mère et au féminin[35]. Parce

33. Phase dite « génitale précoce ». Jean Le Camus se démarque ici de ceux qui situent ce passage au cours du début de la « phase phallique », c'est-à-dire vers trois ans. *Le journal des psychologues*, mai 1996, p. 51.
34. G. Corneau, *op. cit.*, p. 145.
35. Christiane Olivier, *Les fils d'Oreste*, Flammarion, 1994, p. 119.

qu'elle va moins de soi, parce qu'elle est, en quelque sorte, une « valeur ajoutée[36] », la masculinité a besoin d'être confirmée, étayée, et cela à tous les niveaux de la personnalité : psychique, bien sûr, mais aussi corporelle et spirituelle.

Importante pour le garçon pubère sera l'introduction dans la culture masculine, ce qui était l'office des rites d'initiation dans les cultures traditionnelles. C'est avec le père que cette initiation commencera le plus naturellement. Il y a un âge où, manifestement, le fils aime *se battre* avec ce père, où il recherche de tels exercices. Dès la petite enfance il a pu expérimenter que ces jeux sont différents de ceux qu'il peut avoir avec sa mère. L'observateur, qui relève que les pères sont plus joueurs que les mères, note une prédilection, chez les premiers, pour les jeux plutôt brusques, plus actifs, voire agressifs. Plus audacieux aussi, ou intégrant davantage le risque, de pair avec la distance. « Le jeu le plus spécifiquement masculin, c'est le lancer de bébé. Les mères soulèvent leurs bébés en vocalisant, alors que les pères sont de grands lanceurs de bébés ; ils soutiennent le petit à bout de bras et, sans le lâcher, le font monter et descendre comme dans un ascenseur, pour le plus grand plaisir de l'enfant. » Par ce type de jeux, relève Boris Cyrulnik, « le père favorise l'indépendance et l'agressivité du bébé. Le père devient le médiateur de la séparation et le catalyseur de la sublimation de l'agressivité au moyen du jeu[37]. »

Lorsque, plus grand, il luttera avec son père – sur le sable de la plage par exemple ou, tout simplement, dans des parties de « bras de

---

36. « Nous sommes tous "femme" d'abord ; en effet, au tout début de la grossesse, les caractères masculins de l'embryon ne sont pas discernables. » G. Corneau, *op. cit.*, p. 21.

37. B. Cyrulnik, *op. cit.*, p. 115 et 116. D'après E. Kestemberg, cité par l'auteur, « l'effet séparateur de cette manipulation paternelle a été observé sur une population de nourrissons âgés de cinq mois qui avaient été maternés par leur père : ils vocalisaient plus en présence d'un étranger, exploraient mieux les objets et se laissaient prendre plus facilement dans des bras non familiers que des nourrissons de même âge, maternés par leur mère. Il semble que l'interaction directe de ces pères maternants donne à leurs bébés une plus grande facilité à explorer l'inconnu. » (*Ibid.*)

fer » –, il trouvera du plaisir à ressentir la *force* de son père, de la joie aussi bien à l'éprouver comme le plus fort que, progressivement, à se découvrir lui-même aussi fort, prenant même l'avantage. Qu'il ait le dessus ou non, c'est un bienfait pour lui que de pouvoir donner libre jeu à son agressivité, non seulement avec ses camarades, mais avec cet être auquel il est relié par tant de fils invisibles, dont ceux de l'affection. Pouvoir marier agressivité et affection, intégrer la première dans la seconde et non toujours les dissocier, cela a un effet unificateur. Voilà qui aide à ne pas considérer l'agressivité seulement comme quelque chose de maléfique, mais comme partie intégrante de la personnalité. Pour différentes raisons, y compris physiologiques, l'agressivité fait en effet partie de la « spontanéité de base » masculine, que Guy Corneau résume dans les termes suivants : « Il faut que ça sorte. » Il ne serait pas bon que celle-ci se trouve exclusivement refoulée, sous la prégnance d'une éthique (peut-être à prédominance féminine ?) qui l'interprète en termes culpabilisants. Plutôt que refoulée, l'agressivité doit être maîtrisée, ce qui sera favorisé si elle est reconnue, canalisée, intégrée dans une relation d'affection. Et il n'est pas indifférent que cela ait lieu dans la relation à celui dont le corps est présent depuis le commencement. Celui qui, au cours de son éducation, n'aurait appris qu'à mépriser le masculin en lui, avec son versant d'impétuosité, serait en quelque sorte « castré » d'une part de son dynamisme. Tel serait le cas, selon Guy Corneau, d'un garçon élevé dans un univers aux références seulement féminines. Le petit garçon ou l'adolescent qui court, grimpe, navigue, cavalcade, s'empoigne, lutte avec son père ne connaît pas sa chance !

Si l'agressivité ne s'exprime pas dans la relation au père, c'est contre la mère, nous l'avons vu, qu'elle aura tendance à se retourner, surtout si celle-ci est « toute bonne » ou « toute-puissante ». Elle est alors beaucoup moins claire et, surtout, vécue beaucoup moins heureusement. Réactive, réponse maladroite à un excès de présence, elle impose par la violence – au moins symbolique – une distanciation qui serait moins triste et plus naturelle si elle prenait appui sur une solide confrontation entre père et fils. Par manque d'ancrage dans le masculin, le garçon aura du mal à « trouver ses marques » par rapport au féminin. Il aura peur, parfois, de celui-ci ; peur principalement d'être lui-même féminin. « La première conséquence de l'abandon des fils aux soins exclusifs de leur mère est la peur des femmes et, surtout, la peur d'en être une ; la deuxième conséquence est que, toute leur vie durant, ils auront peur du corps, tant de celui des femmes que du leur[38]. »

Un des retentissements du manque d'ancrage dans une *homosensualité* avec le père pourra également être l'homosexualité masculine ou, ce qui n'en est guère éloigné, la crainte à son égard. C'est souvent le contact, la rencontre avec un corps qui leur donnerait accès à leur propre masculinité que cherchent les hommes dits homosexuels. Par manque de frère ou de père viril et proche, c'est cette intimité, ce « corps à corps » qui leur a manqué au cours des premières années de leur vie et, depuis, ils le poursuivent indéfiniment. Certaines formes de ce que l'on appelle « homosexualité » proviennent de la confusion entre l'attrait érotique et la quête d'une image de soi. C'est, selon Guy Corneau, « le besoin de reconnaissance de la part d'un père qui se trouve contaminé par les besoins sexuels ». Ainsi, selon le même auteur, « l'homosexualité exprimerait le besoin d'un ancrage dans le masculin, dans ce qui est pareil à soi ; elle traduirait par le fait même la recherche inconsciente du père, *la recherche d'une identité mâle*[39] ».

Si nous considérons maintenant la relation dans le sens inverse, il apparaît que parfois, aujourd'hui, les pères en viennent à ne pas oser avoir de contacts corporels avec leurs fils, par peur de l'homosexualité, voire du soupçon, intériorisé, de pédophilie. (Pour la même raison, la plupart des hommes n'oseront avoir entre eux des gestes d'affection fraternelle.) Signe des temps, cette crainte, qui traduit l'érotisation du regard caractéristique de notre culture, inhibe nombre de relations masculines et va se glisser jusque dans l'inti-

38. *Ibid.*, p. 29.
39. *Ibid.*, p. 30.

mité père-fils, causant alors la carence dont nous venons de dire qu'elle est elle-même un des facteurs de l'homosexualité ! Il y a bien là un système, celui dans lequel les fils, puis les hommes « sont laissés sans corps[40] ».

Qu'en sera-t-il alors de la petite fille ? Sans nous en tenir au scénario œdipien classique – transposé parfois de façon quelque peu stéréotypée à la fille[41] –, il nous faut bien voir toutefois qu'elle aussi a besoin de deux amours « de couleur différente », selon la jolie expression de Christiane Olivier. Elle se découvrira femme en entrant dans un univers qui ne soit pas exclusivement féminin (mère, grand-mère, nourrices, gardiennes..., comme cela arrive souvent). L'observation montre que la petite fille ne se comporte pas de la même manière devant son père et devant sa mère[42]. De l'homme qui compte pour sa mère, elle attend qu'il la reconnaisse elle-même aussi dans sa féminité. « Une petite fille de trois ans peut-elle être plus heureuse que lorsqu'elle donne la main à son père dans la rue pour faire des courses, le dimanche matin, avec lui ? Il faudrait, elle voudrait que ce soit toujours dimanche ! Et elle a raison, car c'est le seul jour où son papa a le temps de flâner avec elle, et où elle se sent enfin une "vraie petite femme" aux yeux d'un homme qui reconnaît sa différence[43]. »

Ce papa dont elle tient la main incarne un certain type de force, différente de celle de sa mère. Sa voix, sa stature, sa taille lui donneront le sentiment de pouvoir compter sur un mode de présence, sur une énergie corporelle spécifique qui lui offrira un ancrage dans l'existence différent de celui de la sollicitude maternelle. Sous une peau moins douce, franchi le seuil de cette barbe qui « pique », exprimée par des gestes un peu plus brusques, se révèle une autre

40. *Ibid.*, p. 27.
41. N'oublions pas que l'histoire d'Œdipe fut dès l'origine une histoire de garçon ! Voir à ce propos Chr. Olivier, *Les enfants de Jocaste*, Denoël, 1980.
42. J. Le Camus, *op. cit.*, p. 50.
43. Chr. Olivier, *Les fils d'Oreste*, *op. cit.*, p. 141.

forme de tendresse. Tandis que la voix de la mère est proche de celle de l'enfant, cette voix plus forte et plus grave sera porteuse d'une parole d'un autre style, avec qui l'on parle de choses différentes, ou différemment de choses semblables. En sa mère, elle entrevoit ce qu'elle deviendra. Ce qu'est celui-ci, elle ne le deviendra jamais, mais elle peut pressentir que, comme sa mère, c'est en relation avec une telle masculinité que sa propre féminité pourra éclore.

De même que le garçon a besoin d'homosensualité (sur fond d'hétérosensualité avec sa mère), de même la petite fille aura besoin d'être touchée « hétérosensuellement[44] ». Il lui faut sortir de la répétition du féminin, qui peut régner dans certaines cultures ou dans certains univers matricentrés auxquels l'homme reste étranger. De la proximité avec le *familier différent*, elle gagnera une meilleure assurance en son identité féminine, tant il est vrai que c'est en relation avec le masculin que le féminin se révèle davantage, et réciproquement. Elle y gagnera en particulier la prédisposition à ce que nous appelons aujourd'hui l'« hétérosexualité », c'est-à-dire à l'orientation de son désir vers ce continent inconnu qu'est l'autre sexe ; inconnu mais non complètement étranger, puisque déjà apprivoisé et apprivoisant, dans ces gestes de tendresse qui peuvent être très forts et très doux, tout en échappant totalement à la grille d'une lecture érotique. Qui dira tout ce qui se passe et se tisse lorsqu'une petite fille se blottit contre le giron de son papa pendant que celui-ci lui lit une « belle histoire » ?

Il s'avère au contraire, au dire des cliniciens, que, dans la majorité des cas, l'orientation homosexuelle féminine provient d'une relation initiale avec l'univers masculin mauvaise ou manquée, en la personne du père notamment, lorsque celui-ci est violent, incestueux, alcoolique ou défaillant. « Pour moi, ce sont des Martiens », disait des hommes une femme homosexuelle lors d'une émission télévisée. Ou alors, en l'absence de cette première expérience du mascu-

44. *Ibid.*, p. 131.

lin-paternel, la petite fille devenue femme recherchera durant toute sa vie le père derrière l'amant ou l'époux. Plus même, selon Christiane Olivier, elle attendra en vain de l'amour qu'il lui apporte l'émotion, à la fois sensible et relationnelle, qu'elle n'a pas connue alors. « Les femmes qui fantasment le plus sur le couple, et n'y trouvent pas ce qu'elles attendaient depuis leur plus jeune âge, sont celles qui n'ont rien vécu d'émotionnel avec leur père[45]. »

Vers une parole de reconnaissance

Je n'avais pas son crédit, son talisman,
Son indispensable aveu : tu es mon fils[46].

Avec le passage de l'enfance à l'adolescence, les attentes à l'égard du père vont, bien entendu, se transformer. La demande sera moins une demande de tendresse que de reconnaissance. La distance prenant de plus en plus d'importance, c'est un certain regard, un certain type de parole, différent de celui de la mère, que réclament pour leur identité ceux dont la taille se rapproche de plus en plus de celle des adultes.

La prise de conscience de soi fait partie des tâches psychiques de l'adolescence. Or, il est bien connu que celle-ci a toujours lieu, pour une large part, en miroir. L'amitié tiendra à cet égard une place importante. Depuis Aristote, on la comprend comme le lieu d'une mutuelle reconnaissance, dans laquelle chacun accède à la révélation d'une dimension nouvelle de lui-même. Le fait que l'ami m'ait élu, reconnu parmi d'autres, contribue au prix de cette rencontre, me confirmant dans ma valeur. Comparée à cette dernière, l'affection des parents est marquée d'une lacune : les parents ne m'ont pas élu(e), leur amour va trop de soi, il ne repose pas sur la découverte de ma valeur, en

45. *Ibid.*, p. 144.
46. Michel Braudeau, *Mon ami Pierrot*, Seuil, 1993, p. 65.

laquelle ils croient inconditionnellement, avant même de m'avoir connu. Ce regard en revanche a pour lui un atout : *il vient de loin*. L'ami me connaît depuis peu ; il ne voit que certains traits de ma personnalité, ceux que je veux bien lui offrir. Mes parents ne me connaissent pas tout entier, tant s'en faut, surtout à l'adolescence, et j'y tiens, mais je sens que leur regard est aigu. Ils rapportent à mon histoire, qu'ils connaissent mieux que personne, mes traits et attitudes présents. Ils me connaissent depuis le commencement, depuis l'origine temporelle de mon existence. Cela donne un poids considérable à l'image qu'ils me renvoient de moi-même.

Un regard, donc, qui associerait les deux critères de valorisation que nous venons de mentionner, à savoir de ne pas être totalement inconditionnel et de remonter aux origines, aurait toutes les chances d'être particulièrement important. Tel est bien le cas du regard paternel. Je n'affirmerai pas, comme on peut le lire ici ou là, que seul l'amour maternel soit inconditionnel. L'amour paternel en son essence l'est aussi, si par ce terme l'on entend l'accueil de l'autre tel qu'il est, sur fond de confiance radicale et de disposition au pardon. Mais il ne l'est pas à la manière de l'amour maternel, tel du moins que nous en héritons de notre civilisation (surtout autour du bassin méditerranéen !).

« Ma mère me trouve beau, mais c'est ma mère », dit un personnage incarné par Bourvil. L'amour maternel est trop inconditionnel pour être significatif d'une reconnaissance et aussi, bien souvent, pour tirer vers l'avant. L'enfant, l'adolescent sait et sent que sa mère l'accepte tellement tout entier que, quoi qu'il fasse, son affection restera inentamée[47]. L'amour paternel peut être dit plus conditionnel. Non qu'il ne soit pas, au fond et en principe, inconditionnel au sens défini plus haut, mais il l'est selon une autre modalité. Disons qu'il s'agit d'un « inconditionnel conditionnel ». Par ce qui leur est

---

47. Nous parlons ici en général et *a priori*, c'est-à-dire en développant une logique inscrite dans les données psychoculturelles les plus communes, sans ignorer qu'il existe de grandes variations d'une situation – et d'abord d'une personne – à une autre.

propre (car elles ont aussi, redisons-le, tout un champ commun avec celles de la mère), son affection et sa parole sont plus de l'ordre de l'appel, de l'exigence. D'emblée, confirme le psychologue[48], le père est un partenaire « plus difficile ». L'observation fait apparaître que, dans la relation au petit enfant, il utilise un vocabulaire plus différencié, formule plus de demandes de clarification, obligeant l'enfant à entrer dans un univers de langage différent de celui de la mère. Il est plus incitatif, plus encourageant, que gratifiant. Il pose à l'enfant des défis.

Le défi fondamental est celui du futur. Si l'on ose schématiser (et sachant, ici encore, que l'un et l'autre versant sont présents chez les deux parents), on dira que la mère est surtout pour l'enfant celle d'où il vient, celle qui l'ancre dans le passé, tandis que le père est, pour le petit garçon tout particulièrement, témoin de ce vers quoi il va. « Porte du futur », écrit joliment Didier Dumas. « Que fais-tu en tant que père ? Tu transmets le relais du temps. Si les mères font des enfants, c'est aux pères d'en faire des adultes[49] ! » Le même auteur, certes, un peu plus loin, indique bien que « mettre au monde des hommes et des femmes », et non seulement « avoir fait des enfants », est le rôle des deux parents. Mais puisque, dans ce duo, chacun apporte sa couleur particulière, il semble bien, en effet, que celle qui est propre à la responsabilité paternelle soit de prononcer une parole d'appel. (Il est évident que, pratiquement, la mère devra et saura énoncer des exigences, des règles ; et les mères le font quotidiennement, souvent plus que les pères. Mais ce mode de relation n'est pas ce qui caractérise l'amour maternel *comme tel*. Ce dernier se situe en deçà, ou au-delà, de l'appel.)

48. « L'amour du père s'avère souvent plus conditionnel, à savoir que ce sont les réalisations de l'enfant qu'il va encourager : "Si tu réussis telle chose, je vais te donner ce que tu désires !" Cette présence de l'élément conditionnel se révèle cruciale dans le développement du sens des responsabilités, du goût de se dépasser, et même du respect de la hiérarchie. » G. Corneau, *op. cit.*, p. 23.

49. D. Dumas, *op. cit.*, p. 34.

« Tu seras un homme, mon fils. » À cette parole de Rudyard Kipling, s'il ne l'a pas entendue, tout fils aspire. Que son père lui ouvre un avenir, par une promesse qui est une prophétie en même temps qu'elle est une exigence. Une parole d'espérance qui conforte, donne de l'assurance, sur fond de confiance, mais aussi sur fond de conditionnalité. On se souvient, en effet, de ce qui précède la promesse :

> « Si tu peux voir détruit l'ouvrage de ta vie
> Et, sans dire un seul mot, te remettre à bâtir,
> [...]
> Si tu peux être amant sans être fou d'amour,
> Si tu peux être fort sans cesser d'être tendre,
> [...]
> Si tu sais méditer, observer et connaître,
> Sans jamais devenir sceptique ou destructeur,
> [...]
> Tu seras un homme, mon fils[50]. »

On trouve une formule similaire dans la parole paternelle rapportée par Jean Giono dans cet hommage à son père qu'est *Jean le Bleu :* « Si, quand tu seras un homme, tu connais ces deux choses : la poésie et l'art d'éteindre les plaies, alors, tu seras un homme[51]. »

Qu'elle soit explicitement formulée ou non, la parole « tu seras un homme » est le talisman qui accompagne le fils durant le difficile passage qu'est l'adolescence. Passage d'une rive à l'autre, de celle de l'enfance à celle de l'âge adulte. Un crédit, une ouverture, une confirmation. Ceux à qui une telle parole ou, au moins, le regard qui en est tacitement porteur a fait défaut risquent de le rechercher toute leur vie. Combien d'existences ne sont-elles pas marquées par le cri qui s'élève du fond de l'être : « Je veux être reconnu, je veux être confirmé par mon père dans ma valeur[52] » ? Qui dira combien

---

50. Rudyard Kipling, *Tu seras un homme, mon fils*, trad. fr. éd. Mille et une nuits, 1998.
51. Jean Giono, *Jean le Bleu* (1932), Livre de poche, p. 200.
52. G. Corneau, *op. cit.*, p. 50.

de poursuites effrénées de réussite sociale ou professionnelle cachent et révèlent à la fois le désir passionné de prouver à son père, vivant ou mort, connu ou inconnu, sa valeur ?

Quelle grâce, en revanche, de pouvoir échanger entre père et fils ce regard de reconnaissance mutuelle, qui n'est identique ni à la reconnaissance entre amis, ni à celle des amants ! Un regard à l'horizontale où celui qui a été le plus petit et le plus faible est devenu grand et fort, plus parfois que son vis-à-vis ; où deux destins se croisent. L'un se réjouit de la croissance de l'autre, de la manifestation en lui d'une liberté égale à la sienne, riche de promesses. L'autre est ému de rejoindre celui qui, pourtant, continue à le précéder, à la fois proche et distinct. Bouleversante proximité dans la distance : le père a vingt ou trente ans d'avance, il a été témoin du commencement mais, entre ces deux destins séparés, se perçoit en un éclair une ressemblance, une solidarité qui n'a pas d'équivalent. Impressionnante alliance de solitude et de connivence. De ces moments de grâce, Péguy a su être le chantre en des termes inégalables :

> « Demandez à ce père dont les enfants grandissent [...]
> s'il n'y a point une élection entre toutes
> Et si ce n'est pas
> Quand la soumission précisément cesse et quand ses fils devenus hommes
> L'aiment, (le traitent), pour ainsi dire en connaisseurs,
> D'homme à homme,
> Librement,
> Gratuitement. L'estiment ainsi.
> Demandez à ce père s'il ne sait pas que rien ne vaut
> Un regard d'homme qui se croise avec un regard d'homme[53]. »

De tels moments sont rares, aussi bénis que rares. Ils peuvent même être inexistants, faire défaut. Comme le note Steinbeck :

53. Charles Péguy, *Le mystère des saints Innocents* (1912), Gallimard, coll. « La Pléiade », 1957, p. 738-739.

« Bien des gens n'ont jamais regardé leur père dans les yeux[54]. » Qui dira ce qui leur manque alors ?

On aura déjà pu percevoir qu'une grande partie de ce qui précède vaut aussi pour la petite fille. J'ai commencé par le fils parce que se joue entre celui-ci et son père une relation en miroir qui, pour la fille, a lieu surtout avec sa mère. C'est d'une manière particulière que le père ouvre à son fils la porte du futur, comme la mère à sa fille. La petite fille toutefois, puis la jeune fille, est, elle aussi, en attente du regard de reconnaissance de celui avec lequel elle se trouve en relation à la fois de ressemblance et de dissemblance. L'alliage de traits communs – intérieurs aussi bien qu'extérieurs – et de l'insurmontable différence des genres est alors particulièrement émouvante. C'est seulement dans cette relation-ci qu'elle se présente avec une telle acuité. Entre ces deux aussi peut jouer la relation en miroir *mais* par-dessus la radicale séparation des genres, redoublée par celle des générations. Ce qui est commun comme ce qui est différent prennent alors un singulier relief.

Être reconnue dans sa féminité par le père-homme-masculin est l'objet d'une profonde attente chez la petite fille. Que le premier homme avec lequel elle vit un lien affectif fort, celui qui a avec elle une relation d'origine, celui dont la vie et la figure sont inscrits en elle accueille sa féminité et s'en réjouisse, la couronnant par son regard de gloire et de beauté, cela la confirme dans son être de future femme, d'une manière irremplaçable. « Petite reine », selon la belle expression de monsieur Martin[55], si elle ne l'a pas été toute petite, aux yeux de son père, pour qui le sera-t-elle plus tard ? Pour son amant ou son mari ? Mais ce ne sera pas avec les mêmes harmoniques. L'alliance des deux termes « petite » et « reine » n'aura pas la même résonance.

54. John Steinbeck, *À l'est d'Éden* (1952), Livre de poche, p. 28.

55. Le père de Thérèse de Lisieux. Voir Guy Gaucher, *Histoire d'une vie, Thérèse Martin*, Cerf, 1995, coll. « Foi vivante », p. 35, 73.

Que celui qui aime maman m'aime aussi moi, toute petite, me confirme dans ma valeur. Lors de l'adolescence se rejoueront des choses semblables, sur un autre mode, avec une plus grande distance. Le jeu de miroirs entre mère et fille ne peut combler la jeune fille, qui ne veut pas nécessairement, seulement ressembler à sa mère. Le regard de sa mère lui dit d'où elle vient, et aussi où elle va. Or, elle ne s'en réjouit pas forcément[56] ! Le regard tiers de cet homme qui compte pour l'une et pour l'autre ouvre le champ des possibles, les faisant sortir l'une et l'autre de la relation spéculaire. La vérité selon laquelle la femme est pleinement femme sous le regard de l'homme, et réciproquement, trouve ici un point d'application spécifique.

À celui qui objecterait que l'affection paternelle ne doit pas être confondue avec l'affection désirante, on répondra que c'est précisément en vertu de cette distinction que la première peut apporter sa note irremplaçable. « Comme cette robe te va bien ! » : sur les lèvres du père, cette exclamation ne résonnera pas de la même manière que sur celles de l'ami ou de maman. À sa manière, le regard du père ouvre à sa fille aussi les portes de l'avenir.

Tels sont donc quelques aspects de ces appels vers le père, à l'écoute desquels nous avons pu voir s'esquisser quelques traits de la figure paternelle. En lui apprenant à marier proximité et distance, tendresse et loi, chair et parole, d'une manière à nulle autre semblable, le père offre à l'enfant les éléments décisifs pour accéder à une *assurance intérieure*. Tant il est vrai que, selon l'excellent résumé de Guy Corneau, « manquer de père, c'est manquer de colonne vertébrale[57] ». Une autre métaphore pourrait être celle du tuteur, que nous retrouverons plus loin.

---

56. Christiane Olivier cite une enquête sur les adolescents, selon laquelle 95 % des filles souhaitent ne pas ressembler à leur mère (contre seulement 50 % des garçons qui ne veulent pas ressembler à leur père). *Op. cit.*, p. 136.
57. G. Corneau, *op. cit.*, p. 39.

Ce portrait « en creux » nous aura fait rencontrer les trois dimensions du lien de filiation repérées au chapitre précédent : charnelle, symbolique, relationnelle. En cohérence avec la culture présente, la dimension relationnelle est celle qui a été le plus mise en relief, particulièrement sous son angle psychoaffectif. Ayant pris le parti de l'analyser à partir des manques ou de ce qui pourrait faire défaut, nous avons été conduits à prêter attention surtout aux déterminations, aux conditions premières, au socle psychique de la vie personnelle. Autant dire que nous avons privilégié l'approche psychologique, c'est-à-dire l'attention aux conditions structurelles d'apparition d'un sujet libre. Reconnaître cela c'est, du même coup, reconnaître que les appels vers le père ont aussi une autre dimension, que l'on aura pu entrevoir ici ou là. Au-delà des conditions d'émergence d'un sujet, il y a le souffle qui le fait vivre, l'inspiration qui le portera plus loin que la petite scène du théâtre familial. Il lui faut le vent du large. L'image du *tuteur* devra être complétée par celle du *passeur*.

Cet éveil à la dimension spirituelle de l'existence est une aventure éminemment personnelle. Ce qui ne veut pas dire qu'elle soit seulement individuelle. À l'égard de cette inspiration aussi montent les appels vers le père. L'enfant, puis l'adolescent, ne vit pas seulement du seul bon fonctionnement de sa vie psychique. Il vit aussi – et même d'abord – d'espérance, de passion, de foi. En quoi le père pourra-t-il l'aider à recevoir le souffle de la plus haute vie ? Cette dimension proprement spirituelle de l'amour paternel, qui est au fond la plus décisive, sera l'objet de deux chapitres ultérieurs, mais une phénoménologie plus affinée devra nous préparer à mieux en repérer les ressources propres, et dans quel contexte celles-ci peuvent se déployer.

Chapitre III

Il faut un homme et une femme pour faire un père

Avant d'esquisser la phénoménologie annoncée, arrêtons-nous sur la place de la différence sexuelle dans la génération et, plus précisément, dans l'articulation entre paternité et maternité. Encore faut-il que cette articulation ait lieu, même si ce dernier terme, assez prisé aujourd'hui par les sciences humaines, se révèle finalement trop faible. Pour que « paternité » et « maternité » prennent tout leur sens, ce qui est en jeu va plus loin : jusqu'à la conjonction, la conjugaison, la rencontre et – avançons déjà le mot – l'alliance, non seulement entre les sexes, mais entre les genres, entre les personnes. La parenté se trouve au point crucial où se posent deux des questions les plus aiguës de notre temps, celle de la différence homme-femme et celle du lien réel entre les sujets. Ainsi qu'il arrive bien souvent, ces questions se posent par la négative, à partir des doutes ou des états critiques. C'est ce qui va avoir lieu dans ce chapitre. Cela n'est pas sans cohérence avec le fait que la différence sexuelle en elle-même soit le lieu du manque, de l'inachèvement, de l'exposition à toutes les fragilités. Mais, dans la paternité et la maternité, elle révèle aussi – comme nulle part ailleurs peut-être – qu'elle est source de richesses et de fécondité.

Que la paternité passe par la maternité est généralement reconnu comme allant de soi. Cela est vrai, bien sûr, du point de vue corporel. Mais ce l'est aussi du point de vue relationnel. Invisible en lui-même, le lien paternel est plus indirect que le lien maternel, dont nous avons déjà souligné qu'il est plus manifeste et plus direct. Avant même la naissance, l'identification du père passe par la parole : double parole du mariage, parole de l'homme, mais aussi, hors mariage, rôle prépondérant, nous l'avons vu, de la parole de la mère. Statutairement et psychologiquement, le lien paternel présuppose et appelle une relation triangulaire, de telle sorte que la manière dont la mère donne ou ne donne pas sa place au père est tout à fait déterminante.

Cet aspect des choses a été fortement accentué ces dernières années, à tel point que l'on a pu entendre dire que le père n'existait qu'en fonction de la mère. Pour certains, il n'est qu'un *nom*, celui que prononce la mère, le « tiers séparateur » auquel elle se réfère. Plus largement, d'un point de vue éthique, on soulignera que la paternité, étant en quelque sorte moins spontanée que la maternité, devra se mettre à l'école de celle-ci, tant il est vrai que c'est bien souvent la femme qui éveille l'homme au sens de ses responsabilités paternelles.

On peut alors voir pointer les excès possibles de ce point de vue. Dire que le père n'existe qu'en fonction de la mère, n'est-ce pas douter de son identité propre ? Cela ne revient-il pas à relativiser la fonction paternelle, la vidant de sa consistance ? À travers cette subordination, n'est-ce pas le sens de la masculinité, et même de la virilité qui est atteint ? Être père ne serait-il qu'un *second rôle* ?

C'est pourquoi il faut rétablir la réciprocité en rappelant que, dans le sens inverse, la maternité appelle la paternité. Au minimum – que l'on nous pardonne ce truisme –, il n'y aurait pas de mère sans homme « géniteur ». Dès le commencement, l'embryon est marqué d'une irréductible altérité, à tout le moins d'une différence, celle qu'a apportée dans l'utérus de la femme la semence masculine. (Cela, certains discours militants comme « mon ventre est à moi » voudraient bien le nier.) Or, sauf cas limites, avec cet homme, la mère est en relation et, *a priori*, en relation intime. Attendre un enfant seule ou l'attendre en lien avec le futur père n'est pas du tout équivalent. Il est donc possible de renverser la formule antérieure et d'affirmer que c'est aussi la paternité qui fait la maternité. Une maternité non ouverte à la paternité, non irriguée par celle-ci, est exposée à mille fragilités et dérives ; elle peut devenir étouffante et même – nous l'avons déjà entrevu – mortifère[1]. Dans l'exercice de la parenté, c'est mutuellement que l'homme et la femme ont à apprendre l'un de l'autre. La thèse de Jean Le Camus sera donc la nôtre :

> « À la différence de ceux qui écrivent que le père ne peut intervenir que s'il a été reconnu et présenté par la mère, ou que le père est tout entier dans la mère et pas ailleurs, je crois que l'on peut désormais évoquer une implication directe du père. S'il est vrai que la mère *fait* le père et lui permet de trouver sa juste place, le contraire est aussi vrai : le père *fait* la mère et l'aide à dépasser sa condition de fille. Les deux parents se font mutuellement et il y a lieu de parler à ce propos de parentalisation réciproque[2]. »

Au-delà du matriarcat

J'ai, dans l'introduction, émis l'hypothèse d'une corrélation entre la crise du lien paternel et celle du masculin, du sens de la virilité en particulier. L'heure est venue de se demander si la récurrence des critiques à l'égard du patriarcat, aussi unanimes qu'incontestées, ne cache pas – ou ne révèle pas –, parmi d'autres composantes légitimes, un certain ressentiment à l'égard de la paternité comme telle.

1. « La mère qui n'est pas "parlée" par son mari a une puissance négative très profonde ». Denis Vasse, *La vie et les vivants*, Seuil, 2001, p. 140.
2. Jean Le Camus, « L'invention du paternage », in *L'aventure de la paternité*, dossier du *Nouvel Observateur*, décembre 2002, p. 26.

Justifiées par la dénonciation des relations de pouvoir et de domination qui ont si longtemps et presque partout été liées au fameux « ordre patriarcal », il est permis de se demander si ces critiques, jouant sur le flou de ce terme, ne jettent pas le bébé avec l'eau du bain. Que vise-t-on, en effet, lorsque l'on parle de « patriarcat » ? La famille patrilinéaire, le pouvoir discrétionnaire des pères sur les mères et les enfants ou la mise en valeur de la figure paternelle ? Ces trois réalités peuvent, certes, se confondre, mais elles peuvent aussi être disjointes, et elles doivent l'être.

Il est certaines dénonciations de la domination masculine qui laissent pointer le modèle inversé d'une domination féminine. Par exemple, après avoir interprété le mariage comme une institution au service de « l'exploitation de la fécondité féminine », on prônera « le contrôle de la procréation entre les mains des femmes » comme première marche vers l'égalité[3]. Mais si ce contrôle devient unilatéral et exclusif, est-ce bien encore d'égalité qu'il s'agit ? C'est dans ce sens, nous l'avons entrevu, qu'évolue le droit français, à l'instar de celui de la plupart des pays occidentaux, depuis trois décennies[4]. Ainsi, en France et dans la plupart des pays européens[5], c'est à la femme seule que revient la décision d'avorter. Autrement dit, elle détient seule, sur l'enfant à naître, un droit de vie ou de mort.

Il n'est pas de discours politiquement correct sur la famille qui ne commence par insister sur le fait que la famille dite « nucléaire » (abusivement confondue avec la famille « conjugale ») n'est pas la seule forme de vie familiale envisageable aujourd'hui. Dans l'énumération des formes alternatives – peu variées au demeurant – figure immanquablement l'expression « familles monoparentales ».

3. Françoise Héritier, entretien in *Le Monde de l'éducation*, août 2001, p. 92.

4. Évelyne Sullerot, chapitre sur « La situation juridique des pères en Europe après vingt ans de réformes », in *Quels pères ? quels fils ?*, Fayard, 1992, Livre de poche, p. 139 *sqq*.

5. Dans tous les pays européens sauf la Finlande et l'Allemagne, où la consultation du père est facultative.

On peut s'étonner de la fortune de ce couple de termes. Car enfin, ne faut-il pas, jusqu'à ce jour, deux personnes pour donner le jour à un enfant ? Que devient alors l'absent ? Ou bien il est décédé, et je ne vois pas plus de raisons que dans le passé, où ce genre de situations était encore plus fréquent qu'aujourd'hui, de parler de « monoparentalité » ; ou bien il est encore vivant et il faut bien, alors, peser ses mots. N'est-il qu'un simple géniteur, indigne du nom de « parent » ? En réalité, étant donné que, dans l'immense majorité des cas, le seul parent visible, présent, est la mère, c'est *le père* qui est exclu du vocabulaire, tué sémantiquement. L'expression a d'ailleurs une origine idéologique avérée[6]. Il serait plus juste de parler de « foyer » ou de « ménage » monoparental.

Il n'est pas difficile de percevoir les symptômes de ce que Michel Schneider nomme le « nouvel ordre matriarcal » à travers nombre de faits de société actuels. Dans un monde où, d'une part, « il n'y aurait plus de pères ni de mères mais des parents » et où, d'autre part, le père serait « tout simplement celui qui n'est pas la mère », comment ne pas voir que c'est le modèle maternel qui gouverne ? Lorsque les pères s'investissent dans les familles, c'est d'abord et principalement comme auxiliaires de la mère qu'ils sont invités à le faire, en entrant dans les manières d'agir de celle-ci. Le *paternage* se coule dans le maternage. Même s'il est souhaitable et bienvenu, il n'est pas encore, comme tel, l'exercice de la *paternité*. Dans son ouvrage au titre comme au contenu très percutants, *Big Mother*, Michel Schneider élargit la problématique au politique. L'État lui-même est perçu comme maternant ; selon ce modèle s'exerce le pouvoir politique. « Exercé par des femmes ou par des hommes, le pouvoir est devenu maternel. [...] La substitution d'un mode doux de contrôle social à l'ancien mode autoritaire, le traitement du

6. « Ce sont des sociologues féministes qui ont importé des pays anglo-saxons – où elle était apparue au milieu des années soixante – la notion de "famille monoparentale". » Nadine Lefaucheur, « Les familles dites monoparentales », in François de Singly (dir.), *La famille, l'état des savoirs*, La Découverte, 1992, p. 69.

déviant en malade, le remplacement de la punition par la réhabilitation médicale, l'emprise des professions d'assistance sur la famille et la société, tous ces traits s'inscrivent dans la croyance que tous les conflits peuvent se résoudre par une assistance maternelle publique qui absout l'individu de toute responsabilité morale et le traite comme une victime des conditions sociales[7]. » Significative est la corrélation, relevée par le même auteur, entre la prégnance de ce modèle et l'atténuation du sens de la différence sexuelle : « La maternisation de la société française s'accompagne d'une désexualisation des rapports humains. Chaque fois qu'est récusée la différence masculin-féminin, est renforcée l'opposition maternel-infantile. Les sociétés de mères se caractérisent par un effacement croissant de la différence des sexes. »

Cela n'empêche pas que, dans le monde économique et dans tout ce qui a trait à la lutte pour le pouvoir, continuent à dominer des conduites qui correspondent aux stéréotypes de la culture dite « masculine » auxquels sacrifient les « femmes de pouvoir » elles-mêmes. Cela ne signifie pas non plus que, dans le réel, l'exercice de la maternité, et tout particulièrement le temps qui lui est consacré, soit effectivement prioritaire. Avant même la naissance, nombre de futures mères continuent à mener une vie trépidante, ce qui donne lieu, sommes-nous en train de découvrir, à un nombre croissant de naissances prématurées[8]. Mais nous prêtons attention, pour le moment, aux représentations. Disons que les valeurs morales traditionnellement portées par les femmes – compassion, soin, sollici-

---

7. Michel Schneider, *Big Mother*, Odile Jacob, 2002, p. 19, 63. Voir aussi, du même auteur, « Malaise dans la sexualité ? Du nouvel ordre sexuel au nouvel ordre matriarcal », *Esprit*, mai 2002. (Les citations qui suivent sont tirées de cet article.)

8. « Que la prématurité soit devenue anodine ne manque pas de poser problème. Elle a augmenté de 2 % en trois ans : on est passé, en France, de 5,6 (1995) à 7,5 depuis 1998, ce qui est énorme. » Jean-Pierre Relier, entretien in *Famille chrétienne*, n° 1288, 21 septembre 2002. Le professeur Relier est l'auteur de deux livres : *L'aimer avant qu'il naisse*, Robert Laffont, 1993, et *Adrien ou la colère des bébés*, Robert Laffont, 2002.

tude, attention au quotidien et à l'intersubjectif – ont leur évidence, tandis que celles qui seraient aujourd'hui associées à la masculinité ou à la virilité se cherchent, sont devenues floues ou franchement disqualifiées. Dans une étude par ailleurs fort suggestive, la sociologue et historienne Véronique Nahoum-Grappe caractérise la culture féminine autour des termes de *nourriture*, *soin*, *proximité*, *accompagnement*, *maison*, *anxiété*, *attention*, *détail*, tandis qu'à la culture masculine ou virile se voient associés les termes de *solitude*, *ironie*, *cynisme*, *ambition*, *agressivité*, *vengeance*, *viol*, *blagues graveleuses*, *haine ethnique*, et… *fascisme*[9] ! Il en résulte une certaine mauvaise conscience masculine : « Les femmes ont une longueur d'avance. On est très inférieurs aux femmes en qualité de sentiments ; on a un déficit énorme », confessait un père lors d'un entretien avec Jacques Arènes[10].

Cela se vérifie tout particulièrement dans le discours sur le couple ou la famille. En 1999, lors d'un colloque sur la différence sexuelle, un éminent psychologue rendit compte d'études scientifiques à propos des « caractéristiques de genre ». Il apparut alors que les termes associés au féminin coïncidaient avec ceux qui auguraient de la meilleure qualité de la relation dans le couple : « expressivité émotionnelle », « perception des sentiments du partenaire », « communication des sentiments », « décodage des messages non verbaux », « partage des émotions intimes ». En contrepartie, les termes caractéristiques du masculin étaient presque tous connotés négativement et interprétés comme défavorables au couple : voici l'homme « dominateur », « autoritaire », « indépendant », « ne comprenant pas les intentions », se retirant des situations émotionnelles, se posant en « mur de pierre », ayant une position conservatrice envers le mariage, dissociant le sexuel du relationnel… Il était alors logique d'entendre en conclusion que « les couples où les deux partenaires ont surtout

9. Véronique Nahoum-Grappe, chapitre « Une culture des femmes ? », in *Le féminin*, Hachette, 1996, p. 84-115.
10. Jacques Arènes, *Y a-t-il encore un père à la maison ?* Fleurus-Mame, 1997, p. 80.

des caractéristiques féminines ou androgynes bénéficient de la plus haute qualité de relation[11] ». J'osai alors la question : le modèle de couple valorisé aujourd'hui n'est-il pas celui qui correspond le mieux aux attentes féminines ? Que donnerait, en revanche, un modèle où des qualités proprement masculines se développeraient, à égalité, avec des qualités féminines ? Que seraient-elles alors ?

Risquons une hypothèse : peut-être ces qualités s'esquissent-elles *en creux* dans les maladresses et inhabilités masculines. Si, en effet, la culture de l'intersubjectif, de l'affectif, de l'intimité et du quotidien est moins spontanée et moins développée chez les hommes, peut-être cela offre-t-il à la famille une chance, la chance de ne pas miser que sur ces dimensions. La carence peut signifier une insuffisance, indiquer une autre direction. Et si la subjectivité appelait l'objectivité, l'intérieur l'extérieur, le familial l'extrafamilial ? Toute la vie ne réside pas dans la communication, dans l'expression des sentiments, dans la parole qui analyse. Il faut aussi aux relations, aux personnes, à la famille elle-même de plus larges horizons, une autre dimension. La traditionnelle propension masculine à la vie extérieure, à la conquête, à l'objectivité peut ici – au-delà des stéréotypes – se trouver féconde.

La propension en question trouve un ancrage dans le corps masculin, dans une énergie qui a besoin de « sortir », dans un dynamisme expansif. La physiologie nous apprend que, si la femme a surtout une « constitution de réserve », l'homme a surtout une « constitution d'attaque[12] ». Pour le phénoménologue, « le corps masculin devient significatif dans la mesure où il annonce ou rappelle des actions, celui de la femme se suffit assez comme présence ou comme paysage[13] ». Le mouvement vers l'extérieur qui caracté-

---

11. Alfons Vansteenwegen, « Psychological differences between women and men in marriage », colloque de l'INTAMS (International Academy for Marital Spirituality), Bruxelles, novembre 1999. Publication in *Intams Review*, Vol. 6, 2000 – I, p. 38.
12. Henri Van Lier, *L'intention sexuelle*, Casterman, 1968, p. 49.
13. *Ibid.*, p. 52.

rise la virilité, dans son ancrage corporel comme dans la culture masculine traditionnelle, peut être une chance pour la famille. Celle-ci souffre souvent, aujourd'hui, d'être surinvestie, objet de trop d'attentes. Elle peut devenir étouffante, et elle l'est souvent. Sa toute-puissance risque de se confondre avec la toute-puissance maternelle. Peut-être alors le rôle du père est-il d'introduire de la *distance*, de l'ailleurs. D'être témoin du seuil, *passeur*.

À plusieurs reprises, on aura pu noter que nous voulons nous situer au-delà des stéréotypes. Ceux-ci ne sont que des caricatures. Ils sont la fixation rigide, au service souvent de rapports de pouvoir, d'attributs qui trouvent leur ancrage dans une différence plus originaire. Ils sont fermeture, alors que la différence est ouverture. Ils sont construction sociale, alors que la différence plonge dans un donné plus originaire : dans la chair, dans l'irréductibilité du féminin à l'égard du masculin et réciproquement, dans le génie propre à chaque genre. Ils relèvent de déterminismes, alors que la différence en sa vérité est porteuse de ressources pour la liberté elle-même. Les stéréotypes naissent de la séparation ou de l'opposition des genres, alors que la différence vivante naît de leur rencontre. Dans la rencontre de l'homme et de la femme – de cet homme-ci avec cette femme-ci –, chacun apporte ses compétences propres, aidant l'autre à sortir des ornières où le retiendrait son seul sexe ou genre. *Chaque rencontre, chaque union révèle un profil inédit, un visage nouveau de la différence.*

Une dissymétrie inscrite dans la chair

Il serait donc vain de tenter de fixer un portrait-type, sous forme par exemple d'une liste d'attributs en deux colonnes, de la manière d'être masculine d'une part et féminine d'autre part ou, plus spécifiquement, paternelle et maternelle. Devrons-nous, pour autant, renoncer à toute nomination, à tout accès de la différenciation au langage ? Non. Il n'y a pas que de l'ineffable dans les différences de *style* entre paternité et maternité. L'ancrage corporel offre un roc qui, selon les cultures et les psychologies, sera certes interprété différemment, mais ne le sera pas, toutefois, dans n'importe quelle direction. Par ailleurs, au sein même du culturel, peuvent s'indiquer des significations qui méritent d'être mises en valeur, contribuant à la construction de l'humain.

Pour la clarté, il peut être bon d'établir que, lorsque nous parlons de « différence sexuelle », nous traversons trois niveaux de réalité, auxquels correspondent trois couples de termes : 1) la différence *mâle-femelle*, entre les sexes, qui est corporelle, animale, « biologique » si l'on veut ; 2) la différence *masculin-féminin*, entre les genres, qui est culturelle, psychologique, comportementale ; 3) la différence *homme-femme*, entre les identités, qui nous traverse tout entiers, corps, âme, esprit, dès la naissance. Cette troisième différence se joue entre deux sujets, deux personnes ; elle ne peut donc pas être objectivée, en ce sens qu'elle ne peut pas être enfermée dans une définition. Mais elle n'est pas, pour autant, évanescente, flottante. Si elle est « insaisissable[14] », c'est au contraire parce qu'elle est réelle au sens fort, c'est-à-dire qu'elle ne fait pas seulement partie des « réalités », de ce que l'on peut représenter, mais qu'elle appartient au *réel*, entendu comme ce qui, échappant à toute emprise, nous précède et nous dépasse toujours. Selon le mot de Jacques Lacan, « le réel, c'est l'impossible ». Impossible à définir, à représenter, à figer, posséder, réduire…

Ces trois couples de termes étant bien distingués, il importe tout autant de ne pas les dissocier. Les genres sont en rapport avec le sexe ; ils ne sont pas pure construction culturelle. L'identité elle-même est en rapport avec le genre, elle n'est pas étrangère à la culture et à la psychologie. Or, il se trouve que le domaine où cette transversalité se manifeste le plus fortement est précisément la génération et, au-delà de celle-ci, la parenté. Être père ou mère implique

14. Référence à l'ouvrage collectif (Xavier Lacroix, dir.) : *Homme et femme, l'insaisissable différence*, Cerf, 1993.

indissociablement le sexe, le genre et l'identité profonde de l'homme ou de la femme.

Tout n'est pas culturel ou volontaire dans la paternité et la maternité. Tout n'y est pas « construit ». L'une et l'autre s'inscrivent, nous l'avons déjà souligné, dans le corps, et celui-ci est *donné*. Il l'est selon des modalités qui précèdent le vouloir, sans, pour autant, diminuer la part de celui-ci. Comment vouloir, si ce n'est à partir d'un donné préalable ? La structure morphologique du corps, ses aptitudes, ses lois, ne sont pas une *fatalité*, mais sont porteuses de *potentialités*. Père et mère, homme et femme auront, selon les termes de Paul Ricœur, à « assumer l'involontaire dans le volontaire[15] ». C'est tout spécialement autour de la naissance que le corps va devenir langage et, plus que cela, porteur de structures de relation. C'est là également que va se manifester le plus nettement la radicale dissymétrie entre *être* père et *être* mère. Repérons cette dissymétrie autour de trois couples de termes.

Intérieur-extérieur

Pendant neuf mois, la mère a porté l'enfant en elle. À travers cette durée se sont tissés des liens sans équivalent, que la science n'a pas fini d'explorer. Il se passe ceci d'extraordinaire qu'un être est habité par un autre être. Son corps devient ainsi « le premier espace de vie en communauté[16] ». Le ventre maternel a été la première demeure de tout être humain. Il y a en la femme une capacité structurale à porter, alimenter, mais aussi à libérer la vie. Pour l'homme, on peut dire que l'essentiel se passe en dehors de lui et à l'intérieur de l'autre. Selon Didier Dumas, « l'homme ne peut porter l'enfant dans son ventre. Il n'a que sa tête où l'attendre[17] ». Son corps ne lui

15. Paul Ricœur, *Le volontaire et l'involontaire*, Aubier, 1967, p. 19.
16. Maria-Teresa Porcile-Santiso, *La femme, espace de salut* (Montevideo, 1991), trad. fr. Cerf, 1999, p. 250.
17. Didier Dumas, *Sans père et sans parole*, Hachette, 1999, p. 70.

indiquera pas directement les conséquences, cachées pour lui, de l'union fécondante. Il n'y a pas en lui cet espace intérieur d'accueil et de gestation de la vie. Il ne vit pas l'attente de l'enfant au risque de son sang. Tout ce qu'éprouve la femme, tout ce qui se passe à l'intérieur de son corps, c'est essentiellement par la parole qu'il l'apprendra. Au moment de l'accouchement, même si, comme le font les pères depuis deux générations, il veut être proche, très proche de la mère, il reste extérieur à l'action centrale. Dans le récit de son expérience, Denis Marquet l'exprime avec finesse :

> « Je ne peux rien faire qu'être là. Je m'y consacre entièrement. Je suis penché sur elle, mon visage tout près du sien. Tout à son œuvre, elle ne peut me percevoir, mais je suis là pour deux. Je lui tiens la main, j'effleure doucement ses tempes. J'aspire à me couler dans son espace à elle, je voudrais vivre à son rythme à elle, le rythme de cette chair de femme où l'univers respire en soubresauts furieux. Son espace devient mon espace, son souffle le mien. Seule la douleur nous sépare, elle est seule à tordre son visage, à réprimer les cris que je voudrais pousser. Moi, je suis seul de ne pas avoir mal, seul de ne pas accoucher. Je voudrais à cet instant être homme et femme à la fois, père et mère. [...] Je voudrais avoir ma part à l'effort ultime de te faire naître. Je ne peux que vous accompagner de loin. Je ne peux qu'être là, c'est beaucoup, mais c'est trop peu[18]. »

Expulsion-accueil

Pour la mère, la naissance est une séparation. Plus même, une expulsion. Dans la douleur, au risque de sa vie, active et passive à la fois, elle fait et laisse sortir l'enfant hors d'elle. Mais, plus que cela, elle le *met au monde*. Cette expression est riche d'un sens qui reste à approfondir. Elle l'introduit au monde commun, au monde humain, qui est aussi le monde cosmique. De ce monde, le père est

---

18. Denis Marquet, *Père*, Albin Michel, 2003, p. 96-97.

le premier témoin. Il accueille l'enfant, par un geste lourd de significations. Il va au-devant de lui, l'attend, le prend et le porte dans ses bras. « Le geste du père est un chemin vers cet être inconnu et mystérieux, étranger. Il va à sa rencontre et l'appelle, le nomme en nouant la relation[19]. » Il accueille un hôte.

Entre le père et l'enfant, il y a à la fois discontinuité corporelle et continuité charnelle. Les corps sont d'emblée séparés, mais le lien est charnel quand même. Il y a, d'une part, la mémoire, inscrite dans sa chair, alimentée par l'intimité avec la mère, de ces unions dont l'une a été fécondante ; il y a, d'autre part, toujours dans l'intimité avec la mère, le contact, au fil des jours et des nuits, avec les transformations de son corps, avec les infimes événements qui affectent sa chair. Au-delà – ou plutôt en deçà – du savoir et des raisons, il y a de multiples et secrètes pierres d'attente pour que le père soit conduit à reconnaître un jour dans l'enfant « la chair de sa chair ». On peut discerner dans la paternité une dimension charnelle, qui n'est pas aussi immédiate que celle de la maternité, mais qui n'en est pas moins réelle. « Elle passe par le sentir, par la main qui caresse, par son corps tout entier qui prend contre soi l'enfant. Elle passe aussi par la médiation de la parole, qui dit sa joie, son amour, qui rend grâce[20]. » Mais tout cela, sur fond de séparation.

Reconnaissance et « reconnaissance »

Père et mère auront tous deux à « reconnaître » leur enfant, moment essentiel de la parenté. Mais ce même verbe n'a pas tout à fait le même sens chez l'un et chez l'autre. Pour la mère, ayant expulsé l'enfant, il lui reste à accueillir celui-ci, ce qu'elle fait presque – chose étonnante – dans le même geste. Elle l'expulse du nid obscur de ses entrailles pour l'accueillir dans le monde lumineux de

19. Philippe Soual, « Visages du père, de la philosophie à la révélation », in *Théophilyon*, V.2, Lyon, 2000, p. 354.
20. *Ibid.*

son regard, de sa voix et de ses gestes, sur son ventre, souvent, aujourd'hui. La reconnaissance consistera à vouloir maintenant dans son cœur ce qui est sorti de son corps, à confirmer et relayer le lien charnel ; une fois le cordon coupé, à vouloir instaurer une autre modalité du lien, fondé sur la parole et sur l'amour. « Elle ne peut nier sa maternité, mais elle peut mal l'assumer. Son nouveau statut est à vouloir, par une conversion du cœur et de l'intelligence[21]. »

Pour le père, l'acte de reconnaissance est encore plus décisif, à cause du caractère invisible et extérieur de tout ce qui a eu cours dans le corps de l'autre. La reconnaissance sera un acte libre, un acte de parole qui a quelque ressemblance avec un pacte d'alliance. Mais elle ne porte pas exactement sur le même objet que la reconnaissance maternelle. Par cet acte, la mère confirme ce que son corps a déjà dit, à elle et aux autres, à savoir que cet enfant est né d'elle. Elle reconnaît un être qu'elle connaît déjà. Tandis que la reconnaissance paternelle a un statut paradoxal : le père « reconnaît » un être qu'il ne connaît pas ! En réalité, sa reconnaissance ratifie un *lien*, lequel a deux aspects : lien entre les moments du temps, lien à l'épouse. Elle confirme l'union charnelle : il « reconnaît » ce petit comme le fruit de celle-ci, affirmant une continuité par-delà la discontinuité apparente. Il « reconnaît » le petit comme son semblable, celui qui est indissociablement à son image et à celle de sa femme ; celui dont, en lien avec elle, il accepte la totale responsabilité.

Aux côtés, à côté

La mère, avons-nous souligné, « met au monde » l'enfant. Mais, si nous donnons leur sens plénier à ces mots, comment pourrait-elle, au fil du temps, accomplir *toute seule* un tel geste ? Ce monde est un monde commun. Il faut que soit signifié ce caractère « commun ». Sans un témoin, sans un témoin privilégié avec qui elle vit cette « communauté », la mise au monde sera beaucoup plus difficile.

21. *Ibid.*

« Jamais, sans l'aide d'un homme, une femme ne parviendra à expulser véritablement son enfant », affirme une amie psychanalyste.

Aujourd'hui, le plus souvent, ainsi que nous l'avons déjà mentionné, le père est présent, aux côtés de la mère. Mais nous avons aussi relevé qu'« aux côtés » signifie aussi qu'il est *à côté*. Cela se poursuivra après la naissance. Même si le père partage de plus en plus les tâches de nourriture et de soins, si même les politiques se chargent de l'encourager dans ce sens, il y aurait quelque hypocrisie à faire semblant de croire que sa place, ses fonctions, ses compétences sont strictement symétriques de celles de son épouse. Ou alors, il s'agirait de paternage et non de paternité. Plus l'enfant grandira, *a fortiori* lorsqu'il deviendra adolescent, plus l'écart entre ces deux notions sera important. Structurelle est l'affinité entre paternité et distance, comme entre maternité et proximité – même si, redisons-le encore, l'une et l'autre doivent marier ces deux caractères.

Dès la conception, le don du père est venu de l'extérieur. Sa semence a apporté de l'information, celle de son patrimoine génétique. La fusion du noyau des gamètes introduit de la différence là où, sans elle et sans sa nécessité, nous aurions affaire à une reproduction à l'identique. L'image de l'ovule pénétré par le spermatozoïde dit déjà quelque chose de la paternité. Dès le commencement, le père *rend présent ce qui vient d'ailleurs*. Il apporte de l'information.

Cela ne s'arrête pas à la naissance. Longtemps, le père restera celui qui est « à côté ». Celui qui entre et sort, celui qui part et revient. La mère également sort et revient, pour un travail professionnel, par exemple. Mais ces deux verbes ne prennent pas, alors, tout à fait le même sens. L'éloignement de la mère n'est pas l'éloignement du père. Et, quand le père « revient », cela n'a pas exactement le même sens que lorsque la mère « rentre ». Il y a une affinité immémoriale, ancrée dans le corps et relayée par le psychisme, entre le maternel et la demeure, entre la mère et le proche, le « ici ». De même qu'il y a une affinité immémoriale entre le paternel et l'ailleurs, le « là-bas ». C'est un reproche classique des mères : « Tu n'es jamais là quand il faut. » Oui, le père devra apprendre de sa femme à « être là », le sérieux de l'attention aux choses de la vie. Mais peut-être, en retour, la mère aura-t-elle à apprendre une certaine relativisation, une distanciation par rapport au sérieux en question. Les enfants, en tout cas, aspirent à ce que ces deux mouvements aient lieu, même si les rôles, ici ou là, peuvent être inversés.

La mère entoure, elle prévoit, elle veille. Elle porte le souci. Le père apprendra d'elle cette vigilance, cette attention au réel. Mais, parallèlement, celui auquel l'enfant est lié par un lien invisible, celui dont l'identité passe par le langage et la nomination est, en tant que tel – quelle que soit par ailleurs son équation personnelle –, appelé à apporter du *sym-bolique*[22], c'est-à-dire du lien. Lien entre le visible et l'invisible, entre l'ici et l'ailleurs, entre le proche et le lointain. Il est partie prenante dans la dimension nécessairement instituée du symbole. Entre paternité et symbolique, la corrélation a lieu dans les deux sens : désigné par le langage, institué par la loi, le père est aussi celui qui a pour office spécifique d'initier aux liens auxquels langage et loi introduisent[23]. Même si l'on ne se contente pas de la formule devenue parfois stéréotypée, selon laquelle « le père est celui qui dit la loi », force est de reconnaître un lien irréductible entre *paternité* et *loi*. « Loi » vient du verbe latin *legere* qui signifie « lier ». En grec, le terme vient du verbe *nemein* qui signifie « distribuer, partager, diviser ». La loi sépare et relie. Elle relie en séparant, elle sépare en reliant. Elle passe par le négatif, le non, l'interdit. Selon Aldo Naouri, « la mère est d'abord celle qui dit "oui" ; ses "non" sont des "pas oui". Le père est d'abord celui qui dit "non" ; ses "oui" sont des "pas non" [24]. » Si la mère n'a pas son pareil pour être attentive aux besoins et demandes de l'enfant, il faut un autre

22. Du grec *sun-ballein*, jeter ensemble. Le symbole, moitié d'un objet partagé, signifie un lien invisible

23. Rappelons le principe de méthode énoncé au chapitre précédent : cela, la mère le fait aussi, mais ce n'est pas *cela* qui fait qu'elle est mère.

24. Intervention à Marseille, au colloque : *Un nouveau regard sur l'enfant*, Caisse d'allocations familiales des Bouches-du-Rhône – Centre d'enseignement et d'éthique médicale, novembre 1994 (publication 1995).

témoin, le témoin d'une autre dimension pour l'aider à être attentive à d'autres besoins, à d'autres appels. Pour *veiller aux liens*, à ces liens autres et pluriels sans lesquels la relation mère-enfant, ou père-mère-enfant, risque toujours de devenir étouffante.

« Familier comme la ligne d'une voile sur l'Océan[25]... » Par cette image, le romancier Ernst Wiechert évoque la figure paternelle de son magnifique roman *Missa sine nomine*. Boris Cyrulnik, lui, parle de « cet étranger familier[26] ». Familier, le père l'est par sa présence, son odeur, sa voix, ses manières qui sont connues, aussi présentes et prégnantes que celles de la mère. Mais « père », c'est-à-dire paternel et non seulement paternant, il l'est en recevant le souffle de l'ailleurs, en se découpant sur le fond d'un horizon plus large auquel il renvoie. Il y a quelques mois, un reportage télévisé présentait ce sport nouveau qu'est le *kite-surf*. Il s'agit de glisser sur les vagues de la mer, tout en se tenant accroché au fil d'un grand cerf-volant. Un jeune homme était filmé ainsi, jouant avec les éléments, glissant, roulant dans l'écume, se relevant... Dans l'entretien où il commente ces images, tentant de traduire le plaisir que lui donne cet exercice, il lance ingénument, avec un sourire : « La mer, c'est ma maman ; le vent, c'est mon papa. » On imaginerait mal qu'il ait pu dire l'inverse.

La tension entre présence et absence, souvent présentée comme une contradiction ou une déficience, peut aussi être comprise positivement, comme constitutive de ce qui fait le lien paternel. Le père n'est pas tout entier « ici ». Peut-être est-ce ainsi qu'il pourra indiquer un ailleurs. *Introduire de la distance, tourner vers l'avenir et le dehors, mettre en perspective* : voilà, selon Jacques Arènes, ce qui est attendu des pères[27]. La distanciation, notons-le bien, ne sera signifiante et opérante que sur fond de présence, c'est-à-dire sur le fond d'une suffisante implication dans la vie de tous les jours. Il ne

25. Ernst Wiechert, *Missa sine nomine* (1950), Livre de poche, p. 25.
26. Boris Cyrulnik, *Sous le signe du lien*, Hachette, 1989, p. 110.
27. Témoignage d'une mère, recueilli par Jacques Arènes, *op. cit.*, p. 8.

s'agit pas, ici, on l'aura bien compris, d'une « division du travail », ni d'un partage systématique des tâches et des rôles. Redisons que la différence vivante ne naît pas de la séparation, mais de la rencontre. Il s'agit seulement de dépasser le rêve d'une symétrie totale entre les fonctions maternelles et paternelles, pour donner toutes leurs chances aux harmoniques de celles-ci comme de celles-là.

La différence entre paternité et maternité ne se réduit pas aux différences de genres (entre masculin et féminin). Mais elle est quand même irriguée par elles. Dans l'exercice de la parenté, chaque genre devra recevoir de l'autre ce qui l'aidera à dépasser les ornières qui lui sont propres en s'enrichissant de ses vertus. Cela ne conduira pas, soulignons-le, au modèle *androgyne* prôné par certain(e)s aujourd'hui, non plus qu'aux identités floues que notre culture favorise. Cela conduira, au contraire, à l'affirmation d'une paternité-masculinité libérée et donc plus authentique, en relation avec une maternité-féminité qui le sera également. Encore faut-il qu'il y ait réellement échange *mutuel*, et que la relation ne soit pas à sens unique ; autrement dit que l'un ou l'autre pôle, soit le masculin, soit le féminin, n'exerce pas une suprématie.

Le roc de la génération

Certains discours, aujourd'hui, relativisent non seulement l'importance de la différence entre paternité et maternité, mais celle de la présence de la différence sexuelle dans la filiation elle-même. La corrélation entre être *parents* et être différenciés sexuellement est alors mise en doute. C'est ainsi que nous assistons, depuis quelques années, à une véritable campagne de promotion du curieux terme d'« homoparentalité », qui surprend tous ceux pour lesquels, jusqu'à présent, celui de « parents » désignait deux personnes de sexes différents. Il n'a pu voir le jour que par la distinction entre la « parentalité » et la « parenté », le premier terme désignant l'exercice de fonctions, le second pouvant rester lié à l'engendrement, à moins que l'on ne distingue encore « parents » et « géniteurs ». À vrai dire, le préfixe « homo » est déjà préparé par le terme « parentalité », dès lors que celui-ci, fonctionnel et asexué, tend à remplacer ceux de « paternité » et « maternité ». Ancrées dans le corps, ces dernières notions, en effet, ne sont pas malléables à merci, tandis que celle de « parentalité » peut donner lieu à toutes les relativisations et manipulations du discours idéologique. J'ai montré ailleurs combien, en cette matière, des études présentées comme « scientifiques » peuvent être biaisées. Tel est le cas, en particulier, de celles qui sont invoquées à l'appui de l'argument, maintes fois entendu (et jusque dans les débats politiques), selon lequel « des études américaines démontrent qu'il n'y a pas de différence, quant au bien-être ou à la santé mentale des enfants, entre ceux qui sont élevés par des parents homosexuels ou par des parents hétérosexuels ». L'argument laisse sans voix ceux qui n'ont pas eu accès auxdites « études ». Mais, dès lors que l'on prend la peine de lire les publications en question, on est frappé par leur manque total de crédibilité[28].

Plutôt que de se fier à des statistiques lointaines et non vérifiées, mieux vaut, en ce domaine, reconnaître l'évidence, à savoir tout ce qu'un enfant doit, pour sa croissance psychique, au jeu subtil d'identifications et de différenciations vis-à-vis de son père en tant

28. Échantillonnage extrêmement restreint, absence de groupes de contrôle, questionnaires comportementalistes et stéréotypés, non-prise en compte de la durée, choix de situations biaisés (par exemple, comparaison exclusivement avec des enfants élevés par une mère ou un père divorcés), conclusions unilatérales (sans aucune exception à la thèse)... Dans l'enquête du Français Stéphane Nadaud, qui fait référence en France pour certains, les seules personnes interrogées sont les parents concernés, tous membres de l'Association des parents et futurs parents gays et lesbiens. J'ai publié deux versions de mon analyse critique. Version brève : « Homoparentalité, les dérives d'une argumentation », in *Études*, n° 3993, octobre 2003 ; version complète : « Le terme homoparentalité a-t-il un sens ? » in *Revue d'éthique et de théologie morale*, n° 225, juin 2003. Principaux documents étudiés : Charlotte J. Patterson, « Children of Lesbian and Gay Parents », in *Child development*, 1992, 63, p. 1025-1042 ; Stéphane Nadaud, *Homoparentalité, une chance pour la famille ?*, Fayard, 2002.

qu'homme et de sa mère en tant que femme. Le chapitre précédent en a donné des exemples, le chapitre suivant en donnera d'autres. Plus profondément, né de l'union d'un homme et d'une femme, l'enfant recevra les meilleures chances de développer ses potentialités humaines et sexuées en grandissant sur le roc de cette mixité. Ni le masculin, ni le féminin, en effet, ne récapitulent tout l'humain : qu'il soit garçon ou fille, il a donc besoin, en profondeur, pour construire son identité personnelle et sexuée, de grandir à l'image d'un homme et d'une femme, en ressemblance et dissemblance avec l'un et l'autre. C'est aussi sur le modèle de leur relation qu'il apprendra à désirer.

L'argument de la bisexualité psychique

Un deuxième argument fréquemment avancé est le suivant : la notion de « différence sexuelle » est incertaine, composite, complexe. Les frontières du masculin et du féminin sont floues et, de surcroît, elles passent à l'intérieur de chacun, chacune d'entre nous. On recourra alors à la notion freudienne de bisexualité psychique, selon laquelle tout être humain a, biologiquement et psychiquement, des dispositions sexuelles à la fois masculines et féminines. On dira que l'identité sexuelle n'est pas définie seulement par le sexe biologique, mais qu'elle est le fruit d'une élaboration progressive. À cela on ajoutera que le « genre » est une construction sociale et, pour faire bonne mesure, on arguera de la *bipolarité*, à savoir de la présence en tout individu de traits de caractère généralement considérés comme « masculins » ou « féminins ». Le but de l'argumentation est de persuader qu'un enfant élevé par un couple, quelle que soit l'appartenance sexuée et l'orientation sexuelle de ses « parents », aura toujours la possibilité de se référer à un pôle masculin et à un pôle féminin[29].

29. « Les polarités féminine et masculine ne sont pas immuables et peuvent évoluer au cours d'une vie ; il appartient à chacun de trouver sa voie et son équilibre d'homme ou de femme. » Éric Dubreuil, *Parents de même sexe*, Odile Jacob, 1998, p. 295.

Mais nous sommes alors en pleine confusion. En toute rigueur de termes, la bisexualité n'est pas la bipolarité. Elle est le résultat de l'identification d'un individu aux deux sexes, et d'abord à ceux de ses parents. Autrement dit, « la bisexualité psychique, c'est la capacité d'être en relation avec l'autre sexe[30] ». Quant à l'identité sexuelle, elle est d'un autre ordre. Être homme ou femme, ce n'est pas seulement être le support de caractéristiques masculines ou féminines, non plus que seulement le résultat d'identifications. C'est essentiellement dans le *rapport à la génération* que se définit l'identité sexuée. Être femme, c'est être née d'un corps du même sexe que le sien ; être homme, c'est être né d'un corps de sexe différent. Il apparaît avec une netteté irrécusable que la relation à la génération n'est pas la même chez la femme ou chez l'homme. Naître, c'est sortir d'un corps qui a la capacité de porter en lui, à l'intérieur de sa chair, une vie commençante, après avoir été fécondé par un autre corps qui, de l'extérieur, a apporté un principe fécondant. Du point de vue de l'enfant, être né d'une relation, d'une union dans la dualité, d'une *rencontre* est constitutif de sa propre identité, de sa conscience de soi comme tiers, comme lui-même différent, comme autre, c'est-à-dire comme sujet. « La mixité de l'humanité, écrit Sylviane Agacinski, n'est pas seulement une donnée de l'anthropologie physique : elle est aussi une dualité culturelle structurante et une valeur, car elle est génératrice de singularité et d'hétérogénéité[31]. » Qu'il soit garçon ou fille, être né de la rencontre d'un homme et d'une femme est, pour l'enfant, constitutif de sa conscience humaine intime, le premier lieu de découverte de sa finitude. La négation de cela, d'une telle origine de l'humain, est la négation la plus radicale de la différence sexuelle. Elle touche à l'ontologique.

30. Tony Anatrella, « Le conflit des modèles sexuels contemporains », in *Revue d'éthique et de théologie morale*, n° 215, décembre 2000, p. 66.

31. Sylviane Agacinski, *Politique des sexes*, Seuil, 1998, p. 136.

Certains discours militants ne craignent pas d'aller jusque-là. C'est ainsi que, dans une tribune du *Monde* intitulée : « Pour une égalité des sexes », signée par deux juristes et un sociologue, on prend argument du tribunal de l'avenir pour affirmer : « Dans un peu plus de trente ans, peut-être nos enfants, nés de couples hétérosexuels pour la plupart, mais aussi hors de la différence des sexes, de mères célibataires ou adoptés par des personnes seules, et parfois par des couples homosexuels, auront-ils peine à s'imaginer qu'on ait pu se battre en France, à la fin du second millénaire, pour prolonger, quelques années encore, l'inégalité entre les sexualités au nom de la différence des sexes[32]. » On retiendra l'admirable « nés hors de la différence des sexes » !

Si nous considérons, avec la psychanalyste Jeanne Chasseguet-Smirgel, que « la différence des sexes et la différence des générations sont les deux rocs de la réalité[33] », il apparaît avec une netteté irrécusable que ces deux « rocs » sont en étroite corrélation. C'est dans la génération que la différence sexuelle est la plus irréductible et, réciproquement, c'est l'intégration de cette différence qui rend la génération relationnelle *et* incarnée, c'est-à-dire issue indissociablement de la parole et de la chair. L'intégration de cette différence exige et permet la prise en compte de l'un des aspects les plus fondamentaux de notre finitude : ne pas être tout. La relation à la génération s'avère alors être le lieu soit de la rencontre de notre finitude primordiale, soit de son déni le plus radical[34].

---

32. Daniel Borillo, Marcela Iacub, Éric Fassin, « Pour une égalité des sexes », *Le Monde*, 16 février 1999.

33. Cité par Xavier Thévenot, *Repères éthiques pour un monde nouveau*, Éd. Salvator, 1983, p. 159.

34. Un exemple terrible de ce déni : « Les femmes lesbiennes choisissent cette alternative [l'insémination] parce qu'elle évite les litiges sur les gardes d'enfants, qu'elle n'impose aucune relation sexuelle avec un homme, et qu'elle peut servir de modèle pour les femmes seules qui veulent avoir un enfant. Comme beaucoup de femmes lesbiennes préfèrent avoir des filles, elles utilisent des méthodes de conception qui favorisent les filles. » M. Wolf, « Checking out the sperm bank », *Baybook*, Winter, 9, 8-13.

L'argument de la pluriparentalité

La plupart des auteurs ou experts reconnaissent ce qui précède, à savoir la nécessité d'affirmer la double origine de l'enfant. On soulignera alors combien il est important que l'enfant se *sache* issu d'un homme et d'une femme, ses géniteurs. On souhaitera éventuellement qu'il les connaisse, et même qu'il soit en relation avec eux. Mais on dissociera soigneusement cette préoccupation de celle de la définition du couple éducateur ou adoptif. *A fortiori* sera jugée comme secondaire l'orientation sexuelle des parents adoptifs. Telle est, par exemple, la position de Sylviane Agacinski qui, après avoir souligné, comme on l'a vu plus haut, l'importance de la différence dans la génération, publie trois ans plus tard, au seuil de la réédition de son ouvrage, une *Mise au point* : « Je ne renie rien de ce qui, dans mon livre, concerne la nécessaire reconnaissance de la double origine de l'enfant [...]. Mais je ne confondrai pas ce principe avec l'idée, fort différente, que des homosexuels ne devraient pas pouvoir avoir ou adopter des enfants. Il me semble qu'il faille faire une distinction entre un couple parental mixte, qui est une chose, et les orientations sexuelles de ceux qui élèvent des enfants, qui sont une autre chose[35]. »

La position est de prime abord séduisante et se répand de plus en plus. De même que l'on distingue, depuis quelque temps, le couple conjugal du couple parental, on distinguera ce dernier du couple adoptif ou du couple éducateur. Diverses personnalités donc, tout en étant opposées au recours aux procréations médicalement assistées pour les couples homosexuels, sont favorables à la reconnaissance du droit à l'adoption en leur faveur. Irène Théry, par exemple, prône pour les couples homosexuels l'accès à l'adoption simple, laquelle préserve la place et quelques droits des parents géniteurs. À la distinction entre les deux couples parentaux succède alors une autre distinction, entre « sexe » et « sexualité », ou entre le « sexué » et le « sexuel ». Le premier terme renvoie à la différence

35. *Op. cit.*, édition 2001, Seuil, coll. « Points », p. 13.

constitutive homme-femme, le second à l'orientation et aux comportements. Il est, selon la sociologue, important que le couple d'origine soit différencié sexuellement, mais il est de peu de conséquences que celui qui élève ait telle ou telle orientation sexuelle. L'auteur s'en prend alors avec virulence à ce qu'elle dénomme l'« organicisme » de ceux qui ne se résignent pas à ces dissociations, et dont elle caricature la position en les présentant comme des naturalistes primaires[36].

C'est ici qu'il faut bien mesurer le nombre de dissociations auxquelles les deux auteurs invitent à souscrire : entre conjugalité et parentalité, entre parentalité et parenté, entre « parent » et « géniteur », entre le sexuel et le sexué ou entre sexualité et différence des sexes, mais aussi entre sexualité et fécondité ou, si l'on préfère, entre le sexuel et le parental, entre sexualité et filiation. Au terme de toutes ces dissociations, à quoi parvenons-nous ? À quel « atome » – au sens étymologique – de vie psychique, sociale, spirituelle ? À un individu-monade, lui-même divisé ou dissocié selon les aléas de son histoire. Plutôt que de pluriparentalité, n'est-ce pas de schizo-parentalité ou de parenté morcelée qu'il faudrait parler ?

Que des distinctions soient souhaitables pour la clarté intellectuelle, que des disjonctions puissent avoir lieu suite aux aléas de l'existence est une chose ; mais que des dissociations *de principe* soient posées *a priori* est beaucoup plus contestable. Au demeurant, la dissociation entre *sexué* et *sexuel* est-elle tenable jusqu'au bout ? Elle semble éclairante au premier abord. Mais, dès que l'on réfléchit plus avant, son évidence semble bien superficielle. Être sexué, en soi, n'est pas très signifiant, si l'on sépare le sexe de l'orientation du désir et des partenaires avec lesquels le sujet entre en relation. Que le père-géniteur soit ou non tourné vers le féminin, vers la personne de la mère en particulier, n'est pas tout à fait indifférent à sa masculinité et à l'appréhension de celle-ci par l'enfant. Ce n'est pas

36. Irène Théry, « Pacs, sexualité et différence des sexes », *Esprit*, novembre 1999, p. 139-181.

à des monades, à des individus disjoints que l'enfant se réfère, mais à des êtres de désir, de parole et de relation[37].

Dans la même ligne de pensée, on entend souvent aujourd'hui, non sans un certain bon sens, mise en avant la notion d'« adulte référent ». Il importe que l'enfant ait la possibilité de se référer à une ou plusieurs personnes qui comptent pour lui et auxquelles il puisse, pour une part, s'identifier, lui offrant le « modèle », masculin ou féminin, dont il a besoin selon les différents moments de son histoire. Cela est incontestable. Qu'en leur absence la relation à de tels adultes soit une aide et un appui ne l'est pas moins. Et c'est bien dans ce sens qu'il faut chercher lorsque l'enfant vit avec un seul parent ou, si la situation se présente, avec deux adultes de même sexe. Mais cela ne revient pas à ériger en principe, *a priori*, que ce référent puisse être équivalent à un père ou une mère. À qui fera-t-on croire qu'il soit sans importance qu'il ait, avec lui ou avec elle, une relation *d'origine*, c'est-à-dire qu'avec cet homme ou cette femme il ait partie liée à travers *toute* son histoire, depuis son commencement, de telle sorte que son identité même soit impliquée dans le lien ? Que ce lien passe non seulement par des représentations, par le mental donc, ou par le langage, mais aussi et d'abord par l'être, par l'être corporel, ne saurait non plus être indifférent.

En vérité, la personne du père ou de la mère est beaucoup plus qu'une référence. La fonction éducative n'est pas la seule facette de la parenté[38]. Elle est indissociable, en celle-ci, de la fonction

37. « Le père réel, pour l'enfant, est l'homme d'*une* femme. Il ne s'agit pas d'abord du rapport vertical d'un homme avec un enfant. L'enfant a un père réel dans la mesure où cet homme est celui qui a fait d'une femme, celle-ci, que j'appelle maman, la cause de son désir et l'objet de sa jouissance. La seule garantie réelle de la fonction paternelle, c'est un homme *tourné vers* une femme. » Philippe Julien, *Le manteau de Noé*, DDB, 1991, p. 43.

38. « Résumer le lien parental à sa facette éducative, c'est méconnaître les enjeux de la transmission psychique véhiculés par le lien de filiation fondateur pour le sentiment d'identité de l'enfant. » Christian Flavigny, « L'enfant n'est pas un bien social », *Le Monde*, 16-17 juillet 2000.

généalogique qui inscrit l'enfant dans la chaîne des générations. Ce que les parents adoptifs font symboliquement et analogiquement. *Car la parenté adoptive a elle-même une dimension charnelle.* Après avoir bien enregistré la différence entre « adoption » et « génération », il serait instructif de réfléchir au sens de l'analogie entre parenté adoptive et parenté charnelle. La perte de cette analogie, dans le cadre de l'adoption par un couple homosexuel, serait incontestablement source d'une difficulté supplémentaire pour l'enfant qui doit déjà assumer la séparation entre ces deux parentés.

Après avoir, pendant plusieurs décennies, entendu répéter à l'envi que la parenté symbolique ou affective n'est pas la parenté biologique, il serait temps de *reconnaître ce que le charnel apporte au symbolique et au relationnel.* Le charnel, redisons-le, est plus que le biologique. Il est le lieu de notre affectivité primordiale, à la charnière de l'ontologique et du relationnel. Les parents adoptifs sont des êtres de chair et de sang, indissociablement sexués et orientés sexuellement. À l'instar des parents-géniteurs, l'enfant reçoit les fruits de leur relation, de leur lien, et il ne lui est pas indifférent que cet homme-ci soit tourné vers une femme, et réciproquement. Il n'est pas nécessaire de recourir aux théories analytiques pour percevoir tout ce qu'il recevra, en vue de la construction de sa propre identité sexuée, de cette alliance.

Du particulier à l'institutionnel

On l'aura bien compris en lisant ce qui précède, s'il ne s'agissait que de gérer des situations particulières, l'insistance pourrait être différente. Il existe une très grande diversité de situations, comme il existe différentes formes d'homosexualité ou de mise en œuvre de celle-ci. On pourra trouver des couples homosexuels au sein desquels la structuration psychique et les qualités morales offrent à l'enfant plus de chances de croissance que chez certains couples hétérosexuels. Mais la question posée n'envisage pas le particulier, elle ne relève pas de la psychologie ou de l'éthique personnelle. Elle est *institutionnelle*.

Lorsque l'on reconnaît l'importance du caractère institué de la filiation, on ne peut pas jouer à la légère avec ces enjeux. Plier l'institution à la fantaisie des désirs et des options particulières serait toucher à ce qui constitue le noyau dur de l'avènement du sujet. En effet, ainsi que Pierre Legendre l'a bien montré, « il n'est de sujet humain qu'institué ». Or, souligne le même auteur, la filiation a une dimension intrinsèquement généalogique. Il faut, dès lors, que nos sociétés « restent soumises à la nécessité de produire le minimum de règles généalogiques, destiné à traduire l'impératif de différenciation subjective qui jusqu'à présent fait loi dans l'espèce parlante[39] ». Que ces règles soient claires et lisibles est vital pour la différenciation subjective. Nommer la filiation, ce n'est pas seulement indiquer par qui l'enfant sera élevé, avec qui il aura des relations affectives, qui sera son « adulte référent », mais lui permettre de se situer dans la chaîne des générations. Or, le brouillage à cet égard, qui aujourd'hui peut aller très loin, a un caractère irréversible.

Il ne s'agit pas seulement de gérer des affects ou des besoins. Il s'agit de reconnaître et instituer les structures fondatrices de l'humain. Or, lorsque l'on dit « homme » ou « vie humaine », on ne vise pas une idée malléable à merci. Retenons de Denis Vasse ce qui pourrait résumer le substrat fondamental de toute anthropologie : « Ce qui fait l'homme depuis toujours et pour toujours est une parole dans un corps sexué et dans une généalogie[40]. » L'option centrale des argumentations évoquées touche à l'articulation entre ces trois termes. Leur visée commune est que la parole et la généalogie soient dissociées de ce qu'ils nomment avec dédain la « reproduction biologique » et de la symbolique liée à celle-ci.

C'est bien là que se situe l'enjeu ultime : renverra-t-on aux ornières de l'« organicisme » tout plaidoyer en faveur d'un ancrage de la

39. Pierre Legendre, *op. cit.*, p. 136, 140.
40. Denis Vasse, *La vie et les vivants*, Seuil, 2001, p. 209.

filiation dans le corps sexué ou osera-t-on continuer à soutenir l'institutionnalisation de l'articulation entre *chair* et *parole* ? La différence sexuelle n'est pas seulement organique. Elle est charnelle et, comme telle, elle structure l'ordre symbolique, comme elle est structurée par lui. On perd son sens lorsque l'on perd soit celui de l'incarnation, soit celui de la symbolisation. On la trouve au contraire dans toute sa richesse lorsque ces deux mouvements se rencontrent.

Un lieu pour la différence

La conjugalité est le lieu
où l'on interprète la différence des sexes[41].

Dans quel contexte cette dimension à la fois incarnée et signifiante de la différence sexuelle sera-t-elle découverte ? Elle ne le sera pas dans une relation d'un jour ; elle ne le sera qu'à travers la durée. « Différence » ne veut pas dire seulement « dissemblance », « particularité », « divergence ». La différence est écart, signifiance, partage. Elle est le lieu de la rencontre ; elle ne sera pleinement signifiante qu'au fil du temps, dans un *lien* qui la rendra réelle en même temps qu'il sera alimenté par elle. Nous l'avons dit plus haut : chaque couple révèle un nouveau profil de la différence des genres et, corrélativement, de la différence entre paternité et maternité. Or, tout cela n'advient pas en un jour. Évident est le rôle du temps ou, plus précisément, de la durée, en cette affaire. La révélation réciproque des diverses facettes de la différence n'aura lieu que sur fond de solidarité, c'est-à-dire sur fond d'un lien qui tienne au-delà des premières crises, par-delà les inéluctables difficultés inhérentes au travail de cette révélation.

41. Olivier Abel, « Famille, conjugalité et filiation », in *La Croix*, 11 juillet 1998.

Car la révélation de *la* différence passera par la confrontation au*x* différence*s*, ce qui n'ira pas sans accrocs, sans obstacles à vaincre, sans peurs et sans conflits. Elle est au nombre des enjeux les plus délicats, les plus semés d'embûches, de la vie du couple. Il est des moments où l'homme a peur du féminin et la femme peur du masculin. Peur de ce que l'autre genre révèle en soi-même, aussi bien par ses dissemblances que par ses ressemblances, par ses forces que par ses faiblesses. Or, ces obstacles ou embûches ne seront pas franchis si le lien n'est pas assez solide pour *durer*, s'il n'est pas fondé sur la volonté de persévérer. Dès lors qu'avec Jean Lemaire[42] nous convenons d'appeler « conjugal » le lien *capable de surmonter les crises*, nous voyons combien la paternité et la maternité, pour se déployer dans le réel, c'est-à-dire à travers le temps, ont besoin de la conjugalité.

Marier la conquête de l'égalité et des valeurs liées à celle-ci – mutualité, équité, partage – avec la reconnaissance de la dissymétrie et la mise en valeur de la différence, tel est un des enjeux majeurs de la conjugalité aujourd'hui. Et cela vaut tout spécialement pour une redécouverte du sens de la paternité. Ce n'est pas en recueillant les caractéristiques de sa virilité ou de sa masculinité que l'on découvrira comment tel homme est père. Ce n'est pas même seulement en considérant les modalités de sa relation à son fils ou à sa fille. Mais c'est, pour une grande part, en percevant comment dans ce couple-ci, couple « parental » qui est d'abord un couple « conjugal », il entre en relation avec son épouse. Comment il accueille la féminité de son épouse, comment il prend sa place d'homme à ses côtés. « Ce que fils et filles reçoivent réellement [de leur père] ne vient pas d'abord de ce que cet homme veut leur donner de bien, mais de sa manière à lui de s'adresser à cette femme-ci[43] », dit très clairement Philippe Julien.

42. Auteur de : *Le couple, sa vie, sa mort*, Payot, 1979.
43. Philippe Julien, *Le manteau de Noé*, DDB, 1991, p. 74.

Il nous faut renouer les liens entre conjugalité et filiation. Et cela non seulement dans la réalité mais, déjà, dans le discours. Après plusieurs siècles de corrélation stricte, institutionnelle, entre ces deux idées, nous avons vu, dans la seconde moitié du XXe siècle, la première s'émanciper par rapport à la seconde. On mit en avant la notion de « couple » et l'importance de l'*amour* dans la vie de celui-ci. On vit se déployer une culture de l'intersubjectivité conjugale, au point d'oublier parfois que la finalité la plus originaire et la plus universelle du mariage est la fondation d'une famille. La confusion entre « amour » et « conjugalité » a entraîné la fragilisation de l'institution et même, pour certains, l'abandon du mariage. Sur ce fond de relativisation, certains en sont venus à promouvoir une conception de la filiation hors alliance. C'est ainsi qu'un magistrat pouvait déclarer : « Dans la famille moderne, on est d'abord parents ; la filiation est première. La situation matrimoniale est seconde[44]. » Mais ce point de vue ne peut pas être tenu jusqu'au bout. *Comment croire que l'engagement parental puisse être solide s'il n'y a pas d'engagement conjugal* ? En l'absence de celui-ci, la trajectoire de l'histoire du couple – ou des couples successifs – aura bien des chances de ne pas coïncider avec celle de la relation à l'enfant. La rupture du lien conjugal entraîne le plus souvent, pour un des parents – généralement le père –, la fragilisation, voire la mort du lien parental. Reconnaître un enfant, c'est bien s'engager envers lui, mais que vaut un tel engagement si on laisse ouverte l'hypothèse de la précarité du couple, c'est-à-dire la possibilité qu'à plus ou moins long terme l'un des deux contractants – le plus souvent le père – soit séparé de lui ? Remplacer l'alliance par la filiation n'est qu'une manière apparente de fonder la famille sur l'enfant. En réalité, ce qui restera déterminant dans l'histoire ultérieure, ce seront les aléas de la vie du couple. « Le problème vient de ce que la fragilité grandissante des couples menace la stabilité de l'engagement

44. Jean-Pierre Rosencsveig, *Le Monde*, 21 septembre 1995.

parental », écrit le sociologue Pierre Noreau, pour qui le principal problème réside dans le fait que le couple et la famille obéissent à deux logiques différentes[45].

L'honnêteté exige de regarder en face les souffrances, blessures et amputations qui découlent de ces dissociations. En avalisant à la légère la dissociation entre la vie du couple et celle du lien parents-enfant[46] ou, dans le même sens, en plaidant pour la « pluriparentalité », on gomme le tragique de ces situations qui ne vont pas sans ruptures, déchirements, drames, blessures. Étant donné que, dans la très grande majorité des cas, l'enfant est confié à la mère, c'est, de toute évidence, le lien paternel qui est la première victime de la rupture – ou de l'absence – du lien conjugal. Il est un peu trop facile d'affirmer de façon irénique que, selon la formule désormais consacrée, « le couple parental survit au couple conjugal ». Cela est en principe vrai, mais il faut bien voir ce que signifie pratiquement l'exercice d'une paternité séparée de la communauté de vie quotidienne.

« Être un père divorcé, c'est apprendre à vivre une paternité qui s'exprime par intermittence. Il y a les semaines A, comme Avec les enfants, et les semaines B, comme Bredouille ! Lorsque nous avons divorcé, mon ex-épouse et moi, les enfants étaient petits : Thomas avait 5 ans et Simon 3 ans. Cela m'avait alors paru normal qu'ils soient "gardés" par leur mère. Je ne me rendais pas vraiment compte. Aujourd'hui, en tant que père divorcé, je vais jusqu'à douter parfois de mes capacités. Une question essentielle me hante :

---

45. Pierre Noreau, in *Recueil de réflexions sur la stabilité des couples parents*, collectif, Gouvernement du Québec, Conseil de la famille, 1996, p. 59.

46. Voir, par exemple, Éric Dubreuil : « Le couple est provisoire. Les familles se décomposent et se recomposent. C'est le lien parent-enfant qui est pérenne et indissoluble. [...] La notion de parentalité est alors dissociée de celle de couple. Et il n'est pas illégitime de penser que de telles formes familiales concerneront dans le futur des personnes hétérosexuelles qui s'engageront avec une personne du sexe opposé dans un projet parental sans forcément constituer un couple conjugal. » In *Parents de même sexe*, *op. cit.*, p. 302-304.

n'est-ce pas par une vie menée en commun, au jour le jour, que s'établit la véritable filiation[47] ? »

Reconnaître que la filiation passe par la vie quotidienne, au jour le jour, sous le même toit, au fil des repas pris en commun, c'est s'affronter au tragique des situations de rupture conjugale, tragique que la « *soft* idéologie » actuelle ne veut pas voir en face. Il y a un côté sacrificiel dans l'idéologie dominante : sur l'autel de ce que l'on appelle l'« épanouissement personnel », et que l'on pourrait tout aussi bien parfois désigner comme l'« économie libidinale », ce sont les enfants d'abord, et les pères bien souvent, qui sont sacrifiés. En vérité, « le divorce est une violence fondamentale que l'un peut imposer à tous les membres de sa famille, parfois légitimement et parfois non », affirme le philosophe Jean-Marc Ghitti, qui a le courage de mettre en lumière la dimension « sacrificielle » du divorce[48].

Car il faut bien voir ce qu'implique chez les enfants la « vie morcelée[49] » qui leur est imposée. On peut y songer en voyant ces enfants traverser, en train ou en avion, la moitié de la France pour aller passer un week-end avec leur père. Après avoir longtemps ironisé sur les inquiétudes à propos des « enfants du divorce », les faiseurs d'opinion commencent à prendre au sérieux certaines données démographiques. On s'aperçoit qu'en France 50 % des toxicomanes appartiennent à des familles éclatées[50], que 80 % des adolescents hospitalisés en secteur psychiatrique et 70 % des jeunes en centre de redressement ont été privés de la présence

47. Arnaud Guigue, « Quinze jours sans mes fils, c'est long ! », in *La Croix*, 14 avril 2000. Professeur de philosophie, A. Guigue est l'auteur de *À dans quinze jours...*, Bayard, 2000. Voir aussi le livre de Bruno Décoret, *Les pères dépossédés*, DDB, 1988.
48. « Le divorce n'est pas seulement la séparation des parents : c'est l'amputation d'un parent. » Jean-Marc Ghitti, *La séparation des familles*, Cerf, 2003, p. 8 et 15. Voir tout spécialement le chapitre : « L'irréductibilité du sacrifice. »
49. Expression d'une mère divorcée. Témoignage lors du colloque de la pastorale familiale du diocèse de Bordeaux, février 1998.
50. Enquête INSERM, 1986.

paternelle[51], que le taux d'échec scolaire double après la séparation des parents[52]. Dans son ouvrage *Quels pères ? quels fils ?* Évelyne Sullerot livre un très grand nombre de données dans ce sens. Elle dresse un tableau non moins alarmant des situations de détresse dans lesquelles se trouvent plongés maints pères séparés de leurs enfants. Un nombre important d'entre eux est conduit au désespoir, à la dépression, à la dérive sociale, à l'alcoolisme, ou même au suicide[53]. Ces données sociales sont peu relevées par l'opinion commune et les médias, tout se passant comme si la détresse des pères faisait l'objet d'une conspiration du silence. À la merci d'accusations mensongères ou calomnieuses, les démarches des pères divorcés pour faire valoir leurs droits font fréquemment l'objet de préjugés défavorables[54]. En la personne des travailleurs sociaux et des juges, c'est bien souvent à un pouvoir féminin que ces pères se trouvent confrontés. « Je n'ai eu affaire qu'à des femmes. J'étais seul homme, comme un accusé. Je me suis senti incongru ; j'appartenais au mauvais sexe », témoigne l'un d'eux[55].

---

51. Yves Pélicier, « La paternité aujourd'hui », in *Médecine de l'homme*, n° 159, 1985 ; *La Vie*, 25 août 1994.
52. Sur cette dernière donnée (taux d'échec scolaire), on pourra lire un compte rendu plus complet au chapitre VI.
53. Voir notamment le chapitre : « Absences de père, absences du père : images en négatif », *op. cit.*, Livre de poche, p. 214-257. Dans un autre ouvrage, le même auteur indique que le taux de suicide chez les hommes divorcés est de 12,6 pour 10 000, tandis qu'il est de 4,1 pour 10 000 chez les femmes divorcées. *La crise de la famille*, Fayard, 1997, p. 272. (Moyenne nationale : 1,9 pour 10 000, selon les données de l'INED, 1996.)
54. « En cette épreuve cruciale, le père est seul, de solitude physique aussi bien que morale. Car il ne suffit pas aux agents institutionnels ligués de lui appliquer un dispositif cohérent de mise à l'écart. Il faut, s'il prétend le déjouer, qu'il s'en sente coupable. Il apprend que vouloir continuer à remplir son rôle de père passe pour une prétention exorbitante qu'il ne saurait maintenir sans paraître poussé par le désir de nuire à la mère. » Paul Elkaïm, *in* É. Sullerot, *op. cit.*, p. 259. Voir aussi les documents et témoignages fournis par les associations de pères divorcés comme SOS Papa (www.sos-papa.net) ou Pères exclus (www.peres-exclus.ifrance.com).
55. *Ibid.*, p. 280-282. Pour une critique de l'appareil judiciaire et social, voir J.-M. Ghitti, *op. cit.*, p. 111-121 et 142-148.

Ces données, jointes à celles que nous indiquions au chapitre I et à quelques autres[56], confirment la corrélation entre la fragilisation du lien conjugal et celle du lien paternel. Elles indiquent aussi que la confrontation entre les genres, qui est effectivement un des enjeux de l'un et l'autre lien, peut devenir une guerre, étant aussi relation de puissance.

Ce qui précède vise à critiquer les discours édulcorants, non à décourager les personnes. Tout au contraire, entendre dénoncer l'occultation de leur souffrance produit plutôt, chez les personnes concernées, un effet libérateur. J'en ai reçu plusieurs témoignages. Sur la base d'une conscience des difficultés, la personne humaine dispose de ressources insoupçonnées pour *faire face*, avancer, recréer ce qui peut l'être. À travers l'épreuve de la perte et l'arrachement, les pères peuvent aussi mesurer la force de leur paternité et du lien qui les relie à leur enfant. Certains prennent alors conscience avec plus d'acuité de leur responsabilité paternelle. Au sein même des limites imposées par ces séjours « en intermittence », ils pourront transformer la pauvreté en richesse et bâtir une relation plus attentive, plus inventive que certains pères présents-absents dans la continuité. « Grandir dans sa paternité, écrit Jacques Arènes, est aussi possible à travers ces événements douloureux[57]. » Mais l'événement douloureux en question doit être nommé comme tel, et ce n'est aider personne que de le nier. L'occultation du tragique n'a jamais été un pas vers la vérité.

C'est à la fois une chance et une source de périls pour la paternité que de se trouver en première ligne face à l'un des enjeux éthiques majeurs de notre temps, celui de la différence dans le lien, ou du

56. Ce sont 8,6 % seulement des enfants séparés qui vivent avec leur père. Ce nombre est en forte diminution depuis 15 ans : le taux était de 13 % en 1985. (INED, 1994. *SOS Papa magazine*, n° 47, septembre 2002.) D'après une enquête réalisée par SOS Papa en 1996, la durée subie par les pères sans voir leurs enfants est la suivante : durée inférieure à 2 mois : 38 % ; de 2 à 6 mois : 41 % ; de 7 à 12 mois : 13 % ; de 1 à 12 ans : 8 % (*ibid.*).

57. Jacques Arènes, *op. cit.*, p. 78.

lien dans la différence. Cet enjeu nous renvoie une fois de plus aux deux grands versants de la parenté, le versant extérieur, social, statutaire, politique, et le versant intérieur, intime, celui qui réveille les mouvements les plus profonds de l'affectivité.

La reconnaissance de la différence *et* du lien entre l'homme et la femme, entre paternité et maternité est le pivot éthique de la famille. Le mariage de cette reconnaissance avec celle d'une véritable égalité des personnes et des places est, dans notre culture, une gageure à la fois impossible et nécessaire. Tout se passe comme si, à travers l'histoire, avait (eu) lieu un jeu de bascule entre une forte affirmation du statut du père au détriment de celui de la mère, puis d'une forte affirmation des droits de celle-ci au détriment de la consistance du lien paternel. (Sans oublier pour autant que, dans la sphère privée, la domination a pu ou peut encore avoir lieu en sens inverse : le règne des mères sur « leur » maisonnée est de tous les temps, et les pères-époux autocrates existent encore aujourd'hui.) La différence a trop souvent été confondue avec l'inégalité, mais sa négation a toujours lieu au profit d'un des deux genres, sous une égalité de façade : aujourd'hui au détriment de la paternité.

L'heureuse alliance de l'égalité et de la différence peut apparaître comme un idéal inaccessible… *Et pourtant, elle tourne*, la famille ; elles existent, la paternité et la maternité heureuses. Elles ont même existé à toutes les époques. Car, en dernier ressort, ce qui est décisif, ce ne sont pas les statuts, les fonctions, les rôles, les discours, mais *les personnes*. Il y a un irréductible de la présence et – avançons ici un mot dont nous n'abusons pas – de l'amour qui déborde tout modèle, sauvant les liens des périls dont aucune culture n'est exempte. Cela est une manière de dire que les enjeux les plus déterminants ne sont pas psychologiques, sociologiques, juridiques, politiques, mais spirituels. Rien ne pourra remplacer la « difficile rencontre[58] » entre l'homme et la femme, les dispositions spirituelles qui la rendent possible, telle la réciprocité de l'accueil et du don.

58. Allusion au titre du riche livre de François Chirpaz, *Difficile rencontre*, Cerf, 1982.

Chapitre IV

Le père, tel qu'en lui-même...

Nous avons été à l'écoute de plusieurs sciences humaines pour démêler quelque peu les fils de cet écheveau complexe qu'est le lien paternel. Nous voici maintenant face à une double inflexion, d'objet et de méthode. C'est à la *figure* du père que nous allons prêter attention. Si, en effet, chaque père a un visage singulier, absolument unique, il n'est pas « père » sans entrer dans une forme, sans prendre place dans une configuration, sans correspondre à une image que la culture du moment favorise et conforte plus ou moins. Même si le contexte actuel confirme très peu un tel modèle, même si la figure du père risque aujourd'hui de devenir évanescente, cela ne signifie pas pour autant qu'elle soit entièrement effacée, et surtout cela ne justifierait pas l'abandon de toute caractérisation. Au sein d'une culture donnée, tout n'est pas que contingent, changeant, aléatoire. Certains traits structurels, même s'ils sont eux-mêmes historiques, traversent les générations. Et plus la culture dominante va dans le sens de l'incertain, plus il vaut la peine de se mettre en quête, tel un chasseur attentif aux traces, aux indices et aux signes de la prégnance, aujourd'hui encore, d'une certaine figure du père dans la parole et la mémoire de nos contemporains.

Pour esquisser un tel dessin, infléchissons donc la méthode en recourant à cette simplification du regard qu'exige la phénoménologie. Par ce terme, j'entends l'attention au « phénomène », c'est-à-dire à ce qui apparaît, à même sa manifestation[1]. Alors que la science moderne, depuis Galilée, recherche le vrai *derrière* l'apparence, au-delà des qualités sensibles, par le détour d'hypothèses et de lois, la phénoménologie est en quête de la vérité *de* l'apparaître, de l'essence *dans* la manifestation elle-même. Notre pari est alors que, dans la manière dont le visage, la parole, la présence du père se donnent, dans ce que j'appellerai son « style », peut s'indiquer son essence, à entendre non comme une nature immuable mais comme un *irréductible*, une manière d'être non interchangeable, une modalité à nulle autre pareille. Tel sera notre seul *a priori* – conscient du moins : la présence d'un tel irréductible dans la figure du père. Cela veut dire que, d'une part, celle-ci n'est pas entièrement dissoluble dans la relativité des cultures et que, d'autre part, elle sera toujours marquée par une différence, une non-équivalence avec tout autre lien : maternel, fraternel, amical, de compagnonnage[2].

Je ne vise pas ici l'énoncé de lois, l'affirmation de généralités. Je me propose seulement de prêter attention à la singularité pour discerner, au cœur de celle-ci, des significations à portée universelle, sachant que l'universel n'est pas le général ou le mondial, pas plus que l'intemporel, mais ce qui peut être reconnu par chaque conscience. Plutôt donc que de viser un point de vue prétendument surplombant, par des rapprochements hasardeux entre systèmes

1. « Phénomène » : du grec *phainein*, « faire briller, rendre visible ».

2. Cet *a priori* est constitutif de la phénoménologie elle-même, dont le postulat de base est l'irréductibilité de chaque phénomène, et donc de la visée intentionnelle au sein de laquelle celui-ci se donne, par une évidence propre. Il ne s'agit donc pas de décrire des réalités empiriques, ni de s'attacher à des idées, mais de saisir des intuitions, des visées de la conscience et de la parole. L'ultime critère est l'évidence comme « remplissement de l'intuition ». Pour une introduction à la phénoménologie, lire Emmanuel Lévinas, « L'œuvre d'Edmond Husserl » (1940), in *En découvrant l'existence avec Husserl et Heidegger*, Vrin, 1982, p. 7-52.

culturels totalement étrangers entre eux[3], recevons, depuis le lieu et le moment historique qui sont les nôtres, quelques traits qui, de par leur caractère structurant et cohérent, ont quelque chance d'être porteurs de biens humains fondamentaux.

Je ne vise pas, non plus, un portrait-type, encore moins un idéal, mais le dessin de quelques postures ou gestes qui donnent consistance à la figure du père. Démarche, donc, plus esthétique, artistique ou poétique que scientifique. La paternité se dit à travers la manière dont un père porte son enfant sur ses épaules, dont il tient sa petite main dans la sienne, au timbre de sa voix, à sa façon de jouer avec lui. « Le style, c'est l'homme » : la formule de Buffon suggère de discerner la paternité dans le style. Dans la manière dont le Greco peint *Saint Joseph et l'enfant*[4], je vois apparaître une verticalité, un bâton de marche, une main tendue et une main protectrice, un manteau lumineux tournant le dos à une sombre cité, une tête touchant au monde invisible. Dans la manière dont Paul Cézanne peint son père[5], je vois une présence massive, assise en équilibre instable sur une chaise qui semble bien fragile sous sa puissante stature, des couleurs contrastées entre tons chauds et froids, un cou de taureau, une mise en valeur de l'épaule et du bras, tandis que le visage saisi de profil, se détachant avec netteté sur un fond d'ombre, scrute avec attention le journal.

L'artiste ne choisit jamais une scène, une posture, par hasard. Au-delà des critères plastiques, s'il est un vrai créateur, il élit une attitude chargée de sens – fût-ce à son insu. Il en va de même du travail

3. Démarche courante aujourd'hui chez plusieurs auteurs, généralement pour en conclure à la relativité de tout modèle. Ainsi de Stéphane Nadeau, *Homoparentalité, une nouvelle chance pour la famille ?*, Fayard, 2002, ou la surprenante préface de Geneviève Delaisi de Parseval au livre d'Éric Dubreuil, *Parents de même sexe*, Odile Jacob, 1998.

4. Domenikos Theotokopoulos, dit le Greco, *Saint Joseph et l'enfant* (1599-1602), musée de San Vicente, Tolède.

5. Paul Cézanne, *Portrait de Louis-Auguste Cézanne, père de l'artiste* (1860-1863) National Gallery, Londres.

de la mémoire. Celle-ci élit un petit nombre d'images parmi les milliards qui ont été reçues. Et nous savons que ce choix n'est pas anodin. C'est pourquoi j'ai demandé à une quarantaine de personnes, de trois générations différentes, de m'indiquer par écrit quelle image de leur père leur venait spontanément à la mémoire lors de son évocation « dans l'exercice de ses fonctions », autrement dit en tant que père, dans l'exercice de sa paternité. Et cela, dans la mesure du possible, avant toute analyse, tout jugement. Certains m'ont affirmé ne pas pouvoir répondre, pour la raison suivante par exemple : « Ce sujet est encore trop douloureux pour que je puisse vous en dire quelque chose. » Plusieurs, en revanche, ont exprimé de la joie à pouvoir ainsi donner forme à un souvenir cher. En voici cinq extraits :

« Papa, toujours soucieux de l'éducation de ses enfants, avait prévu d'emmener ses aînés – “les jumeaux” – visiter Paris, visite longuement préparée pour qu'elle soit bien réussie, avec la précision qui était la sienne. Malheureusement, quelques jours avant la date de départ prévue, l'un des deux, Jacques, se cassa une jambe. Beaucoup de pères auraient remis ce voyage à plus tard, mais pas le mien. Il est parti quand même et a visité tout Paris avec son fils – qui devait avoir dix ans et donc ne pas être très léger – sur les épaules. »

M.A.

« Mon père avait l'âme d'un instituteur. Il aimait s'occuper de nous et nous enseigner toutes sortes de choses. Le dimanche matin, maman partait de bonne heure à la messe et, à peine avait-elle quitté la maison que nous allions, avec ma sœur et mes frères, nous nicher dans le lit parental où papa nous racontait des histoires, tirées de la mythologie grecque ou de l'Antiquité romaine. Je regrette un peu aujourd'hui qu'il ne nous ait pas davantage lu des histoires bibliques… Nous avions notre “carnet de vocabulaire”, dans lequel chacun notait pour le retenir tout mot nouveau, et papa était fier que ses fils aient un vocabulaire plus développé que celui de beaucoup d'enfants de leur âge. De temps en temps, il nous emmenait à Paris, où nous avions une grand-mère, pour nous faire visiter le Louvre ou quelque autre musée. Je me souviens aussi que, tous les soirs, il passait nous border dans notre lit, et nous faire une petite croix sur le front. »

J.P.

« Je conserve de mon père l'image d'un homme secret, presque inconnu. Se livrant peu, il était très pudique : peu de tendresse. Une vie méconnue, en particulier concernant son enfance et sa jeunesse en captivité. Une grande indépendance, assez peu présent physiquement et moralement ; épris de liberté, il nous en laissait beaucoup. Un homme engagé dans l'Église – il était organiste –, mais je ne sais rien de sa foi. Utilisant beaucoup l'humour et l'appréciant en retour chez les autres, il m'a laissé l'image de quelqu'un qui nous protégeait (peut-être trop) des difficultés de la vie. Malgré sa dureté, il savait, à certains moments clés, se faire proche. Image d'un homme intelligent, cultivé, brillant mais dur, ironique : une forte personnalité intellectuelle, étouffante pour moi. Sur le plan scolaire, je conserve plus le souvenir d'avoir été sanctionné, peut-être un peu cassé, que porté, encouragé, valorisé. Image enfin d'un homme passionné : sa passion de la voile était le véritable lieu de son intimité, et Dieu sait combien un voilier est exigu ! Là, il m'a donné véritablement le sentiment d'être quelqu'un. Dans ces moments (forts ou non... il n'y a pas que des tempêtes !), il comptait sur moi et je me reposais sur lui. Il me faisait confiance et je lui faisais confiance. Et peu de cette relation passait par des mots. Notre relation n'avait plus grand-chose à voir avec des relations père-fils... Là, l'équipage était soudé. »

A.G.

« Mon père est mort quand j'avais dix ans et j'ai assez peu de souvenirs de lui. Celui-ci remonte aux alentours de mes six ou sept ans. J'avais les cheveux longs, toujours tenus en tresses bien serrées. Un jour, après m'avoir lavé les cheveux, ma mère les a laissés flotter un moment sur mes épaules. Pour moi, c'était extraordinaire, et je suis partie à la recherche de mon père qui bricolait sur la chaudière, dans la cave. Il me voit ainsi, cheveux lâchés, et tout de suite me dit : “Oh ! mais tu vas te salir !” et, prenant dans la montée d'escaliers un de ses bérets, il m'en coiffa. J'étais heureuse qu'il ait remarqué ma tenue et heureuse de sa sollicitude. Pourtant je suis repartie un peu déçue, car j'aurais aimé entendre : "Comme tu es belle !" »

E.C.

« Quand j'étais petite fille et que je n'arrivais pas à dormir, la nuit, j'allais dans la chambre de mes parents. À ce moment-là, c'est mon papa qui s'occupait de moi : il se levait et m'emmenait dans la cuisine. Il coupait un quartier de pomme et me le donnait par petits morceaux. Nous allions tous les deux à la fenêtre du salon et il me montrait les étoiles. Il me faisait imaginer ce qui pouvait se passer derrière une fenêtre éclairée. Il me disait aussi que le boulanger devait faire son pain à ce moment-là, et aussi que les médecins étaient en train de s'occuper des malades... Ensuite, il me ramenait dans ma chambre, où je m'endormais paisiblement. Le jour, c'était toujours maman qui s'occupait de nous, et jamais papa. Mais la nuit, c'était lui, et j'aimais ces moments où je l'avais pour moi toute seule. »

M.A.B.

Ce père qui porte son fils sur les épaules à travers Paris, ce père qui initie ses enfants à la mythologie grecque, ce père qui fait équipage avec son fils n'ont-ils pas quelques traits communs ? Celui qui montre les étoiles et la ville endormie à sa petite fille, celui qui répond et ne répond pas à son attente d'être remarquée n'occupent-ils pas une certaine place ? Mais il y a aussi les manques, les souffrances et les déceptions.

« De mon père, quel souvenir, quelle image me viennent spontanément à l'esprit ? Plutôt un sentiment, celui d'un manque, ce qui me fit assez spontanément recourir à des pères de substitution, mon parrain pour l'enfance, un psychanalyste pour l'âge adulte. (J'ai appris, après la mort de ce psychanalyste, que j'ai été pour lui le fils qu'il n'a jamais eu !) Malgré la grande présence de mon père à sa famille, je me demande ce que j'étais vraiment pour lui. Doté d'un surmoi social et religieux écrasant, il était obsédé par la nécessité que je me coule dans cet univers absolu et idéalisé d'évidences et de convenances, ce à quoi semblait un peu plus le convaincre ma position d'aîné. Je pense que ses "fonctions" peuvent se résumer à ceci : me contraindre à cet idéal, au mépris total (et inconscient) de ma personnalité propre, de ce que je pouvais penser et, surtout, ressentir. Sa mort m'a laissé dans une secrète et profonde indifférence, même si je garde le regret de n'avoir jamais pu m'expliquer avec lui ou l'entendre s'expliquer. »

G.P.

« Mon père est parti du foyer familial il y a un an et demi, sans donner d'explications. Ma relation avec lui n'a jamais été bonne, et aujourd'hui je refuse de le voir. En cherchant à répondre à votre question, j'ai été étonnée de voir qu'aucune image ne me venait en tête. Je ne me rappelle pas mon père agissant en tant que tel. La seule image qui me vienne de lui est celle d'un homme grand et mou, le dos voûté, les bras ballants et le regard vide, perdu je ne sais où mais, en tout cas, jamais posé sur moi. Tout ce que je retiens de mon père, c'est une grande indifférence et un manque d'amour douloureux. Je dirai même que j'ai l'impression de n'avoir jamais eu de père. J'ai plutôt le sentiment d'avoir été comme une mère pour lui, et ce poids a écrasé toute mon enfance. »

L.L.

On trouvera en annexe une vingtaine d'autres témoignages[6]. La littérature aussi pourrait être d'un bon secours, et nous ne manquerons pas d'y recourir. De ces « éclats de mémoire », attentifs aux traits les plus simples de l'apparaître (lieux, moments, posture), voici, par petites touches, se dessiner une figure, qui restera inachevée mais qui est loin d'être inconsistante. Nous recueillerons, surtout en commençant, les données de sens les plus élémentaires, avant de donner place, progressivement, à des notions plus élaborées. Ces données orientent dans cinq directions.

6. Annexe I, en fin de volume. Les citations en italique sans référence, dans les pages qui suivent, sont extraites de ces témoignages.

Le goût des choses nouvelles

C'est en regardant mon père sous la lampe
que j'ai rêvé aux ciels et aux lunes,
plus loin que ma rue.
Marc Chagall[7]

Il y a un temps pour tout sous le soleil. Un temps pour se réunir près de la lampe et un temps pour explorer le vaste monde. Un temps pour habiter, demeurer, se recueillir, et un temps pour quitter, avancer, conquérir. On devine combien il est précieux pour un enfant que ces deux versants de la vie soient incarnés en une même personne.

Dans les témoignages que nous venons de lire (et dans ceux placés en annexe), relevons tout d'abord les lieux : la traversée de Paris, le lit des parents, le grand orgue de l'église, les rues de la ville, la terrasse d'un café, la table familiale, la cave de la maison, en visitant barrages et musées, sur le chemin de l'école, devant le monument aux morts, sur la mer, en montagne, à cheval… Si les lieux de l'intimité familiale sont mentionnés, force est de relever la prédominance des espaces extérieurs, le plus souvent publics, citadins, culturels – à moins qu'il ne s'agisse de grands espaces naturels.

Si nous sommes attentifs aux moments et aux temps, nous pouvons relever : le dimanche matin (en l'absence de la mère), pendant les vacances, la nuit, aux levers matinaux, pendant une alerte, pendant le repas, le soir après dîner, pendant la prière en famille, au moment du coucher, au cours d'une activité sportive, de retour de voyage… ou jamais. Viennent par prédilection les moments d'exception, de transition ou de passage.

7. Marc Chagall, *Ma vie*, Stock, 1931, rééd. 1987, cité par Éloi Leclerc in *Chagall, un vitrail pour la paix*, coll. « Un certain regard », Mame, 2001.

Quant aux postures et aux actes, voici ces pères portant un fils sur les épaules, racontant, montrant, faisant visiter, initiant, récitant, enseignant... Un point commun entre la plupart de ces pères est d'être situés en des lieux ou des moments *intermédiaires*. Souvent, ils sont aux limites, aux frontières, introduisant à une réalité nouvelle. Entre l'intime et le vaste monde, entre le connu et l'inconnu, ils offrent un passage. Tout se passe comme s'il y avait une affinité entre paternité et monde extérieur ou, plus précisément, entre paternité et nouveauté.

Me vient ici la mémoire d'une scène très simple, aperçue un jour d'hiver dans une vallée de Savoie. Au bord d'un chemin de montagne, une pente neigeuse. En haut de celle-ci, un père joue avec deux enfants. Inlassablement il les tire, sur une luge, vers le haut de la pente, pour les lancer dans une descente qui, à en croire les cris qu'elle leur arrache, doit leur paraître vertigineuse. Il corse la difficulté en choisissant des bosses qu'il transforme en tremplins. Pendant ce temps, en contrebas, la mère console le petit dernier d'une chute trop brutale à son goût, l'aidant à ôter la neige qui s'est glissée entre peau et vêtements. On ose à peine commenter, pour ne pas figer les rôles. Mais comment ne pas relever le contraste entre deux places, deux positions, deux modes de présence ? L'une aux limites, sur le front de l'exploit, où l'énergie se dépense, sachant se mettre au service d'une moins grande force pour l'aider à se surpasser et à découvrir des sensations nouvelles ; l'autre sur le front du réconfort, de la réassurance, de la reconstruction de l'intégrité menacée. Les deux rôles, bien sûr, sont, en tant que tels, interchangeables. Mais les places sont-elles les mêmes ? Est-ce par pur hasard que la scène rencontrée a été ainsi incarnée ?

À rapprocher des propos d'une mère, en conclusion d'un autre témoignage, rapporté par Jacques Arènes : « Pour moi, le père ouvre au monde, amène à prendre des risques, à innover, à aller de l'avant alors que la mère assure. Le père tire, alors que la mère pousse[8]. »

8. Jacques Arènes, *Y a-t-il encore un père à la maison ?*, Fleurus, 1997, p. 68.

L'observation des jeux entre pères et enfants le confirme : « Le père encourage plus et gratifie moins que ne le fait la mère. Il lance davantage de défis. Il se montre volontiers plus taquin, plus déstabilisateur et moins disposé à résoudre le problème à la place de l'enfant. Par là même, il oblige l'enfant à inventer, à trouver des solutions nouvelles, bref, à progresser[9]. » Ou encore, selon un autre auteur : « Le père a tendance à se montrer excitant et imprévisible alors que la mère est contenante et modulée. Le père adopte un rythme de stimulation ludique plus rapide. Il s'ajuste aussi bien que la mère aux jeux de l'enfant mais utilise plus les jeux de création et de récréation. » Lors des apprentissages, « la mère se place en modèle. Elle est didactique. Le père invente de nouvelles utilisations et remet en question les modèles[10]. »

Il serait sans doute instructif, pour donner consistance à la figure du père, de prendre appui non seulement sur des faits ou des constats (tels que les sciences humaines peuvent en dégager), non seulement sur des besoins élémentaires (comme aux chapitres précédents), mais sur ce qui répond au *désir* des fils et des filles. De quels traits de son père l'enfant ou l'adolescent est-il fier ? Quels sont ceux qui le réjouissent ? Je plaiderais volontiers pour une *herméneutique de la joie*, où cette dernière qui est, selon Bergson, le signe d'une croissance de la vie, devient un critère non seulement d'interprétation, mais d'évaluation. Pourquoi l'enfant est-il joyeux de voir son père lui fabriquer un cerf-volant, de partir en montagne, en voyage ou à la chasse avec lui, de le voir tenir un rôle sur la scène sociale ?

Une de nos intuitions est que l'alliage, en la figure paternelle, de proximité et de grandeur, de réalisme et de rêve réjouit tout particulièrement le cœur de l'enfant. *La gloire de mon père* : il ne s'agit pas seulement du titre d'un livre emblématique. Il s'agit d'une aspiration,

9. Jean Le Camus, « L'invention du paternage », in *L'aventure de la paternité*, dossier du *Nouvel Observateur*, décembre 2002, p. 26.

10. Vincent Laupies, « Le père, la loi, le don », in *Esprits libres*, Paris, septembre 2001.

d'un des traits désirés de la figure paternelle. Celle-ci est toujours à mi-chemin entre mythe et réalité. Le père est une personne, certes, mais il est aussi un personnage. *Mon père, ce héros au sourire si doux…* D'où l'importance, pour le fils, de la figure sociale du père, de son métier, de ses exploits, fussent-ils passés ou quelque peu romancés.

Il semble bien en effet que, lorsque le mot « père » résonne de toutes ses harmoniques, il implique une dimension de hauteur, de grandeur ou, du moins, d'introduction à quelque chose de grand. Il semble bien aussi qu'il soit en affinité avec le schème de l'espace, de l'étendue, de l'extériorité. Aux sources de notre culture, la figure d'Abraham, fondatrice de la paternité, est associée à l'image de la voûte céleste. « Il le conduisit dehors et dit : "Lève les yeux au ciel et dénombre les étoiles si tu peux les dénombrer. Telle sera ta postérité" » (Gn 15,5-6).

Ce n'est sans doute pas par hasard si le geste rituel par lequel le *pater familias* romain reconnaissait et adoptait son fils consistait à saisir celui-ci à terre pour l'élever à bout de bras au-dessus de lui, geste que les pères d'aujourd'hui aiment effectuer par jeu. L'élever (avant de l'« élever »), c'est l'arracher au sol, le faire accéder à sa hauteur. C'est élargir l'horizon : de plus haut, on voit plus loin. Cet acte est retrouvé, comme à travers un songe, par l'écrivain contemporain Pierre Veilletet :

> « Il est nu dans son bain. Quoique de la mousse l'aveugle, l'enfant vient d'apercevoir la haute silhouette sombre, comme une apparition dans la vapeur. […] Il veut se lever, son pied glisse sur le savon. Deux mains, puissantes et glacées, le saisissent par les bras, sans brusquerie, mais avec une force terrifiante. Lentement, il est soulevé. Le ventre puis ses jambes ruisselantes sortent de l'eau. Maintenant, il sent son odeur toute proche : c'est l'odeur de la maison rouge. L'odeur du froid soudain vivant, fait homme. […] Son corps inerte est porté plus haut, toujours plus haut. Sa tête va cogner la lampe à suspension, enveloppée de buée. Non. L'élévation s'interrompt. L'enfant demeure ainsi, soutenu à bout de bras, durant d'interminables secondes. Et puis voici qu'il descend. Avec la même lenteur, soumis à la même poigne, sans

violence. Il est à nouveau immergé jusqu'au ventre, doucement rendu au bain tiède. Il n'a plus peur[11]. »

Mais la hauteur ou l'extériorité, en elles-mêmes, ne sont rien. Si elles ne sont que pure béance, elles ne sont pas source de croissance. Encore faut-il, pour être structurantes, qu'elles ouvrent à un réel plus grand, que les gestes ne soient pas muets, que l'espace soit habité et orienté par une parole. Nous avons déjà, à plusieurs reprises, souligné la corrélation toute particulière entre paternité et parole. La parole qui porte en avant est une parole d'appel, résonnant encore de l'annonce faite à Abraham : « Quitte ton pays, ta parenté et la maison de ton père, pour le pays que je t'indiquerai » (Gn 12,1). Entre paternité et départ, vers un pays « qui sera indiqué », une mystérieuse corrélation.

Il se confirme bien qu'une des caractéristiques du père soit d'ouvrir à l'inconnu, d'introduire à un monde autre que celui qui est déjà familier. C'est souvent tenu par son père, ou en allant vers son père que l'enfant fait ses premiers pas. Il lui faut alors quitter la sécurité des stabilités antérieures pour oser le déséquilibre qui, rattrapé par un autre déséquilibre, se transformera en marche. Ce pas en avant suppose la confiance, mais aussi la réponse à un appel : « Va ! N'aie pas peur ! Avance ! » Ces paroles expriment une vérité de la paternité.

D'autres pas – ô combien ! – seront à franchir, d'autres conquêtes, d'autres horizons. Mais la dimension d'appel et de promesse de la parole paternelle demeurera irremplaçable. Finalement, la dimension de grandeur à laquelle introduit la figure du père n'est pas seulement d'ordre spatial, mais temporel. Le père n'ouvre pas, essentiellement, à un « ailleurs » exotique, mais à la continuation d'une histoire. Son office n'est pas seulement de faire rêver, mais d'initier.

11. Pierre Veilletet, *Cœur de père*, Arléa, 1998. Dans ce geste, il semble que le père réitère, mais avec une portée symbolique, le geste de l'accoucheur qui a tiré l'enfant du ventre maternel puis l'a soulevé. Le rite romain de l'élévation de l'enfant ne serait, alors, pas sans rapport avec la naissance.

Une stature, un rempart

Il fut pour ce combat habillé par son père.
Victor Hugo[12]

« Il est devant, mène la marche, bien droit. »
« Le souvenir le plus naturel est celui d'un homme droit. »
« Un homme qui, toute sa vie, s'est révélé dans la lutte, après de lourds revers de fortune, sachant être humble sans être humilié. »

À la paternité heureuse est associée l'intuition d'une certaine force. Ce qui pourrait être puissance qui écrase est alors plutôt capacité à affronter les adversités de l'existence. La verticalité, l'acte de se tenir droit en est un des signes élémentaires. Avoir une colonne vertébrale, se dresser, telles les sculptures de Giacometti, sous le ciel et face à ce qui arrive, nous voici devant un trait métonymique[13] de la figure du père. Les confidences citées plus haut s'apparentent au témoignage d'un homme public, Jean Daniel : « Mon père était un être tout en silence et en majesté. Il ressemblait au chêne de La Fontaine, "celui de qui la tête au ciel était voisine / Et dont les pieds touchaient à l'empire des morts"[14]. »

D'emblée, le père est une stature. Le terme vient du latin *stare*, « se tenir debout, se dresser ». Si la culture occidentale garde mémoire d'un certain *Stabat mater*, il y aurait place aussi pour un *Stabat pater*. Ce qui est l'expression ultime de la maternité dans une situation de détresse extrême serait plutôt une des expressions premières de la paternité dans les situations communes. Nous avons déjà rencontré la formule suggestive de Guy Corneau, selon laquelle « manquer de père, c'est manquer de colonne vertébrale ». Cette

12. Victor Hugo, « Le combat de Roland », in *La légende des siècles*.
13. Métonymie : figure de rhétorique qui, sous la forme de la synecdoque, consiste à dire la partie pour le tout.
14. Jean Daniel, « Nous autres, pères », dossier du *Nouvel Observateur*, décembre 2002, p. 3.

image pourrait être complétée par celle du *tuteur*. Cet instrument permet à la plante de grandir dans une certaine direction, qui est précisément la direction verticale, plutôt que de ramper sur le sol ou pousser çà et là, en obéissant aux orientations successives d'impulsions contraires. Le tuteur favorise la droiture, la rectitude. Il donne corps à une direction, qui consiste à être orienté vers le haut. *Excelsior*, toujours plus haut. Nous avons déjà rencontré ce lien entre paternité et hauteur. Le père est un « plus grand » qui appelle à devenir plus grand. Le mouvement ascendant est arrachement au repos de l'horizontale, à l'immanence du chaud cocon.

Mais, pour cela, l'axe, la direction ne suffisent pas. L'orientation dont il s'agit n'aura lieu que si la stature est aussi la manifestation d'une certaine force, d'une énergie, si la verticalité est associée à une certaine solidité. Si l'enfant a le sentiment d'une force intérieure. D'une force non seulement physique mais morale, subjective ou, mieux, personnelle. Il serait instructif de se demander pourquoi les enfants aiment tellement être portés sur les épaules de leur père. N'est-ce pas parce qu'ainsi ils éprouvent la force de ce dernier, en même temps que sa taille, se trouvant placés « plus haut » que lui ?

Dans les évocations citées en tête de ce chapitre, nous avons pu relever que celle qui témoignait du triste souvenir d'une absence et d'une carence retient pour « seule image » celle d'« un homme grand et mou, le dos voûté, les bras ballants ». « Mou » ne serait-il pas antonyme de « paternel » ? Le terme s'oppose, bien sûr, à « dur », mais la dureté a un autre contraire, la tendresse qui peut, elle, aller de pair avec la fermeté. Tendresse et fermeté : deux termes appelés à se marier très heureusement.

Il est vrai que la force, lorsqu'elle se traduit comme puissance, peut être étouffante. Les évocations recueillies en attestent aussi. Légion seraient les témoignages d'une force paternelle devenue écrasante, tyrannique, brutale. La *Lettre au père* de Franz Kafka fut, au seuil du XXe siècle, l'expression quasi emblématique de cet écrasement. « Comme père, tu étais trop fort pour moi » ; « De ton fauteuil, tu gouvernais le monde » ; « J'étais constamment plongé dans la honte ». Face à un père ironique, régnant en despote sur famille et entreprise, le fils éprouve un sentiment de nullité. « Il m'aurait fallu un peu d'encouragement, un peu de gentillesse, j'aurais eu besoin qu'on dégageât un peu mon chemin[15]. »

Il y a donc une force qui encourage, une autre qui décourage. Une force qui se transmet de père en fils – par la parole, le jeu, dans une relation de confiance – et une autre qui les oppose et les met en concurrence. Mais, à y bien réfléchir, dans le deuxième cas de figure, est-ce bien de force qu'il s'agit ? Celui qui veut à tout prix imposer à son fils « un surmoi écrasant » n'est-il pas lui-même subordonné à ce surmoi ? Le père de Kafka est lui-même victime, non seulement de sa tyrannie, mais des raisons de celle-ci. Il est habité par un doute sur la vie et les êtres, par la construction d'une personnalité factice, par une méfiance de fond[16].

C'est par leurs faiblesses que les pères sont ou deviennent tyranniques. La force véritable est d'abord force sur soi et, par là même, capacité à laisser être l'autre, en se retirant juste assez pour laisser advenir l'espace au sein duquel il puisse croître et se déployer. Si la méfiance engendre la méfiance, la confiance engendre la confiance.

La force authentique, comme « vertu », au sens premier du terme, qui est apparenté à celui de « virilité[17] », est une des premières choses que l'enfant attend de son père. Il compte aussi, évidemment, sur la force de sa mère, mais celle-ci sera éprouvée selon des modalités différentes. La force féminine et maternelle n'est pas la force masculine et paternelle. Faut-il aller plus loin dans la spécification ? Très vite, les termes seraient chargés d'interprétation culturelle. Toutefois, dans la mesure où les vertus morales sont ancrées dans

15. Franz Kafka, *Lettre au père* (1910), trad. fr. Gallimard, 1957, coll. « Folio », p. 12, 19, 25, 37.
16. *Ibid.*, p. 59-60.
17. En latin, *vis, viris* : « force, vigueur ». On peut entendre la vertu comme force de la volonté.

le corps, il n'est pas interdit de chercher du côté d'une phénoménologie de celui-ci. Ainsi, pour Henri Van Lier, « l'homme a une constitution d'attaque, mobilisant rapidement mais pour un temps assez court des énergies surtout motrices se répandant au-dehors, tandis que la femme a une constitution de réserve, mobilisant plus lentement les énergies à long terme et se limitant au corps lui-même, comme il se voit dans la grossesse[18] ». Loin de nous l'idée d'induire directement de l'organique à l'existentiel. Mais l'ancrage corporel peut favoriser un « style ».

Retenons comme un trait significatif la manière dont l'enfant – et tout spécialement le garçon – prend plaisir à éprouver la force physique de son père. Il est un âge où les fils aiment « se battre » avec leur père, lutter avec lui, sur un mode ludique. Ils ont tout particulièrement du goût pour les parties de « bras de fer », dans lesquelles deux forces musculaires s'opposent tout en se révélant mutuellement. Et il serait difficile de dire si le fils est plus heureux lorsqu'il éprouve la force de son père vainqueur ou lorsqu'il se découvre plus fort que lui en devenant vainqueur à son tour. Mais ces combats, qu'ils soient ludiques ou non, ne sont pas une fin en soi. S'ils prennent place dans la construction personnelle de l'enfant, c'est comme moments, comme relais vers d'autres combats, initiation à d'autres luttes.

Apparaît ici un nouveau trait de la figure paternelle, celui d'*initiateur aux combats de la vie*. Cette fonction est ritualisée dans les sociétés traditionnelles où demeurent des rites d'initiation. Mis en œuvre par la communauté des pères, ceux-ci comportent le passage par diverses épreuves, non sans souffrances. Pour entrer dans le monde des adultes, celui qui était jusque-là un enfant doit traverser en vainqueur la douleur corporelle, la peur, l'angoisse. De tels rites manquent de nos jours, où ils sont remplacés par des substituts douteux[19]. Toutefois, dans un contexte plus restreint et moins socialisé,

18. Henri Van Lier, *L'intention sexuelle*, Casterman, 1968, p. 48-49.
19. Conduites à risques, bizutages, violences et transgressions diverses.

les pères, aujourd'hui encore, entrent spontanément dans ce rôle d'initiateurs aux combats, à travers le jeu par exemple. Une des fonctions intrinsèques de la paternité est bien d'apprendre à l'enfant que la vie est un combat. S'indique ici une corrélation entre la dilution du sens spécifique de la paternité et l'érosion du sens de la vie comme combat. Le modèle d'une vie indolore, dans un monde douillet, au sein d'une société maternante va de pair avec la montée du modèle matriarcal, entrevu au chapitre précédent.

« Le combat est le *père* de toutes choses », affirmait au VIe siècle avant notre ère Héraclite d'Éphèse[20], rapprochant ainsi les deux termes. Il n'est pas d'existence qui ne rencontre l'adversité, des vents contraires, des forces plus grandes qu'elle. Père est celui qui « tient bon ». Il fait face, moins comme ces mères qui trouvent en elles une prodigieuse source d'énergie pour rester gardiennes de la vie au milieu des guerres, des deuils et des tribulations de l'histoire que comme le capitaine qui *garde le cap* au milieu des vents contraires. Garder le cap : tenir une direction, ne pas être le jouet des circonstances, rester sujet. Tous les pères, certes, ne peuvent pas attester de réussites sociales ou professionnelles éclatantes, mais tous peuvent être témoins de ceci : ils ont « tenu ». Avec vingt ou trente ans d'avance, ils ont traversé le temps, les années, les décennies. Ils ont surmonté les désillusions, les découragements, les échecs, les deuils, les doutes de leur siècle, la tentation du nihilisme, et ils sont toujours *debout*. Ils recommencent chaque matin leur métier d'homme. « Père » est tout simplement celui qui précède sur le chemin de la vie, qui a traversé des combats que ses enfants n'ont pas encore connus. Voir et savoir que cet être avec qui il partage les plus humbles réalités de la vie quotidienne, dont il connaît bien les faiblesses, a eu la capacité d'assumer cette *traversée* est pour le fils ou la fille une source de confiance et de force considérable.

20. Héraclite d'Éphèse, fragment 53, trad. fr. in *Les penseurs grecs avant Socrate*, Garnier-Flammarion, 1964, p. 77.

Car la force du père n'est pas seulement une force à laquelle se confronter, pas seulement une force qui porte et qui soutient ; elle est aussi une force qui *inspire confiance*. « Cette chose haute à la voix grave que l'on nomme père dans nos maisons[21] » a d'emblée, comme telle, une fonction rassurante. Cela tient aussi bien à sa stature physique et à la force suggérée par celle-ci qu'au timbre de la voix évoqué par Jules Supervielle, voix mâle qui n'est sans doute pas assez prise en compte dans les analyses de la paternité. Qui dira les effets sur le corps et le cœur du timbre, des vibrations et harmoniques du registre de la gravité ? La même parole proférée sur une tessiture aiguë (qui reste en continuité avec la tessiture juvénile) et sur une tessiture plus basse n'aura pas la même résonance. Le sens n'est pas indépendant des sensations. La parole est ancrée dans le corps, le verbe dans la chair. La gravité évoque naturellement une certaine force, ce qui n'empêche absolument pas qu'elle puisse également être douce. On entend vibrer en elle l'ensemble du corps, à commencer par la cage thoracique. Les pédiatres nous disent que la voix du père a souvent un effet apaisant sur les enfants. Il est des moments où l'enfant a besoin d'une parole forte : la puissance sensible de la voix donnera chair au caractère impérieux du contenu. Il est bien évident que la première ne peut remplacer le second, et nous ne savons que trop combien sont nombreuses les situations où le fait de « donner de la voix » tente en vain de masquer une absence d'autorité, voire un désarroi. Les décibels ne font pas l'autorité, et il est bien vrai qu'une parole forte peut être dite avec réserve et douceur. Mais il est des moments où les différents registres de la force peuvent s'associer. Même dans leurs excès, certaines « saintes colères » – ou le simple pressentiment qu'elles pourraient surgir – ont un pouvoir de limitation, de contenance.

Il faudrait réfléchir davantage sur le rôle de la *crainte* dans l'exercice de la paternité. Le père est aussi celui qui est « craint ». Cette

21. Jules Supervielle, « À une enfant », *Gravitations* (1925), Paris, Gallimard, coll. « La Pléiade », p. 162.

émotion peut aider l'enfant à prendre sur lui pour faire barrage à l'impétuosité de ses caprices. La crainte n'est pas l'épouvante, elle n'est pas la terreur ou l'angoisse ; elle est une saine appréhension, un alliage de respect et de tremblement, une vigilance obligée, un appel au contrôle de soi qui contribue à l'édification de la personne[22].

> « Quand il disait : "Les filles, ça suffit", tout le monde rentrait dans le rang. »

Signifier des limites, les rendre éventuellement sensibles favorise le sentiment de sécurité. L'absence de limites, *a contrario*, est génératrice d'angoisse. Entre « père » et « sécurité », voici encore une corrélation. Nous évoquions plus haut l'image du tuteur. Or, il s'avère que le sens du mot latin *tutor* est : « défenseur, protecteur, gardien ». Le défenseur veille aux limites, face aux forces extérieures aussi bien que face aux forces intérieures. Il est sur les remparts ; il est en quelque sorte lui-même rempart. « Ma force et mon rempart » : telle est une des expressions qui caractérisent le plus souvent le Dieu biblique, qui est Père. Il n'est pas sans intérêt pour nous que le psalmiste l'invoque ainsi :

> « Sois pour moi un roc de force,
> une enceinte de rempart qui me sauve
> Car mon rocher, mon rempart, c'est toi[23]. »

Ce qui est attendu de Dieu ne peut pas être donné par un être humain – il est important de le souligner. Relevons toutefois

22. « La crainte demeure dans toutes les formes de l'éducation familiale, scolaire, civique, comme dans la défense sociale contre les infractions des citoyens, un moment indispensable. Le projet d'une éducation qui ferait l'économie de l'interdiction et de la punition, et donc de la crainte, est sans doute non seulement chimérique mais néfaste. » Paul Ricœur, *Philosophie de la volonté*, tome II, Aubier, 1960.
23. Psaume 31,3. Voir aussi : Psaumes 27,5 ; 28,7-8 ; Deutéronome 32,3-4 ; 2 Samuel 22,2-3.

l'analogie : le père et le Père ont quelques ressemblances, dont celle-ci. Il se trouve que « *roc* » semble être un terme plus paternel que maternel. Une autre caractéristique du Seigneur, dans la prière biblique, est d'*entourer*[24]. La mère entoure, bien sûr, mais le père autrement, d'une autre manière. Le premier rôle des parents est de *parer*, de faire face aux menaces du monde extérieur pour assurer une sécurité élémentaire qui donne à la vie un grand prix. « Parant », chacun, père, mère, l'est selon son style. Le père pare à sa façon, avec tout ce qu'il est : avec sa virilité, mais aussi en étant aux côtés de la mère comme son allié et son autre, posté aux confins, aux limites, à distance pour tenir à distance.

Cette capacité de distanciation sera également bienvenue pour faire face à l'invasion des affects, des passions et des fantômes de l'imaginaire. Il semble qu'il y ait sur ce registre une aptitude particulière de la parole paternelle à apaiser, exorciser, mettre en fuite les spectres ou les cauchemars. Le romancier allemand Klaus Mann en témoigne avec finesse. La chambre de l'enfant « se remplissait la nuit de fantômes » :

> « Il apparut dans notre chambre à l'heure du coucher et tint avec nous une conférence d'ordre stratégique. Le visiteur décapité, pensait-il, n'était en réalité pas si terrible que ça ; nous ne devions pas nous laisser bluffer par lui. “S'il revient, ne le regardez tout simplement pas, conseilla mon père. […] Mais si vous n'arrivez pas à vous en débarrasser de cette manière, il vous faudra le prier à haute voix d'aller au diable. Vous n'aurez qu'à lui dire qu'une chambre d'enfants n'est pas un lieu de promenade pour des fantômes convenables. Et si cela ne suffit toujours pas, alors vous ferez bien d'ajouter que votre père est très irritable et ne tolère pas de vilaines apparitions dans sa maison. Alors il déguerpira sans aucun doute – car on sait parfaitement dans le milieu

24. « Ce Dieu qui me ceint de force » (2 Samuel 22,33) ; « Qui se fie en YHWH, la grâce l'entoure » (Psaume 32,10) ; « Jérusalem, des montagnes l'entourent, ainsi YHWH entoure son peuple » (Psaume 125,2)…

des fantômes que je peux être vraiment tout à fait terrible si jamais je perds patience[25]." »

Le rempart entoure, il défend un lieu ; il laisse donc de la place. Il n'écrase pas ; il ménage un espace. Il protège, au contraire, de l'écrasement, de l'envahissement. Il n'étouffe pas la liberté, puisqu'il reste lui-même à distance. Il permet à la distanciation d'avoir lieu. Entre la force qui écrase et la force qui libère, entre celle qui est au service de la croissance du plus faible et celle qui est au service de la volonté de puissance du plus fort, multiples sont les indices de la distinction. Dans leur essence, ces deux forces diffèrent, même si, empiriquement, elles peuvent se mêler, parfois inextricablement.

Le rempart réel devra aussi être distingué du rempart imaginaire. Il existe un fantasme du rempart absolu, ainsi qu'en témoigne le journaliste Michel Braudeau dans une évocation de son père : « Un père de famille se devait d'être indestructible. Le rempart absolu. Ne jamais faillir, ni défaillir, ni flancher, nous protéger contre tout[26]. » Un tel idéal éloigne le père, l'isole et le déréalise. Le père réel est vulnérable ; le rempart réel n'est pas un rempart absolu. Des failles existent, des défaillances sont possibles. Jamais le père ne pourra protéger contre tout. La reconnaissance, par lui et par ses proches, de sa vulnérabilité fera partie de sa vérité. Elle les protégera notamment de l'illusion de toute-puissance. Tel fils découvre en son père le rempart dans un de ses moments de plus grande faiblesse, sur la table de réanimation au sortir d'une opération : « Je ne me suis jamais autant senti son fils qu'en le voyant inconscient, encore vivant mais fragile, comme un rempart contre la mort[27]. » Pour affronter la mort aussi, le père

---

25. Klaus Mann, *Le tournant*, trad. fr. 10/18, 2001.
26. Michel Braudeau, *Mon ami Pierrot*, Seuil, 1993, p. 14.
27. Témoignage oral, dans un groupe de travail sur la paternité, au centre Saint-Hugues de Biviers, 15 janvier 1999.

marche devant. Ensuite, le fils sera, dans l'ordre des générations, « en première ligne »…

Le gardien des passages

Un père, c'est quelqu'un qui représente
autre chose que lui-même
et qui croit en ce qu'il représente.
Christian Bobin[28]

Ce père qui fait tenir à ses enfants un carnet de vocabulaire, qui leur lit des récits de la mythologie grecque ou de la vie des saints,

ce père qui enseigne à sa fille la diversité des essences de bois ou la conduit au musée pour contempler une œuvre d'art,

ce père qui prie à genoux devant le crucifix ou qui marque le front de ses enfants d'un signe de croix,

ces pères ont un point commun : ils introduisent leurs fils et leurs filles à un ordre de réalité. Au langage, au travail du bois, au sacré, au mystère chrétien. Sans le savoir, ils sont en continuité avec un des plus anciens et des plus universels traits de la fonction paternelle : ils sont des médiateurs. *Passeurs*, ils le sont en étant des initiateurs. Si, entre paternité et langage, comme nous l'avons perçu à plusieurs reprises, il y a un lien spécifique, il s'avère que les pères ont leur manière d'introduire au langage. Des études indiquent qu'ils ont tendance à utiliser un vocabulaire plus technique que celui de la mère, qu'ils expriment davantage de demandes de reformulation. Ils se montrent « des partenaires langagiers plus difficiles », obligeant l'enfant à parler de telle sorte qu'il soit compris par des interlocuteurs autres que sa mère. Ils jouent le rôle de « ponts linguistiques », manifestant davantage la dimension conventionnelle du langage, c'est-à-dire sa dimension proprement

---

28. Christian Bobin, *Le très bas*, Gallimard, 1992, p. 22.

culturelle[29]. Entre « paternité » et « introduction à la culture », il semble exister un lien étroit.

Mais la culture n'est pas une fin en soi. L'univers des signes avec lequel le père a partie liée est lui-même *symbolique* en ce sens qu'il relie à une autre dimension du réel, à un invisible. En sa personne même, nous l'avons entrevu plus haut, il renvoie à plus grand que lui. Il est un personnage, peu ou prou entouré d'une certaine aura mythique. *Figure*, il l'est en ce sens aussi : il « figure », il représente. Il a une dimension métaphorique, au sens premier du terme : « porter au-delà[30] ». Une telle représentation pourrait n'ouvrir que sur du virtuel ; le caractère mythique pourrait ne relever que de l'imaginaire. Mais, dans cette hypothèse, d'où le père tiendra-t-il sa stature, sa force ? De quelle teneur et de quelle tenue sera sa verticalité sans une attraction vers le haut, sans une aspiration ou une inspiration ? La force dont témoigne le père ne vient pas que de lui, de son énergie physique, psychique ou de son *ego*. Elle est une force reçue, participante. L'enfant la percevra vraiment comme telle, comme digne de confiance, s'il a l'intuition qu'elle ne résulte pas seulement de l'équation personnelle de son père comme individu, mais qu'elle est elle-même reliée, greffée sur une vie et un réel plus grands. Si la personne de son père ne le renvoie pas seulement à l'altérité de la culture – qui, comme telle, n'est pas principe de vie – mais à celle d'une transcendance. Dans une telle perspective, l'irréductible part de secret du père n'est pas seulement de l'ordre du caché, du non-dit, mais de l'ordre du *mystère*, c'est-à-dire de ce qui « introduit » à une autre dimension du réel[31]. Dans le tableau du Greco, *Saint Joseph et l'enfant*, la haute stature du père fait le lien entre terre et ciel. Plus même, sa tête est entourée de l'aura surréelle

29. Vincent Laupies, art. cité. Voir aussi Jean Le Camus, *Le père, éducateur du jeune enfant*, PUF, 1999.

30. Selon le grec : *méta-pherein*.

31. Le terme grec *musterion*, que nous traduisons par « mystère », vient du verbe *mueein*, qui signifie « introduire ».

d'une ronde du monde angélique. A-t-on suffisamment remarqué que, dans le texte de l'Évangile de Matthieu, le personnage de Joseph, considéré par des chrétiens innombrables comme une figure majeure de la paternité humaine, reçoit par quatre fois, en songe, la visite de « l'ange du Seigneur[32] » ? Le songe n'est pas le rêve. Il est réception d'un message venu d'ailleurs. Invisible en son essence, comportant toujours une part de secret, *la paternité a partie liée avec l'invisible*.

Le père de famille romain était parfois appelé, par analogie, *pontifex*, « pontife » du culte familial. Littéralement : celui qui fait le pont. Image à retenir. Faire le pont entre le proche et le lointain, mais aussi entre le visible et l'invisible, entre le déjà-là et le pas-encore, entre immanence et transcendance : n'est-ce pas ce qui est attendu de la figure du père ?

Il ne s'agit pas de l'introduction à un monde éthéré ou merveilleux, qui pourrait relever de l'imaginaire. Ce qui est en jeu dans cette médiation est le fait que le père soit réceptif à un réel qui le dépasse, qu'il trouve lui-même appui en dehors et en avant de lui. Qu'il soit porté par une croyance ou, mieux, par une foi. Que serait un père qui ne croirait en rien ? Pourrait-il être « père » au plein sens du terme ? Par la croyance, il adhère à des significations, à des valeurs, à une interprétation globale de la vie. Par la foi, il fait confiance, il *se fie* en une parole, en une promesse. Tels « nos pères dans la foi », dans l'*Épître aux Hébreux*, il avance « comme s'il voyait l'invisible[33] ».

Nous retrouvons ici intuitivement une donnée anthropologique universelle : « L'enquête ethnologique dans les sociétés traditionnelles rappelle que la fonction paternelle, comme toute fonction parentale, est soutenue par les croyances qui lui confèrent une altérité. La fonction paternelle n'existe donc pas seulement sous forme d'identités perceptibles dans la réalité, mais aussi à la limite de

32. Voir Matthieu 1,20 ; 2,13.19.22.
33. Hébreux 11,27.

l'expérience humaine, là où se dressent les figures fondatrices de l'Autre. Pas de fonction paternelle sans articulation à un au-delà[34]. »

Entre paternité et religion, avons-nous déjà repéré, étroite est la corrélation, et ce n'est sans doute pas par hasard que l'une et l'autre sont en recul dans notre culture. Paternité et incroyance peuvent-elles aller de pair ? Ce qui est en jeu ici n'est pas exclusivement la religion confessante, mais la foi en un réel absolu, la confiance en une parole qui fasse référence, en un ordre fondateur[35].

Il est une forme qui convient excellemment à une telle parole fondatrice, celle de la promesse, indissociable du commandement. « De la promesse faite à nos pères, en faveur d'Abraham et de sa race à jamais[36]. » Appel et don venus de la nuit des temps, s'inscrivant dans la mémoire immémoriale des générations, la promesse ouvre un avenir. Que serait l'avenir sans promesse ? Ceux qui se disent « non religieux » ne peuvent-ils pas eux-mêmes, souterrainement, croire en une promesse silencieuse, accompagnant le don de la vie ? *Ponti-fex*, le père ne l'est pas seulement entre le visible et l'invisible, mais entre les moments du temps, entre le passé et l'avenir. La paternité ancre dans une histoire, une histoire assumée. Non seulement, comme il est souvent rappelé, dans une généalogie, mais dans un *héritage*. « Père » (au sens plénier) est celui qui se reconnaît héritier et se présente comme tel. Dans la langue hébraïque, le même terme *zachar* désigne le « mâle » et l'acte de « se ressouvenir ». *Zicharon* se traduit par « mémorial ». Dans la liturgie juive, pendant le *Seder*, célébration familiale de la Pâque, le fils interroge le père,

34. Charles-Henry Pradelles de Latour, « Pères, qui êtes sous d'autres cieux », dossier du *Nouvel Observateur* cité, p. 18. Voir, de cet auteur, *Incroyance et paternité*, EPEL, 2001.

35. « La causalité psychique s'inscrit dans un ordre des causes (*ordo causarum*) qui prend appui sur le discours d'une Référence absolue, c'est-à-dire sur le Tiers en tant que tel, considéré comme principe causal garant de toutes les paroles comme de tous les actes humains. » Pierre Legendre, *Le crime du caporal Lortie*, Fayard, 1989, Flammarion, coll. « Champs », p. 40.

36. *Magnificat*, Luc 1,55.

et celui-ci lui transmet, en même temps qu'à toute la famille, la mémoire du récit de l'Exode.

> « En quoi cette nuit est-elle différente de toutes les autres nuits ?
> — Nous étions esclaves de Pharaon en Égypte ; l'Éternel notre Dieu nous en fit sortir avec une main forte et un bras étendu. Si le Saint – béni soit-il – n'avait pas fait sortir nos ancêtres d'Égypte, nous serions encore, nous, nos enfants et les enfants de nos enfants, asservis au Pharaon en Égypte [...] [37]. »

La mère aussi communique la mémoire ; elle aussi est gardienne de la *Torah*. Elle la transmet avec la vie. Le père, lui, transmet une parole qui ne coïncide pas avec la vie. Dans la tradition juive, la transmission paternelle passe spécifiquement par la parole instituée, ritualisée, par la mémoire de l'histoire collective.

> « Écoute, mon fils, l'instruction de ton père,
> Ne méprise pas l'enseignement de ta mère[38]. »

Dans ce verset du livre des Proverbes, l'enseignement de la mère est exprimé, en hébreu, par le terme *torah*, que nous traduisons par « loi, enseignement », termes aux résonances théologiques très fortes, tandis que l'instruction venue du père est exprimée par le terme *moussar*, de la racine *yassar*, « corriger, instruire, reprendre ». Comme la *Torah*, la Sagesse (*Rorma*) est féminine, mais l'office du père – terrestre ou céleste – est d'« instituer » sur les voies de la Sagesse :

> « Dans les voies de la Sagesse je t'ai institué,
> Je t'ai mené sur les sentiers de la droiture[39]. »

37. *La Hagada de Pessa'h*, rite sépharade.
38. Proverbes 1,8.
39. Proverbes 4,11.

La parole venue du père n'est pas seulement correction ou précepte, elle est aussi *bénédiction*, « parole qui dit du bien ». Il faudrait approfondir le sens du lien entre paternité et bénédiction. L'aspiration à recevoir la « bénédiction paternelle » se trouve présente dans de très nombreuses cultures. L'image du père qui bénit ses enfants fait partie du patrimoine mondial de l'humanité. Souvent, il a été considéré comme vital de recevoir la bénédiction paternelle, tout spécialement à l'approche de la mort de celui-ci. Évoquons ici la mort d'Isaac et le désir de ses deux fils, Jacob et Ésaü[40]. La transmission d'une parole qui soit source d'espérance et de confiance en la vie est au cœur de la paternité heureuse. Une telle parole est performative, en ce sens qu'elle est en même temps un acte. Ici, « dire, c'est faire ». Dire du bien, c'est faire du bien. De même qu'il a reçu son nom de son père, l'enfant attend de lui une parole qui lui dise que sa vie est bonne, sera bonne.

> « À chacun de nos départs, il couvrait notre tête de sa large main pour nous bénir, et alors nous nous sentions prêts à affronter le grand large[41]. »

De cette bénédiction, le père n'est pas la source ou alors, s'il y prétendait, elle aurait moins de poids. Il s'agit d'une bénédiction reçue, qui peut dire du bien de manière significative parce qu'elle est en lien avec ce qui est premier, avec l'acte créateur. Bénir, c'est transmettre une parole bonne venue de l'origine. « Bénir » signifie aussi rendre grâces, reconnaître un bienfait, recevoir la vie comme don. D'où l'importance, pour tant de générations (qui ne sont pas tout à fait éteintes...), du bénédicité : cette prière, traditionnellement dite par le père, transforme le sens du repas en donnant explicitement à ce qui pourrait être un acte de voracité collective la signification d'accueil reconnaissant de dons reçus.

---

40. Genèse 27. Lire aussi les bénédictions de Jacob sur ses douze fils, à la fin du livre de la Genèse (ch. 49).

41. Jean Daniel, éditorial cité plus haut (note 14).

La parole paternelle ouvre à un avenir en étant historique, en ce sens qu'elle indique aussi l'histoire comme une tâche à continuer. Avec la bénédiction paternelle, fils et filles se voient investis d'une responsabilité, d'une lourde charge, qui n'est pas moins que la continuation de l'histoire. La foi paternelle et filiale est aussi foi en l'avenir. À cet égard, il pourrait être instructif de mettre en relation l'affaiblissement actuel de la figure paternelle et celui de la double référence au passé et à l'avenir dans la culture contemporaine. Plusieurs observateurs soulignent que cette dernière est une culture du présent, mais d'un « nu présent » – selon le titre d'un excellent article[42] – où les sujets sont arrachés au passé et incertains quant à l'avenir. Un temps fragmenté où des acteurs amnésiques n'envisagent qu'un futur à court terme. Sur ce fond de tableau, qui n'induit pas, heureusement, un déterminisme total, la consolidation ou la redécouverte de la figure paternelle ne pourra advenir qu'en allant de pair avec la conscience de ces deux biens fondamentaux que sont la « *mémoire vive*[43] » d'une part, et le sens de la *promesse* d'autre part. Mais le sens de la promesse reçue implique celui de la promesse donnée. Comme nous le verrons au chapitre suivant, paternité rime avec fidélité.

Témoin de la loi en tant que règle

« *Le père est institué comme celui qui lie et délie le fils.* »
Pierre Legendre[44].

« L'apprentissage du pas régulier »
« Son coup de rabot infaillible »

---

42. Françoise Le Corre, « Le nu-Présent », *Études*, avril 2003. Voir aussi Jean-Claude Guillebaud, *Le goût de l'avenir*, Seuil, 2003.
43. Paul Ricœur, *Temps et récit*, Seuil, 1984.
44. Pierre Legendre, *op. cit.*, p. 179.

« Une distanciation des êtres et des événements »
« Il aimait en corrigeant, il corrigeait par amour. »

La droiture ne caractérise pas que la stature. Elle est aussi celle de la voie, du chemin. La vie est spontanément baroque, impétueuse, exubérante. Il faut, pour la canaliser, l'orienter par une parole qui, à travers les sinuosités, dise le droit, c'est-à-dire la ligne droite. Une parole qui pose des limites aux affects, à l'émotion. Qui *corrige* ou *rectifie*. Dans ces deux mots, comme dans « réguler », nous trouvons la racine *regula*, « règle ».

Il n'est pas de croissance en humanité sans régularité, sans limites, sans ligne de conduite. La mère initie tous les jours aux règles de la vie. Quotidiennement, avec la nourriture, les soins, les sorties, elle communique à l'enfant une discipline, des conventions, un « savoir-vivre ». Il semble toutefois qu'elle sera mieux en mesure de le faire si elle peut s'appuyer sur une autre parole, une autre présence, celle du père, qui a sa manière à lui d'enseigner la règle. Étant, dès l'origine, en position de *tiers*, sa parole aura un autre style. Selon Jean-Claude Sagne, « l'homme est plus attiré par la loi du langage en tant que règle, avec son aspect de mise en forme et de mesure. Il est enclin à la nomination, à la distribution et à la classification. [...] De la femme on pourrait plutôt dire qu'elle témoigne de deux autres aspects de la loi du langage : la source et la finalité[45]. » Empiriquement, les choses se passent de manières extrêmement diverses, mais il semble que le père soit davantage « père », que la figure de la paternité prenne davantage corps en lui, lorsque la règle est formulée par lui non seulement comme traduction des nécessités de la vie pratique, mais comme expression d'une *loi.*

La loi n'est pas seulement une convention. Elle renvoie à une référence antérieure, à une altérité. C'est ainsi qu'elle fait autorité. Elle est une parole structurante, qui pose des limites et instaure des

45. Jean-Claude Sagne, *L'homme et la femme dans le champ de la parole*, DDB/Chemin Neuf, 1995, p. 39. Voir aussi *La loi du don*, PUL, 1997, p. 234.

différences : entre le permis et l'interdit, entre le facultatif et l'obligatoire. Elle est « loi » au plein sens du terme, incluant une dimension morale, si ces différences renvoient elles-mêmes à un ordre fondateur, à des différences fondamentales : entre le bon et le mauvais, entre le juste et l'injuste, entre la vie et la mort. La loi est médiation ; or, nous l'avons déjà vu, la paternité est du côté de la médiation.

Le père est bien placé pour signifier la loi comme préexistante, comme cadre, comme « guide préexistant à chacun et valable pour tous[46] ». Sa parole et l'énoncé de la loi ont un point commun, qui est de renvoyer à un ordre plus vaste, que l'on appelle l'« ordre du symbolique », qui relie les hommes entre eux. Il semble que nous tenions là un aspect irréductible de la figure paternelle, qui n'est pas seulement sous la dépendance d'un modèle familial historique lié au partage rigide des rôles et des tâches. C'est bien la *place*, la *position* du père comme tiers qui est impliquée ici, et sa note différente pourra se traduire dans des formes de vie familiale très diverses, y compris dans celles où il manifeste une grande proximité de soins et d'affection. D'une façon ou d'une autre, tout couple parental, toute famille, devra trouver la bonne articulation, pour la transmission de la vie dans toutes ses dimensions, entre la *forme* et le *contenu*. Entre l'énonciation de ce qui structure et le don de ce qui fait vivre.

Il est vrai que le discours psychologique commun a trop souvent réduit la fonction paternelle à l'énonciation de la loi. Nous avons, dans le chapitre précédent, souligné l'importance d'autres dimensions – incarnées et sensibles notamment – de la paternité. Il n'en demeure pas moins vrai que l'introduction à l'ordre de la loi comme telle figure au tout premier rang des responsabilités paternelles. Il

46. « Il exprime la dimension sociale de la Loi du Don en faisant ressortir le caractère multilatéral du don. Le don n'est pas nécessairement limité à une dimension duelle. [...] Le père met en évidence que la Loi doit être reçue qu'elle fait vivre. Il la dévoile comme étant elle-même un don. » Vincent Laupies, art. cité, p. 8, 9.

se trouve que, depuis une trentaine d'années, certains contestent l'importance de cet office. Mais il faut avoir la lucidité de considérer de quel modèle d'existence les tenants de l'« anti-Œdipe » se font les promoteurs : une existence délibérément désignée comme « schizoïde », c'est-à-dire morcelée, livrée aux pulsions, où le sujet est une « machine désirante », où l'identité sexuelle devient incertaine[47]. Point n'est besoin d'être lacanien pour reconnaître le rôle structurant de la loi comme telle dans la croissance de la personne et la place spécifique du père dans son énonciation.

« Qu'il soit dans l'abandon du petit ou la responsabilité du grand, l'homme a besoin de rencontrer un témoin du combat qui a lieu en lui entre le mensonge et la vérité, entre la pulsion et le désir, entre la mort et la vie. S'il n'entre pas dans la vie à la lumière de ce discernement dont, classiquement, le père témoigne en édictant la loi, le petit d'homme ne sera jamais délivré de ses fantasmes[48]. » Tous les termes de ce propos très dense de Denis Vasse seraient à peser un à un. « Témoin » d'un « combat », en vue d'un « discernement » : dans des contextes culturels ou familiaux fort différents, ces termes indiquent un irréductible. Face à la menace du chaos ou de l'invasion par l'imaginaire, l'enfant a besoin de parents *tous deux* structurés par la loi comme parole qui structure, mais il se trouve que l'un des deux est tout particulièrement en position d'être *témoin* de cette loi comme telle.

À maintes reprises nous avons souligné le lien entre paternité et institution : le père est bien placé pour être témoin du caractère institué de la loi. Mais il témoignera aussi que cette institution n'est pas seulement de l'ordre de la convention, du contrat ou de l'arrangement : elle est d'abord de l'ordre de l'obligation. Le lien père-enfant relève de l'obligation en ce premier sens que l'un est débiteur, l'autre créancier. « Tout fils est créancier de son père », dit

---

47. Sur la présentation de ce « montage idéologique », voir Jean-Marc Ghitti, *La séparation des familles*, Cerf, 2003, p. 76-82.
48. Denis Vasse, *La vie et les vivants*, Seuil, 2001, p. 34.

Pierre Legendre. Et ce que le père doit à son fils, c'est de « lui dire la limite[49] ». Or, cette limite n'est pas seulement pragmatique. Elle est principe de discernement si elle est référée à une source de sens, à une parole originaire structurante, silencieusement présente à travers les paroles proférées et qui leur donne autorité : celle des grands interdits fondamentaux, et des appels à la vie : renoncer à la fusion et à la confusion, s'ouvrir à l'altérité, refuser le mensonge.

Paternité et autorité : encore un couple de termes indissociables. Et le soupçon porté sur la seconde retentit sur la première. L'autorité en tant que telle, pourtant, n'est pas la puissance. Alors que celle-ci est toujours susceptible de l'exercer au profit de celui qui la détient, l'autorité au sens authentique du terme – du latin *augere*, « augmenter, faire croître » – s'exerce au service de la croissance de celui à qui elle s'adresse. Elle ne relève ni de l'arbitraire, ni du contrat. Elle n'est pas l'expression du caprice individuel ou la loi d'un groupe particulier (groupe familial ou classe sociale, par exemple). En tant que telle, elle n'a pas non plus à se justifier en s'appuyant sur des « raisons » que devrait nécessairement percevoir celui auquel elle s'adresse, comme si c'était, finalement, le point de vue de ce dernier qui était la référence suprême. L'exercice actuel de l'autorité balance entre ces deux extrêmes – l'arbitraire et la justification –, le second étant peut-être le plus répandu dans les générations et les milieux imprégnés de libéralisme.

L'autorité est ce qui inspire le respect envers celui qui parle « au nom de », c'est-à-dire renvoyant à plus grand que soi. Il y aurait illusion – ou, selon Michel Schneider, perversion[50] – à croire que la structuration de l'humain puisse être assurée selon un mode seulement contractuel. Tout ne peut pas se régler par le dialogue et la négociation,

49. Pierre Legendre, *op. cit.*, p. 178.

50. « Tout ce qui désinstitutionnalise, c'est-à-dire dérèglemente des pratiques symboliques pour les faire entrer dans la sphère contractuelle, risque de contribuer au renforcement des mécanismes sociaux pervers. » Michel Schneider, « Désir, sexe et pouvoir », entretien avec Olivier Mongin, in *Esprit*, mai 2002.

surtout dans l'éducation. Nécessaire est, par moments, une parole qui réfère à une altérité, faisant elle-même office de tiers entre les sujets.

Les personnes dont la parole « fait autorité » ne sont pas celles qui ont le verbe haut, ce sont plutôt celles dont les auditeurs ont l'intuition que leur parole n'est pas aléatoire, dépendante de discours convenus, mais orientée et unifiée par un principe de cohérence et de clarté, une source d'inspiration auxquels elles-mêmes obéissent. Cette intuition a été confirmée par l'expérience. L'autorité est une force, mais une force morale qui ne s'impose pas de l'extérieur, pressentie et accueillie comme venant de l'intérieur, du plus intime de la personne. Une force qui n'est pas seulement l'expression de la psychologie individuelle, mais le fruit de la docilité intérieure à une parole-source. C'est ainsi que celui dont l'Évangile dit qu'« il parlait avec autorité » est aussi celui qui affirme : « Je ne parle pas de moi-même » ; « Ma doctrine n'est pas mienne[51]. » L'enfant a l'intuition de cela : la parole de son père fait autorité pour lui lorsqu'il y entend une *parole de fils*, héritier, témoin, relais, d'un verbe antérieur.

Celui qui donne des ordres a quelques chances d'être entendu lorsqu'il est lui-même respectueux d'un ordre. C'est à cette condition, et à cette condition seulement, que son autorité sera celle d'un *médiateur*. L'exemple contraire en est dramatiquement donné en la personne du père de Kafka : « Tu ne respectais pas les ordres que tu m'imposais » ; ou encore : « La loi qui gouvernait ta vie consistait à croire en la vérité absolue des opinions d'une certaine classe juive, ce qui revient à dire, puisque ces opinions faisaient partie de ta personne, à croire en toi-même[52]. » Le père, alors, n'est pas témoin, mais il devient « la mesure de toutes choses[53] ». Il n'est rien qui détruise autant le sens de la paternité que cette autoréférence, qui ne peut absolument pas, pour le fils,

51. Matthieu 7,29 ; Jean 7,16-17.

52. Franz Kafka, *Lettre au père*, *op. cit.*, p. 25, 64.

53. *Ibid.*, p. 18.

être source de croissance, car il oscille alors entre l'imitation réussie, qui l'aliène en l'autre, et la culpabilisation qui l'enferme dans un sentiment d'infériorité, à moins que ce ne soit dans la révolte, qui ne le conduit nulle part.

Le témoin de la loi réussit cet exploit de lier le singulier et l'universel : universalité de la loi, à laquelle sa parole introduit, et singularité de sa personne qui en ordonne et incarne la mise en œuvre. Il réalise cette incarnation d'une manière unique, irremplaçable, mais *sans pour autant s'identifier à elle*. Il transmet la loi de la façon la plus concrète et la plus charnelle qui soit ; selon les termes du philosophe espagnol Fernando Savater, il « parle de la loi avec amour[54] », mais il n'est pas la loi, il ne « fait pas la loi ».

Au-delà du sérieux

« *Viens, fiston, on va faire l'école buissonnière.* »
G.B. Edwards[55]

« Il me caressait la nuque à rebrousse-poil en disant : "C'est ainsi qu'on apprivoise les ours des cavernes." Il ne s'en tenait pas à cette comparaison. Il passait alors les singes en revue et m'octroyait les noms plus flatteurs de babouin, de chimpanzé, de sapajou, de ouistiti. J'étais sous le charme, mais maman interrompait le défilé : "Arrête, papa, avec tes noms d'animaux !" »

« Les "flashes" convergent tous vers les accès de fantaisie de mon père. »

« Un exemple qu'il n'assénait jamais, mais qu'il laissait entrevoir avec modestie et humour. »

---

54. Fernando Savater, entretien in *L'Express*, 7 avril 1994.
55. G.B. Edwards, *Sarnia*, trad. fr. Les Lettres nouvelles, 1982 ; rééd. Le Seuil, coll. « Points », 1985.

« Par son humour malicieux, il relativise les problèmes et désamorce les drames. »

« Un mélange incroyable de sagacité et d'enfantillage[56]. »

Si, à la figure du père, étaient associés seulement les termes des pages qui précèdent, si la loi, la crainte et la droiture étaient ses seuls attributs, cette figure serait un peu triste. Un visage sévère, qui pécherait par excès de gravité. La figure réjouissante du père ne se caractérise pas seulement par le sérieux ; elle comporte une part d'humour, de fantaisie, d'imprévu. Si le terme de « distance » est un de ceux qui caractérisent la fonction paternelle, disons ici que la distanciation par rapport au sérieux fait partie de ce qui est attendu de lui. Une sorte de « distance au carré » : le père qui rend son fils ou sa fille heureux d'être avec lui est capable de se montrer libre par rapport à la mise à distance du spontané elle-même. C'est pourquoi les enfants aiment « ses accès de fantaisie », ces moments où il n'est pas seulement le représentant de la loi, mais un vivant, capable comme eux de spontanéité. Les enfants aiment être surpris par leur père.

La mère est surtout du côté du sérieux. Souvent du souci, de la sollicitude et de l'anticipation. Familière est la scène où un père « chahute » avec son fils et où la mère intervient pour les rappeler à l'ordre, à la prudence, si ce n'est à la convenance. Il faut raison garder !

« Vous qui savez ranger, diligente lingère,
Et compter le beau linge aux rayons de l'armoire,
Vous qui savez ranger, docile messagère,
Et compter les beaux jours au temple de mémoire[57]... »

Les mères sont attentives aux nécessités de la vie, sans doute parce que, dès le commencement, elles en sont plus proches. D'où

---

56. Arthur Koestler, *La corde raide* (1952), trad. fr. in *Œuvres autobiographiques*, Robert Laffont, 1994.

57. Charles Péguy, *Ève* (1913), strophe 224. *Œuvres poétiques complètes*, Gallimard, coll. « La Pléiade », 1957, p. 963.

leur vigilance, leurs soins irremplaçables, leurs dévouements incomparables. Mais toute médaille a son revers. Cette attention à la vie les rend parfois prisonnières du souci ou d'un excès de sollicitude. Le risque est alors l'enfermement dans un ordre domestique que les hommes, les mâles, trouveront un jour ou l'autre étouffant[58]. Combien de difficultés conjugales ne proviennent-elles pas d'un désir masculin de « sortir », de bousculer, voire transgresser un ordre un peu trop établi ? Or, il se trouve que ce désir rejoint celui des enfants, et les voici quelques instants complices.

> « Ma mère se rendait toute seule au service du soir. Dès qu'elle avait passé le portail, mon père disait : "Viens, fiston, on va faire l'école buissonnière." Et on allait dans l'appentis derrière, en prenant la lampe s'il faisait noir. Il y rangeait ses burins, ses marteaux et sa scie, le bois, la colle et la ficelle. C'était durant ces dimanches soir qu'il m'apprenait à fabriquer des cerfs-volants. J'ai toujours eu le meilleur cerf-volant de tous ceux que faisaient voler les garçons dans l'Ancresse Common ; et tout le monde savait que c'était le mien, parce qu'il était couvert avec le papier rose du *Police Budget* et toutes ces femmes égorgées s'envolaient haut dans les airs. Lorsque ma mère rentrait, on était tous les deux de nouveau dans la maison, assis comme deux anges de chaque côté de la cheminée[59]. »

Nous avons entrevu plus haut que les pères, dans les jeux ou lors des apprentissages, sont plus déstabilisateurs que les mères, qu'ils aiment remettre en question les modèles. Aldo Naouri les dit plus « sceptiques » et « interrogatifs » que les mères[60]. Plus tard, ils aimeront initier leur fils au vin, à l'alcool, à la plaisanterie, à certains sports ou pratiques éventuellement dangereux, au grand dam de la mère. S'il y a un lien, comme nous l'avons vu, entre paternité et *limites*, il peut

---

58. Michel Schneider ose affirmer que « la totalité, la clôture semblent être des attributs maternels ». In *Esprit*, entretien cité.
59. G.B. Edwards, *op. cit.*
60. Aldo Naouri, *Une place pour le père,* Seuil, 1985, coll. « Points », p. 217.

y en avoir un, par moments, entre paternité et *transgression*. L'un ne va pas sans l'autre, d'ailleurs : ainsi que l'a montré Georges Bataille, le sens de l'interdit et celui de la transgression ne sont pas étrangers l'un à l'autre. Jouer avec les limites peut être dangereux, ce peut être une perversion, mais ce peut aussi être un moment de l'apprentissage de la liberté – et de ces limites elles-mêmes.

La transgression est ambiguë : elle peut être régression, enfantillage, incapacité d'intégrer le sérieux. C'est le cas trop fréquent de ces pères qui se comportent comme de grands enfants et qui n'assument pas leur position d'adultes. Mais elle peut aussi être l'expression que la loi n'est pas tout, que s'il est des limites absolues, sacrées, il en est d'autres avec lesquelles une marge de « jeu » est possible. La culture masculine aime explorer cette marge. Il ne s'agit pas, alors, de dénier la loi, mais de chercher la bonne distance avec elle. Cela correspond à l'aspiration de beaucoup, parmi tant de messages sociaux maternants, moralisateurs et culpabilisants, en matière notamment d'hygiène, de santé et de modes de vie.

La distanciation, le plus souvent, n'aura pas lieu en actes, mais en paroles, par le biais de l'*humour*. Avez-vous remarqué que, dans un groupe, amical ou familial, ce sont généralement les hommes qui aiment le plus raconter des « histoires drôles » ? L'humour, certes, est une disposition beaucoup plus profonde spirituellement que la « plaisanterie ». Mais celle-ci peut être le commencement de celui-là. Selon Kierkegaard, l'humour a une dimension religieuse, dans la mesure où il dépasse le sérieux de la morale sans pour autant nier ou dénier cette dernière. S'il relativise les principes, les règles, l'ordre du « général », ce n'est pas d'un point de vue qui serait en deçà de ceux-ci (comme celui de l'ironie), mais d'un point de vue qui est au-delà, parce qu'il est le signe d'une confrontation à l'absolu, c'est-à-dire aux questions radicales de l'existence : conscience des limites de ce qui est vécu, de l'imperfection de tout ce qui est réalisé, de la possibilité de l'irruption du non-sens. Ainsi, note Kierkegaard, « l'humour recèle-t-il une douleur cachée[61] », mais sans désespérer. Il atteste d'une réconciliation avec la vie par-delà l'écart possible avec celle-ci, réconciliation qui rapproche l'humoriste de l'enfant[62]. C'est, selon le même philosophe, le mouvement de la foi ; ce serait celui de *la petite fille espérance* chère à Péguy, c'est encore celui de l'humilité, avec laquelle consonne « humour ». Introduire à de telles dispositions fait aussi partie des offices du père. Peut-être apercevons-nous ici, par un biais imprévu, le lien entre le sens du « paternel » et celui du « religieux », déjà annoncé, et sur lequel nous reviendrons[63].

Les rendez-vous manqués

« *Bien des gens n'ont jamais regardé leur père dans les yeux.* »
John Steinbeck[64]

« Le sujet est encore trop douloureux pour que je puisse vous en dire quelque chose. »

« Je le vois assis à la table familiale, massif, rugueux, silencieux. »

« Je garde le regret de n'avoir jamais pu m'expliquer avec lui. »

« Un homme secret, presque inconnu. »

« Le regard vide, perdu je ne sais où, en tout cas jamais posé sur moi. »

---

61. Soeren Kierkegaard, *Post-scriptum définitif et non scientifique aux miettes philosophiques* (1846), IIe partie, 2e sect., A, § 2. *Œuvres complètes*, éd. de l'Orante, tome 10, 1978.

62. « De l'union de la culture intellectuelle où l'on se rapporte à l'absolu, et de l'immédiateté enfantine, naît l'humour. […] L'humoriste a l'esprit enfantin sans y être assujetti. […] Aussi, quand un homme dont la culture est ainsi marquée au coin de l'absolu et un enfant sont ensemble, ils découvrent en commun l'humoristique. » (*Ibid.*)

63. Selon Kierkegaard, l'existence peut se vivre selon trois « stades » : esthétique, éthique ou religieux. L'ironie est la disposition de l'esthète lorsqu'il rencontre l'éthique, l'humour est celle de l'homme moral lorsqu'il accède au religieux. Voir *Étapes sur le chemin de la vie* (1845), éd. de l'Orante, tome 9, 1978.

64. John Steinbeck, *À l'Est d'Éden* (1952), Livre de poche, p. 524.

Parler de la relation au père, c'est aussi parler de souffrances et de défaillances. Autant la figure du père est entourée d'une aura mythique, autant la relation concrète au père réel est-elle marquée par des blessures, des déceptions, des manquements. Ceci n'est certainement pas étranger à cela : plus hautes sont les attentes, plus dure sera l'épreuve du réel. L'image idéale, qui n'est jamais très loin, rend plus difficile l'acceptation des limites de l'homme faillible, de la relation imparfaite. De surcroît, la position dans laquelle se trouve le père rend plus vive la difficulté, plus haut le défi, plus grands les risques de ratage. D'un côté, une très grande proximité, un lien d'origine, une solidarité remontant au commencement de l'histoire du fils ; de l'autre, une dissymétrie radicale – entre engendrer et être engendré –, un écart dans le temps et dans l'âge, une position différente dans les générations. Un lien renvoyant au passé mais aussi censé orienter vers l'avenir. Une relation intrinsèquement charnelle mais qui passe essentiellement par le langage, mariant égalité et inégalité, un lien direct mais aussi médiatisé, par le lien avec la mère notamment, avec toutes ses vulnérabilités et imperfections. Vraiment, tous les ingrédients sont réunis pour que la probabilité d'une relation pleine et heureuse soit faible. Si l'on ose dire assez couramment que « la maternité constitue le rapport de plus grande proximité pensable entre deux êtres humains[65] », le propos serait plus hésitant pour la paternité, relation d'emblée paradoxale, contrastée, risquée.

Aux raisons fondamentales que nous venons d'évoquer s'ajoute la fameuse maladresse masculine à exprimer le subjectif et l'affectif, les sentiments et les émotions. Ou encore la peur devant une trop grande intimité. Résultat : selon telle enquête, « 95 % des adolescents se confient à leur mère plutôt qu'à leur père[66] ». Selon une autre étude, « 10 % des garçons osent parler sentiment avec leur

65. Véronique Nahoum-Grappe, *Le féminin*, Hachette, 1996, p. 86.

66. Christiane Olivier, *Les fils d'Oreste*, Flammarion, 1994, p. 160. (Enquête effectuée en 1993 auprès de 100 élèves de trois lycées d'État.)

père[67] ». Ce dernier, nous dit le psychologue, n'écoute pas comme la mère. Alors que celle-ci « peut rejoindre pleinement l'enfant et se laisser rejoindre par lui, l'écoute du père laisse toujours un certain manque. L'enfant n'est pas totalement comblé. Il est, d'une certaine manière, renvoyé à lui-même[68]. »

C'est surtout au moment de l'adolescence, lorsque le fils en aurait le plus besoin, que la communication devient plus difficile et que, souvent, la présence du père laisse place à l'absence. Guy Corneau nous en livre un témoignage éloquent :

> « Soudain, à la puberté, au moment où j'avais le plus besoin de lui, il m'a fait faux bond. Il s'est évanoui, il a disparu. [...] Je me remémore mes espoirs sans cesse renouvelés, de dimanche en dimanche, de voir surgir une conversation entre nous. Je m'asseyais dans le fauteuil de ma mère, tout près de celui où mon père lisait son journal. Je voulais tant qu'il me dise quelque chose, qu'il me parle, à moi, qu'il me raconte n'importe quoi à propos de son travail ou des fusées qui volaient dans l'espace. Je m'efforçais de trouver des questions qui sauraient l'intéresser. Je faisais l'"homme", j'avais tellement besoin qu'il me reconnaisse. Peine perdue. Peut-être ne l'intéressais-je pas, ou encore sentait-il que son devoir était accompli ? [...] Plus tard, lorsque j'achevai mes études, nous avons esquissé quelques conversations qui nous ont menés à de véritables culs-de-sac. La manière dont il défendait ses positions ne m'accordait aucune place ; c'était du moins l'impression que j'en avais. S'il avait pu savoir combien je le cherchais, combien j'avais besoin de lui. Si j'avais pu le lui dire[69]. »

Les témoignages de cette sorte surabondent. Ils attestent souvent de la souffrance de fils ou de filles qui prennent conscience après coup de la non-communication avec leur père. Parfois, c'est *in extremis*, juste avant la mort du père, qu'est levée la « loi du

67. Enquête Conseil régional Rhône-Alpes, 1995.

68. V. Laupies, art. cité, p. 9.

69. Guy Corneau, *Père manquant, fils manqué*, éd. de l'Homme, 1989, p. 15.

silence[70] ». Au moment de sa plus grande faiblesse, il apparaît différemment. Des barrières tombent. La vulnérabilité rapproche. Les griefs paraissent vains. Le fils voit autrement ses défaillances, pour lesquelles il a de la compassion. L'imminence ou la possibilité de son départ lui donnent de percevoir sa vie, sa personne, son histoire avec des yeux nouveaux. Il arrive alors que des paroles de vérité et de réconciliation soient enfin proférées. Mais il arrive aussi que ce ne soit que dans l'absence, lorsque la faux de la séparation définitive est passée, que le fils (ou la fille) prend conscience de tout ce qui le (ou la) rapprochait de son père, les unissait même dans une commune destinée, une souterraine proximité. Dans le même temps il (ou elle) prend conscience qu'ils ne se sont jamais parlé en vérité, en profondeur, longuement. Mais alors, il est *trop tard*[71]. Une belle chanson de Barbara témoigne de la souffrance d'une fille arrivée trop tard au rendez-vous auquel son père l'appelait au seuil de la mort :

> « À l'heure de sa dernière heure
> Après bien des années d'errance
> Il me revenait en plein cœur
> Son cri déchirait le silence.
> Ce vagabond, ce disparu
> Voilà qu'il m'était revenu.
> Pourtant j'étais au rendez-vous
> Vingt-cinq rue de la Grange-au-Loup
> Mais il ne m'a jamais revue
> Il avait déjà disparu.

70. « Le bris du silence, le bris de la gêne de la part du père est un geste d'une portée incalculable pour le fils ; peu importe l'humilité de la parole ou l'âge des protagonistes, pourvu que cette parole soit vraie et non rigidifiée par un quelconque principe. Malheureusement, dans de nombreuses histoires d'hommes, cette ouverture des cœurs se produit bien souvent *in extremis*, au chevet du père agonisant. » Guy Corneau, *op. cit.*, p. 146.

71. Le récit de François Weyergans, *Franz et François* (Grasset, 1997), témoigne de façon poignante de ce « trop tard ».

Il voulait avant de mourir
Se réchauffer à mon sourire
Mais il mourut à la nuit même
Sans un adieu, sans un "je t'aime"[72]. »

La souffrance peut avoir lieu en sens inverse. Montaigne déjà, dans ses *Essais*, rapporte la douleur du Maréchal de Monluc après la mort de son fils :

« Feu Monsieur le Mareschal de Monluc, ayant perdu son filz qui mourut en l'Isle de Maderes, brave gentil'homme à la vérité et de grande espérance, me faisait fort valoir, entre ses autres regrets, le desplaisir et creve cœur qu'il sentait de ne s'estre jamais communiqué à luy ; et, sur cette humeur d'une gravité et grimace paternelle, avoir perdu la commodité de gouster et bien connoistre son filz, et aussi de luy déclarer l'extreme amitié qu'il luy portoit et le digne jugement qu'il faisoit de sa vertu. Et ce pauvre garçon, disoit-il, n'a rien veu de moy qu'une contenance refroignée et pleine de mespris, et a emporté cette creance que je n'ay sçeu ny l'aimer, ny l'estimer selon son mérite. À qui gardoy-je à découvrir cette singulière affection que je luy portoy dans mon ame[73] ? »

Le sentiment de culpabilité est donc porté parfois par le père, parfois par le fils ou la fille. Il arrive que la responsabilité de ce silence incombe davantage à l'un ou à l'autre, mais il ne serait pas juste de la présumer unilatérale. L'un et l'autre, bien souvent, sont responsables de ces rendez-vous manqués. À moins que, comme cela arrive dans les situations de cet ordre, il s'agisse moins de responsabilité que de *limites* – d'une incapacité, d'une épreuve du tragique de l'existence. Certains pourront dire avec Franz Kafka : « Je te crois, moi aussi, absolument innocent de l'éloignement survenu entre nous. Mais absolument innocent, je le suis aussi[74]. » Au

72. Barbara, « Nantes », 1964 (Les éditions métropolitaines).
73. Michel de Montaigne, *Essais* (1588), livre II, Livre de poche, p. 114.
74. *Lettre au père*, *op. cit.*, p. 10.

demeurant, est-on jamais absolument innocent ? La responsabilité humaine, dans une relation humaine, est-elle jamais nulle ?

La culpabilisation, le désespoir ne sont pas la bonne réponse à ces questions. Place est plutôt au pardon, accordé à l'autre aussi bien qu'à soi-même. Il y a tant à se pardonner entre père et fils, entre père et fille ! Il se trouve que, dans le sens parents-enfants, le pardon apparaît, sauf exceptions, comme quasi naturel. Mais dans le sens inverse, des enfants vers les parents, le pardon est plus difficile. Il suppose de reconnaître et accepter les limites des parents, ce qui n'est pas aisé. J'ai entendu dire un jour qu'être adulte, c'était pouvoir considérer sans en être affecté les défauts de ses parents. Le pardon toutefois porte non seulement sur des limites, mais sur des actes, sur la responsabilité à leur égard. Il consiste, selon l'expression évangélique, à « remettre les dettes », c'est-à-dire à ne pas faire de la faute de l'autre un motif de grief, de créance contre lui. Le pardon libère l'offensé comme l'offensant, alors que le ressentiment les maintient liés. Il ouvre un avenir, alors que la rancune et la rancœur attachent au passé. « Nous devons réaliser, écrit un excellent auteur spirituel, que lorsque nous pardonnons, si nous faisons en un sens du bien à cette personne (en lui remettant une dette), nous nous faisons surtout du bien à nous-mêmes : nous retrouvons une liberté que la rancune, le ressentiment risquaient de nous faire perdre[75]. »

Le pardon ira de pair avec le renoncement au rêve du père idéal, avec l'abandon du père imaginaire pour accepter le père réel. Vis-à-vis de soi, il en va de même : le pardon signifie l'humble reconnaissance de ses propres limites, le renoncement au rêve de toute-puissance qui peut se glisser dans la poursuite d'une image idéale de soi-même, la réconciliation avec son être réel. Entre père et fils, père

75. « Autant que la dépendance affective, le refus de pardonner nous ligote à la personne à laquelle nous en voulons et aliène notre liberté. On est autant dépendant des personnes qu'on déteste que de celles qu'on aime de manière exagérée. [...] La rancune atteint les forces vives de la personne chez qui elle demeure et lui fait beaucoup de tort. » Jacques Philippe, *La liberté intérieure*, Éditions des Béatitudes, 2002, p. 67.

et fille, le pardon est l'accueil d'une vie « plus grande que notre cœur[76] », entre deux sujets qui, tout en étant dans des positions différentes, se reconnaissent comme égaux dans leur commune pauvreté.

Le lien paternel et filial, étant un lien paradoxal qui conjugue comme nul autre altérité et proximité, se trouvera être le lieu d'une révélation particulièrement aiguë de traits inhérents à toute relation humaine. L'irréductible part de solitude et de silence dont il est porteur pourra y apparaître soit comme un échec, une déficience, soit comme une condition de la relation, une richesse même. Sur le versant échec, les rendez-vous manqués sont loin d'être l'apanage de la relation père-enfants ! De combien d'autres relations ne pourrait-on pas dire après coup ce que chante Daniel Guichard :

> « Dire que j'ai passé des années
> À côté d'lui sans l'regarder
> On a à peine ouvert les yeux
> Nous deux,
>
> J'aurais pu c'était pas malin
> Faire avec lui un bout d'chemin
> Ça l'aurait p't-être rendu heureux
> Mon vieux,
>
> Mais quand on a juste quinze ans,
> On n'a pas le cœur assez grand
> Pour y loger toutes ces choses-là
> Tu vois[77]. »

Il s'avère seulement que les années de proximité et la conscience d'une dette rendent particulièrement cruel cet aveu. Quant au ver-

76. « Si notre cœur venait à nous condamner, Dieu est plus grand que notre cœur. » 1 Jean 3,20.

77. « Mon vieux », paroles de Michèle Senlis, musique de Jean Ferrat, production Alleluia.

sant richesse, ici encore s'y rejoignent la commune condition et une caractéristique propre au père. Toute relation, tout amour se donne sur fond de solitude. Chacun est porteur d'un irréductible secret, inaccessible à lui-même. Une relation où la transparence serait parfaite, la mise en commun totale, ne serait plus une relation. Le lien se nourrit du mystère, de la distance, de ses propres limites même. Ainsi en va-t-il de la relation au père. Entre paternité et *secret*, il y a une affinité spécifique. Secrète a été la conception, invisible demeure le lien, et chacun peut avoir l'intuition qu'il est bon que la personne du père ne soit pas intégralement connue. Que ce qu'il vit, ce qu'il est ne soit pas l'objet d'un *savoir*[78]. Serait à approfondir et développer ici le lien entre paternité et pudeur. La figure du père a vocation à être manifeste *et* discrète, présente *et* en retrait. Elle serait trop prégnante si elle était intégralement connue. C'est dans les interstices d'ombres, dans les silences entre les mots que pourront germer l'imagination, la confiance, le désir du fils ou de la fille.

Le silence toutefois n'est pas le mutisme. Le premier est au-delà des mots, le second en deçà. Ou encore, selon Philippe Julien, « faire silence n'est pas se taire ». Il y a une différence entre laisser place au mystère, à ce qui intrinsèquement déborde toute « communication », et l'acte de cacher délibérément une réalité qui pourrait relever du savoir et serait susceptible de faire défaut à l'enfant pour élaborer la continuité du récit de son histoire. Les effets néfastes de certains secrets familiaux sont souvent relevés aujourd'hui, l'enfant ayant un sixième sens pour deviner qu'« on lui cache quelque chose ». Dans la pudeur ou la discrétion, il ne s'agit pas de cela. Il ne s'agit pas de dissimulation, mais de reconnaissance réaliste des limites du communicable propre à cette relation, autrement dit de ce que le fils *comme fils* peut entendre de son père *comme père*. Il s'agit du respect d'une position. Or, la position du père, de celui qui a engendré, n'est pas celle de l'ami ou du confident. Ce qui est dit

78. Philippe Julien, *Le manteau de Noé*, DDB, 1991, p. 76 ; et *La féminité voilée*, DDB, 1997, p. 54.

par l'un ou par l'autre trouve des résonances spécifiques du fait que l'histoire de l'un soit passée par celle de l'autre et que cet homme-ci ait une relation tout à fait singulière avec la mère.

Mais la frontière entre le silence et le mutisme n'est pas toujours facile à saisir. Entre ce qui est caché et ce que l'on veut cacher, subtil est le discernement. De là viennent tant de malentendus, d'occasions manquées, de « ratés » dans la relation. Il est vrai que, comme toute relation, la relation paternelle et filiale se construit aussi sur ses « ratés », vrai aussi que, selon Marcel Conche, « un père imparfait est préférable à un père trop parfait[79] », et que la grâce du pardon peut tirer de tout mal un bien. Il n'en demeure pas moins que certaines relations père-enfant sont marquées au coin du drame, voire du tragique, laissant des blessures profondes. Un regard attentif à l'apparaître de la figure paternelle comme telle, même guidé par une « herméneutique de la réjouissance », ne peut oublier cela. Le lieu de la réjouissance peut aussi être le lieu des plus grandes souffrances.

*

Un témoin, un passeur, un tuteur, un rempart… Ainsi peut prendre consistance, par certains traits saillants, une figure du père devenue trop souvent floue et « impressionniste ». Cette figure demeure foncièrement inachevée, et c'est heureux. Elle se déploie dans le temps et dans l'histoire en manifestant, selon les cultures et les familles, tel ou tel de ses profils. Le portrait ici esquissé n'est pas intemporel ; il est hérité des dernières générations. J'ai toutefois tenu à montrer que, par certains caractères, il dépassait le conjoncturel. Un ami qui a vécu vingt ans en Afrique me disait retrouver dans ces profils maints traits perçus dans ces pays. Par ailleurs, il est improbable qu'en quelques années, voire décennies, *toutes* les

79. Marcel Conche, « De la tyrannie à la philosophie », in dossier cité du *Nouvel Observateur*, p. 98.

caractéristiques changent ou deviennent caduques. *Il serait dérisoire de prétendre changer le sens de la paternité à chaque génération.* Il existe un lien intrinsèque entre le sens de la paternité et celui de la continuité, aussi vrai qu'il y a certainement un lien entre la fragilisation du lien paternel et l'idéologie du changement. Les générations montantes rendront manifestes d'autres traits de la paternité, en direction par exemple d'une paternité de plus en plus impliquée, où la proximité l'emportera sur la distance. Demeurera pourtant l'irréductibilité de la signification « père », par rapport à celle de « mère » notamment. L'enjeu sera alors de trouver l'alliage le plus heureux possible entre proximité et distance ; plus largement entre ce que chaque génération apporte de neuf et ce que la paternité *comme telle* comporte de transgénérationnel, voire de transculturel.

Chapitre V

Une aventure spirituelle

Nous voici à nouveau devant un double changement : de position et de visée. Alors que le chapitre précédent envisageait la paternité du point de vue des fils ou des filles, inversons maintenant le sens de la perspective. Plaçons-nous du point de vue du père tourné vers ses enfants, et sur ce qu'implique pour lui la prise de conscience de sa responsabilité paternelle. Nous passerons alors d'une optique essentiellement descriptive à une démarche proprement éthique. Avec Paul Ricœur, définissons ce dernier terme comme la *visée de la vie bonne*[1]. Il ne s'agit pas seulement, alors, d'expliciter ce qui est donné, ce qui a lieu, mais d'élucider ce que l'on estime bon, c'est-à-dire les choix auxquels la conscience et la volonté du père sont conviées s'il veut être en cohérence avec la vérité de sa position. Autrement dit, nous ne traiterons plus d'êtres, de fonctions ou de figures, mais de tâches, de missions et de vertus.

Assumer une paternité, c'est répondre à un appel, « partir ne sachant où l'on va », s'engager, sur une longue durée, à poser certains actes au service de la vie et de la croissance de l'enfant. Ces actes de service ne relèvent pas seulement de la fonction mais de l'exercice de ce

1. « Appelons "visée éthique" la visée de la vie bonne, avec et pour autrui, dans des institutions justes. » Paul Ricœur, *Soi-même comme un autre*, Seuil, 1990, p. 202.

qu'avec Pierre Legendre nous pouvons appeler un *office*[2] ou, avec la théologie chrétienne depuis saint Augustin, un *ministère*[3]. Impliquant la volonté, cet exercice ne peut pas être analysé à travers les seules catégories de la psychologie, attentive aux conditions d'émergence de la conscience et du désir. C'est aux *vertus*, c'est-à-dire aux « dispositions acquises de la volonté[4] », que l'éthique prête attention, à ces qualités morales qui sont autant de forces pour vouloir ce qui est bon. Au-delà de l'être paternel, quelles sont donc les vertus paternelles ?

Ainsi comprise, la paternité est une aventure spirituelle. « Aventure » dans la mesure où ne manqueront ni les alternatives, ni les risques, ni les écueils. Rien n'est joué d'avance, rien n'est garanti. L'éducation n'est pas une entreprise que l'on maîtrise ou planifie de part en part. « Spirituelle », dans la mesure où y est bien impliquée la vie de l'esprit, à entendre comme dynamisme de transcendance, c'est-à-dire de dépassement. Redisons-le : la paternité ne relève pas seulement du donné ou de déterminismes. Elle est intrinsèquement spirituelle en ce qu'elle implique le déploiement du dynamisme créateur de la liberté, de l'intelligence et de l'amour. En ce sens aussi qu'elle n'est pas seulement dépendante du passé mais ouverture à un *à-venir*. Littéralement, elle est *inspirée*, recevant souffle, sens et énergie d'une source secrète, d'une parole cachée pour les uns, explicite pour les autres, qui tire les pères en avant, les appelant à se dépasser, à se dévouer, à aller plus loin dans le don qu'ils n'en eussent jamais été capables selon les seules ressources de leur vie individuelle ou de leur psychologie.

La paternité est d'essence spirituelle ; nous l'affirmons aussi nettement que nous avons souligné plus haut[5] l'importance de sa

2. « *Ex officio* le père est obligé envers le fils. » Pierre Legendre, *Le crime du caporal Lortie*, Flammarion, 1989, p. 178. Selon le Petit Robert, un office est « une charge dont on doit s'acquitter ».

3. « Il [le père] accomplit un ministère ecclésiastique et, en un certain sens, épiscopal, qui le relie au Christ dans l'éternité. » Saint Augustin, *Sur l'Évangile de Jean*, II,13.

4. Aristote, *Éthique à Nicomaque,* 1. II, ch. VII.

5. Aux chapitres II et III notamment.

dimension charnelle. Le plus spirituel est au centre, il est le plus irréductible. Au reste, ne l'oublions pas, dans notre perspective, il serait vain d'opposer l'un et l'autre : la vie spirituelle sourd et se donne au cœur du charnel, même si elle se donne aussi au-delà de celui-ci, dans la parole et les événements notamment.

Une singulière responsabilité

Se découvrir père, c'est d'abord prendre conscience d'une responsabilité. D'une singulière responsabilité, en ce sens qu'elle est radicale, totale. Être père, c'est avoir « charge d'âme », autrement dit, avoir à répondre de la vie même de son enfant, de la totalité de son existence. Et cela, pour deux raisons fondamentales. En premier lieu, cette vie est passée par la personne du père ; par son corps, mais aussi par ses gestes, sa parole. Il a été parmi les tout premiers à l'accueillir dans la vie, aux côtés de la mère, en accord avec laquelle il lui a donné un prénom. De ces actes, il est voué à répondre. Il est sommé d'être cohérent avec cette responsabilité. Répondre de la vie de cet enfant, ce sera aussi répondre de lui-même, de sa capacité à assumer ses actes.

La seconde raison fondamentale est que, face à l'enfant, nous sommes devant une vulnérabilité, la plus grande des vulnérabilités même, lorsqu'il vient de naître. Or, la vulnérabilité comme telle, pour une conscience humaine, suscite la responsabilité. Le philosophe Hans Jonas a même pu désigner la responsabilité parentale, tout particulièrement à l'égard du nouveau-né, comme le modèle, l'archétype de toute responsabilité. Le nouveau-né, « cet être sans défense suspendu au-dessus du non-être, dont la simple respiration adresse un “on doit” irréfutable à l'entourage, à savoir : qu'on s'occupe de lui[6] ». Vulnérable, l'enfant le restera, selon des formes variables, aux divers moments de son histoire, même sous une carapace d'apparente dureté.

6. Hans Jonas, *Le principe de responsabilité* (1987), trad. fr. Cerf, 1990, p. 75.

Certains hommes témoignent qu'ils ont vraiment découvert, de façon existentielle, ce que veut dire « être responsable » en devenant pères. « Il me semble qu'on ne devient vraiment responsable que lorsque l'on a des enfants », affirme l'un d'eux[7]. Il en est aussi, en sens inverse, qui ne se découvrent vraiment pères qu'au moment où ils prennent conscience de la vulnérabilité de leur enfant. Le romancier Paul Auster l'exprime ainsi, au sujet d'un de ses personnages qui vient d'être confronté à la possible mort de son fils :

> « Ce n'est qu'à ce moment, il s'en était rendu compte ensuite, qu'il avait enfin pris conscience de toute l'étendue de sa paternité : la vie de l'enfant comptait plus pour lui que la sienne ; s'il fallait mourir pour sauver son fils, il mourrait volontiers. Et ce n'est qu'en cet instant de peur qu'il était devenu, une fois pour toutes, le père de son fils[8]. »

Si, selon la formule d'Emmanuel Lévinas, « aimer, c'est craindre pour autrui, porter secours à sa faiblesse[9] », il s'avère que cela vaut particulièrement pour l'amour parental, et cela d'une manière particulièrement incarnée, dans la mesure où cette crainte plonge alors, plus que nulle part ailleurs, dans la « chair », c'est-à-dire dans notre affectivité primordiale, dans le lieu de notre réceptivité fondamentale à la vie. La dimension charnelle de l'affection est peut-être, *a priori*, encore plus accentuée chez les mères mais, face à la crainte ou à la détresse devant la mort, pères et mères se trouvent à égalité.

« Charnel » ne signifie pas pour autant « instinctif » ou « soumis à la loi de l'espèce ». Dans la crainte, dans la compassion et le sentiment de responsabilité qui leur est lié, s'indique déjà une orientation spirituelle. Il existe des pères, des mères même parfois, qui restent étrangers à ces mouvements, qui ne sentent pas naître en eux

---

7. Témoignage cité par Charles Roncier, *in* dossier spécial du *Nouvel Observateur*, décembre 2002, p. 28.
8. Paul Auster, *L'invention de la solitude* (1982), Actes Sud, coll. « Babel », 1992, p. 175.
9. Emmanuel Lévinas, *Totalité et infini*, Martinus Nijhoff, 1968, p. 233.

ce que l'on appelle la « fibre » paternelle ou maternelle, à l'instar de tel personnage de Milan Kundera : « Pourquoi se serait-il attaché à cet enfant plutôt qu'à un autre ? Il n'était lié à lui par rien, sauf par une nuit imprudente[10]. » Aussi charnelle soit-elle, l'affection-responsabilité parentale est déjà arrachement à l'*ego*, dépassement de la clôture du moi. Elle suppose que le sujet sorte de lui-même, soit sensible à l'existence d'un autre, jusqu'à pouvoir souffrir de sa souffrance. À la fin de son livre majeur, Emmanuel Lévinas établit un lien entre « fécondité » et « transcendance ». Dans la filiation a lieu ce miracle que l'attachement à soi, qui est au cœur du moi, *passe en un autre* dont l'existence importe autant et, le cas échéant, davantage que la mienne. « La paternité est une relation avec un étranger qui, tout en étant autrui, *est* moi ; une relation du moi avec un soi qui cependant n'est pas moi. [...] La fécondité du moi, c'est sa transcendance même[11]. »

Cela peut aller jusqu'à être « otage » de la souffrance de l'autre. Le malheur qui arrive à son enfant est malheur pour le père ou pour la mère. Cette notion d'otage est commune à deux auteurs : on la trouve chez Lévinas pour dire le plus extrême de la vulnérabilité à la souffrance d'autrui[12] ; on la trouve également chez Péguy, dans son fameux texte sur « les aventuriers des temps modernes », qui est rarement cité au-delà de cette formule.

> « Il n'y a qu'un aventurier au monde, et cela se voit très notamment dans le monde moderne : c'est le père de famille. Les autres, les pires aventuriers, ne sont rien, ne le sont aucunement en comparaison de lui. Tout dans le monde moderne, et même et surtout le mépris, est organisé

10. Milan Kundera, *L'insoutenable légèreté de l'être*, trad. fr. Gallimard, 1984, p. 19.
11. E. Lévinas, *op. cit.*, p. 254.
12. « Unicité du Moi : unicité de répondant, d'otage à qui personne ne saurait se substituer sans transformer sa responsabilité en rôle joué sur le théâtre. Condition d'otage – non choisie : s'il y avait choix, le sujet aurait gardé son *quant à soi* et les issues de la vie intérieure, alors que sa subjectivité, son psychisme même, est le *pour l'autre*. » E. Lévinas, *Autrement qu'être*, Martinus Nijhoff, 1986, p. 173.

contre le sot, contre l'imprudent, contre le téméraire – *qui serait ce vaillant, ou bien ce téméraire ?* – contre le déréglé, contre l'audacieux, contre l'homme qui a cette audace, avoir femme et enfants, contre l'homme qui *ose* fonder une famille. Tout est contre lui. Tout se retourne et se conjure contre lui. [...] Littéralement lui seul est un aventurier, court une aventure. Car les autres, au *maximum*, ne jouent que leur tête, et ce n'est rien. Lui, au contraire, il joue tous les membres. Les autres ne souffrent qu'eux-mêmes. *Ipsi*. Au premier degré. Lui seul il souffre d'autres. *Alii patitur*. Au deuxième, au vingtième degré. Il en fait souffrir d'autres, il en est responsable. Lui seul, il a des otages, la femme, l'enfant, et la maladie et la mort peuvent le frapper dans tous ses membres. Les autres naviguent à sec de toile. Lui seul il expose, il est contraint d'exposer aux tempêtes de mer un énorme appareil, un corps plein, toute la toile ; et quelle que soit la force du vent, il est forcé de naviguer au plein de ses voiles. [...] Les autres se faufilent. Ce sont des corsaires. Ils sont à sec de toile. Mais lui, qui navigue, qui est forcé de gouverner sur cette immense largeur, lui seul il ne peut point passer inaperçu de la fatalité. C'est donc lui qui est engagé dans le monde, et lui seul. Tous les autres peuvent s'en jouer. Lui seul paye pour tout le monde. Chef et père d'otages lui-même il est toujours otage[13]. »

Dans cette solidarité extrême, père, mère et enfants sont « otages » les uns des autres, en ce sens que la vulnérabilité des uns est indissociable de celle des autres. La fragilité des enfants renvoie père et mère à leur propre fragilité. Le philosophe André Comte-Sponville en témoignait un jour : « Le premier de nos enfants est mort à six semaines, des suites d'une méningite. L'expérience de ce deuil fut atroce. J'ai souffert comme jamais je n'avais souffert. [...] La paternité m'a confronté à ma propre fragilité, à la fragilité de la vie humaine. Surtout j'ai découvert une quantité d'amour que je n'avais jamais envisagée. C'est aussi ce qui m'a fait découvrir

13. Charles Péguy, *Dialogue de l'histoire et de l'âme charnelle* (1909), *Œuvres en prose. 1909-1914*, Gallimard, coll. « La Pléiade », 1961, p. 373-374.

que l'amour est la plus forte des valeurs, qui fait que la vie vaut la peine d'être vécue[14]. »

Une nécessaire conversion

Le sens d'une telle responsabilité, nous l'avons entrevu, n'est pas « naturel » au sens de donnée immédiate de la vie psychique spontanée. Comme le terme lui-même l'indique, la responsabilité est *response*, réponse à un appel. Selon Emmanuel Lévinas, le premier mot de la responsabilité est : « Me voici. » Or, entendre l'appel qui vient du plus petit suppose un minimum d'ouverture de l'oreille et du cœur. Cette ouverture peut devenir moins évidente avec le temps, passé la grâce des premières années, lorsque la relation devient plus conflictuelle, l'âge plus « ingrat », lorsque l'enfant n'est plus un « enfant ».

Il peut être instructif de relever quel est le tout premier fruit annoncé de la prédication de Jean Baptiste, au seuil de l'Évangile selon saint Luc : « Il ramènera le cœur des pères vers leurs fils » (Luc 1,17). Il s'agit d'une citation du prophète Malachie, qui enchaînait : « … et le cœur des fils vers leurs pères ». Mais l'évangéliste ne retient que la première partie de la phrase. Ordinairement, lorsque l'on songe à une conversion dans la relation père-enfants, c'est la conversion des seconds qui vient la première à l'esprit : que les enfants soient sages, qu'ils obéissent à leur père, reviennent à lui… Mais, selon l'Évangile, le premier fruit de la prédication du prophète est que le cœur des pères se tourne vers les fils ! Il faut croire que ce n'est pas si courant. En effet, bien des obstacles s'opposent à ce que le cœur des pères soit réellement tourné vers leurs fils. Ce peut être l'indifférence évoquée plus haut. Ce peut être aussi la logique de la puissance : le père est le plus fort ; il peut user de cette force pour dominer épouse(s) et enfants. Évoquons aussi l'instrumentalisation de l'enfant au profit des rêves des parents, de leur narcissisme

14. André Comte-Sponville, entretien dans le journal *Réforme*, 2 septembre 1998.

ou de leur bon plaisir. Peut survenir enfin la logique de l'enfermement dans le même, à l'opposé de la reconnaissance de la différence et de l'altérité. Nous devons évoquer ici, entre autres, les conduites incestueuses, qui demeurent si nombreuses[15], sans oublier leurs formes dérivées, non directement sexuelles, au sens défini par Xavier Thévenot : « J'appellerai "incestueuse" toute conduite qui cherche, d'une façon ou d'une autre, à prolonger ou à reproduire l'état d'indifférenciation qui existait, au commencement de la vie, entre le petit enfant et l'instance maternelle[16]. »

Si nous nous mettons à l'écoute de ces expressions de l'imaginaire collectif que sont les mythes, ceux de la mythologie grecque tout spécialement, nous recevons une image plutôt inquiétante de la paternité. Voici le plus ancien d'entre les dieux, Ouranos, dieu du Ciel, faisant enfermer les enfants que lui a donnés Gaia, la Terre, au fond des Enfers. Voici l'un de ces enfants, Chronos, dieu du Temps, castrant son père à l'aide d'une faucille fournie par sa mère, avant de dévorer lui-même ses propres enfants. (Le temps, en effet, ne dévore-t-il pas les enfants qui sont nés de lui ?) Mais alors l'un d'eux, Zeus, dieu de l'éclair, entre en rébellion contre lui, pour le supplanter enfin. Édifiante famille ! Si maintenant nous nous tournons du côté des mortels, rappelons-nous que l'Occident est habité par l'histoire de Laïos, ce roi de Thèbes, abandonnant son fils Œdipe dans le désert de crainte qu'il ne le tue, avant d'être finalement tué par lui quelques années plus tard. Tout se passe comme si, entre pères et fils, la relation la plus archaïque, ancrée dans l'imaginaire, était faite de crainte, de rivalité, de lutte mortelle.

---

15. Sur ce sujet, je renvoie au livre de Vincent Laupies, *Les quatre dimensions de l'inceste*, L'Harmattan, 2000.

16. « Ainsi, serait chaste une conduite qui s'efforcerait de faire sortir la personne de l'état d'indifférenciation (« incestueux ») qui était le sien au tout début de son existence. » Étymologiquement, en effet, « inceste » vient de *in-castus*, le contraire de *castus*. Xavier Thévenot, *Repères éthiques pour un monde nouveau*, Éd. Salvator, 1983. Voir aussi Denis Vasse, *Inceste et jalousie*, Seuil, 1995, p. 120-123.

Il est vrai que, d'une certaine manière, le fils prendra la place de son père dans l'existence. Et l'on sait combien la figure d'Œdipe, relue et interprétée par Freud, est devenue, depuis le père de la psychanalyse, modèle d'interprétation de la relation du fils au père durant tout le XXe siècle. Dans *Totem et tabou*, Freud a élaboré le « mythe scientifique » de l'ancêtre oppresseur, chef de la horde primitive et détenteur de tous les biens sexuels, que les fils coalisés auraient dû tuer pour fonder l'ordre social. À l'image du père est associée celle de la toute-puissance, et il faut mettre fin à celle-ci, tant pour devenir soi-même que pour établir le règne de l'égalité entre les frères.

La suprématie du modèle freudien a été telle que la figure d'Œdipe a fini par occulter une autre figure, non moins fondatrice de la culture occidentale, qui ne met pas en scène le meurtre du père par le fils mais le dépassement du meurtre du fils par le père. Abraham est l'anti-Laïos, comme Isaac est l'anti-Œdipe.

La paternité d'Abraham est une aventure spirituelle, semée d'embûches et de décisions, comme toute son histoire, au cours de laquelle il devient père en plusieurs fois, recevant à quatre reprises son fils de l'Éternel. Il le reçoit une première fois en entendant la promesse d'une descendance, alors que son épouse est stérile, au sein d'un pacte d'alliance (Genèse 17). Il le reçoit une seconde fois, avec son épouse Sarah, lors de l'annonce de la naissance d'un fils, au chêne de Mambré (ch. 18) ; il le reçoit une troisième fois lors de la naissance de celui-ci (ch. 21) ; il le reçoit une quatrième fois lorsque, après avoir accepté de « l'offrir en holocauste sur le mont Moriyya », il comprend, par l'intervention de l'Ange, que l'*offrande* n'est pas le *meurtre :* « N'étends pas la main contre cet enfant » (22,12). Il sacrifie alors un bélier, image de la puissance masculine, et non son fils, de telle sorte que l'on ne devrait pas parler de « sacrifice d'Isaac », mais de « sacrifice d'Abraham » : sacrifice de la puissance paternelle, de la possession du fils par le père. Alors, ayant consenti à se dessaisir de son fils, il reçoit à nouveau une promesse de postérité, dans des termes qui rappellent la première annonce :

« Parce que tu as fait cela, que tu ne m'as pas refusé ton fils, ton unique, je te comblerai de bénédictions, je rendrai ta postérité aussi nombreuse que les étoiles du ciel et que le sable qui est sur le bord de la mer » (22,16-17).

Histoire extraordinaire, que nul n'aura jamais fini de comprendre. Histoire d'un recouvrement à travers un dessaisissement, d'une fécondité reçue au sein d'un renoncement, d'un don accueilli en retour d'un don offert. Entre le père et le fils est passé le couteau, le glaive de la parole de l'Éternel. Les historiens décèlent dans ce récit la marque d'un dépassement de l'attitude sacrificielle envers les enfants. Les sacrifices d'enfants, du premier-né notamment, ont été courants dans l'histoire humaine. Les rédacteurs de ce texte étaient entourés de peuples où ils se pratiquaient. (À quelles idoles, aujourd'hui, les enfants ne sont-ils pas sacrifiés ?) Le dépassement d'une telle conduite est dépassement de l'immémorial fond de violence qui détermine les relations humaines, les relations père-fils notamment. Le psychanalyste Paul-Laurent Assoun résume ainsi sa lecture de ce récit :

« Abraham devient père – c'est même symboliquement le premier père de l'histoire – au moment où il épargne son fils Isaac, renonçant à la toute-puissance comme à la tendance sacrificielle des religions antérieures. C'est la voix de l'Autre divin lui interdisant le sacrifice qui le fait père : Isaac dès lors est plus qu'un petit d'homme animalisé, c'est un fils. Le lien entre père et fils passe par cette histoire de mort surmontée qui noue le destin de la Loi[17]. »

Abraham éprouve que toute fécondité est don, et non le prolongement de la puissance ou de l'être du géniteur. Que la vie du fils provient d'une source secrète, qui est la même que celle de sa propre vie. D'un Autre qui est sujet, sujet d'une Parole. Il ne nomme pas Dieu

17. Paul-Laurent Assoun, « Le père symbolique », *in* dossier du *Nouvel Observateur* cité, p. 77.

« père », ce que d'autres générations apprendront, mais déjà il vit ce que nous appellerons « une paternité de fils », une paternité reçue.

La conversion à laquelle toute paternité est appelée est celle d'une logique de puissance à une logique de reconnaissance. Reconnaissance de l'altérité de l'engendré comme de l'altérité de la source de vie. Selon les termes de Pierre Legendre, « il ne naît que des fils » ; ou encore : « Un père est un fils qui fait office de père[18]. » Fils de son propre père, inscrit dans une généalogie et une histoire, mais plus que cela : fils *aujourd'hui*, engendré aujourd'hui par la Source présente de la vie.

Une triple alliance

Se reconnaissant comme fils, non seulement de son père, mais de l'origine de la vie, le père ne prétend pas coïncider avec elle. Il ne se prend pas pour l'origine de son fils. Manière de dire qu'il « ne se prend pas pour Dieu le Père ». Dès lors, reconnaissant son fils comme un *autre*, comme distinct, séparé de lui, il lui faut nouer avec celui-ci un lien. Contrairement à ce que l'on croit parfois naïvement, ce lien n'est pas donné de façon immédiate, et nous avons pu entrevoir que, selon les cultures ou les complexions psychiques, certains ont même du mal à le nouer ou à l'assumer.

L'alliance paternelle

« Un père doit toujours adopter son enfant[19] », affirmait Françoise Dolto, signifiant qu'il y a toujours un moment où un père doit reconnaître et accueillir réellement l'enfant comme sien. Selon les histoires et les psychologies, ce moment vient plus ou moins tôt : dès la grossesse, au moment de l'accouchement ou quelques semaines,

18. P. Legendre, *op. cit.*, p. 48.
19. Françoise Dolto, *L'Évangile au risque de la psychanalyse*, éd. J.-P. Delarge, 1977, p. 26.

quelques mois, voire quelques années plus tard. Le droit romain codifiait et ritualisait cette reconnaissance du fils par le père. Le père élevait l'enfant et le plaçait sur ses genoux (c'est pourquoi l'on retrouve la même racine dans *genere*, « engendrer »). Cet acte est aujourd'hui implicite, socialement du moins. Il y a lieu de se demander s'il ne gagnerait pas à être plus explicite, voire ritualisé[20]. Il serait bon de faire accéder à la conscience ou au langage ces paroles secrètes par lesquelles un père dit à son enfant : « Tu es mon fils – ma fille – bien aimé(e), en qui je mets toute ma joie. »

Cet acte de parole peut être rangé dans la catégorie des pactes d'alliance[21]. « Alliance » est l'engagement qui crée le plus fort des liens, « à la vie et à la mort ». Il s'agit de l'entrée de deux histoires l'une dans l'autre, de la naissance d'une solidarité si forte que, désormais, elle comporte de l'irréversible. Elle repose sur le don réciproque. Comprise en un sens interpersonnel, elle peut être définie, avec Jean-Claude Sagne, comme « le choix signifié de construire un espace de vie par et pour l'échange des dons[22] ».

La principale différence entre l'alliance paternelle[23] et l'alliance conjugale – ou tout autre type de pacte entre pairs – est que, dans

20. Surtout à l'heure où l'on prive les hommes de la joie d'aller « déclarer leur enfant à la mairie », les démarches administratives étant effectuées par le personnel (généralement féminin) de la clinique d'accouchement. La remise d'un « livret de paternité », instaurée en France, suffira-t-elle à pallier ce manque ? Cela n'est pas certain.

21. Outre l'alliance conjugale, il en est d'autres encore : alliance fraternelle, alliance amicale, alliance guerrière ou politique.

22. Jean-Claude Sagne, *L'homme et la femme dans le champ de la parole*, DDB, 1995, p. 83. Sur ce sujet, je renvoie aussi au chapitre : « De l'amour à l'alliance », de mon ouvrage *Les mirages de l'amour*, Bayard, 1997.

23. On trouve, sinon les termes, du moins l'idée d'alliance paternelle chez les prophètes, notamment chez Jérémie, au chapitre 31 : « De loin YHWH lui est apparu : d'un amour éternel je t'ai aimée, aussi t'ai-je conservé toute ma faveur. [...] Ils étaient partis dans les larmes, dans les consolations je les ramène ; je vais les conduire aux cours d'eau, par un chemin uni où ils ne trébucheront pas. *Car je suis un père* pour Israël et Éphraïm est mon premier-né » (v. 3, 8, 9). Par ailleurs, le *Vocabulaire de théologie biblique* nous apprend que la parole du psaume messianique « Tu es mon fils, aujourd'hui je t'ai engendré » (Psaumes 2,7) était une formule d'adoption babylonienne (article « Père », III, 4).

celle-ci, le pacte crée le lien, lien régi, dans notre culture et notre éthique, par le principe de l'égalité et de la réciprocité. Le pacte d'alliance paternelle, lui, est précédé par un donné antérieur, inscrit dans la chair. Quand tu deviens mon fils ou ma fille, tu l'es déjà. Ce qui veut dire que ce pacte est foncièrement dissymétrique, puisque l'existence de l'un des deux en est à ses commencements : il ne lui est ni possible ni demandé de s'engager, pas plus qu'il n'a « demandé à naître », selon la formule consacrée. Alliance dissymétrique et inégale, donc, mais dont toute réciprocité, toute égalité n'est pas destinée à être absente. Fondamentalement, foncièrement, le père reconnaît son fils (ou sa fille) comme son égal, et il (ou elle) l'est. Il (ou elle) l'est devant Dieu, dans l'absolu. C'est la position, la responsabilité qui est dissymétrique et, si l'on veut, inégale. Mais les personnes en tant que personnes sont d'égale dignité. Quant à la réciprocité, elle apparaîtra avec le temps, dans la mesure où le fils, la fille, devra lui aussi, elle aussi, adopter son père, l'accepter, le reconnaître, ce qui peut prendre des années.

Un des attributs majeurs de ce pacte, ce qui lui donne le plus sa dimension d'alliance, est son caractère irréversible et même, disons-le, indissoluble. L'indissolubilité du lien entre parents et enfants est généralement reconnue aujourd'hui par ceux-là mêmes qui avalisent la fragilité du lien conjugal[24]. Accueillir, reconnaître, adopter son enfant, c'est s'engager pour une longue durée ; non seulement pour une « durée illimitée » (comme dans les contrats du même nom), mais inconditionnellement, pour toujours, jusqu'à la mort de l'un des deux. Si l'amour inconditionnel est moins fortement affirmé aujourd'hui comme fondement du lien conjugal, il l'est toujours comme intrinsèque au lien parental. Avec leur enfant, ils doivent bien se reconnaître comme liés *pour le meilleur et pour le pire* !

---

24. Ainsi Irène Théry : « Le lien de filiation demeure, dans nos représentations, un lien inconditionnel et non contractuel ; il est même devenu l'archétype du lien indissoluble. » *In* « Différence des sexes et différence des générations », revue *Esprit*, décembre 1996, p. 72.

Même si celui-ci fait « les 400 coups », même si sa conduite est odieuse, répréhensible, voire criminelle, sa mère reste sa mère, son père reste son père. Il existe, bien sûr, des exceptions à cette reconnaissance, mais elles restent des exceptions. Or, l'alliance inconditionnelle est une aventure spirituelle, car elle engage dans une logique de don, au-delà du calcul, de don jusqu'au bout, jusqu'au bout du pardon notamment[25].

Nous retrouvons la question de la réciprocité. L'alliance repose sur le don *et* le don en retour, c'est-à-dire sur la réciprocité du donner et du recevoir. Il n'est pas question, dans la relation entre parents et enfants, de songer à un principe d'équivalence. Ce serait un triste détournement du sens de la parenté que de concevoir que fils ou filles doivent donner à leurs parents l'équivalent de ce qu'ils ont reçu. Comme le pacte, le don est dissymétrique, tant il est vrai que, telle la vie, « l'amour descend et ne remonte pas », ainsi que le dit la sagesse populaire. L'important est que les enfants puissent devenir donateurs à leur tour… vers d'autres.

Il serait erroné toutefois de considérer que le don soit unilatéral, et que le contre-don soit nul de la part de l'enfant. Il y a tout d'abord le don de la *confiance*. L'alliance paternelle, comme l'alliance éducative – qui en est un des aspects –, repose sur une mutuelle confiance. On ne peut pas être père ou éducateur en vérité sans une confiance de fond en l'enfant, en sa capacité de croissance, en son intelligence, en sa bonne volonté. Réciproquement, l'enfant ne peut pas être fils ou fille en vérité, il ne peut rien recevoir d'essentiel de son père sans une confiance en lui. La confiance n'est pas seulement croyance (croire que), elle est *fiance*, c'est-à-dire l'acte de se fier en l'autre (croire en). Autrement dit, elle est une forme de foi. Il y a bien un double mouvement de foi dans la filiation. À la foi paternelle correspond la foi filiale. Il ne s'agit certes pas de faire de l'enfant – ou du père – un dieu ; il s'agit simplement d'une disposition à l'accueil, au-delà ou en deçà de la

25. Nous développerons plus loin.

peur, du doute ou de la méfiance. C'est d'une telle disposition que nous avons reçu nos savoirs premiers : en accordant « crédit », avant toute vérification possible, à la parole d'un autre. Ainsi donc, comme l'écrit Marguerite Léna, « le lien d'éducation est une foi partagée, non symétrique et pourtant réciproque : foi donnée par l'enfant à la parole invérifiable de l'adulte ; foi donnée par l'adulte à l'avenir inépuisable de l'enfant, crédit ouvert sur le possible, et même sur l'impossible[26] ».

Un second angle sous lequel peut être légitimée la notion d'alliance paternelle est la perspective plus large de l'*alliance entre les générations*. Les générations sont de fait, qu'elles le veuillent ou non, solidaires entre elles, dépendant les unes des autres. Elles le sont notamment pour mener ensemble les combats de la vie. Si le sens le plus ancien du mot « alliance » désigne l'alliance guerrière pour lutter ensemble contre un ennemi commun, force est de reconnaître que les générations ont besoin l'une de l'autre pour lutter ensemble contre la mort ou, tout simplement, pour mener ensemble les combats de la vie. Sans la fécondité et la filiation, l'histoire s'arrêterait. La filiation est passage de témoin, transmission du flambeau de la vie, de biens spirituels et, le cas échéant, d'un patrimoine. Se vérifie ici avec une particulière acuité la vérité du bel adage selon lequel « ce qui n'est pas donné est perdu ». Mourir sans transmettre, ce serait mourir deux fois. Il ne faut pas oublier par ailleurs que chaque génération est faible à son tour. Celle qui arrive est faible en ses commencements ; celle qui précède sera faible un jour, ou l'est déjà, par le vieillissement. La filiation juste et heureuse comporte un pacte implicite – éventuellement explicite – de solidarité, selon lequel la génération montante n'abandonnera pas la génération vieillissante. Cette dimension de solidarité intergénérationnelle peut être bonne à rappeler, en contrepoint à une culture qui met en avant seulement le point de vue individuel et la courte durée. À l'aune du temps, à l'échelle de la longue durée, la dimension d'alliance est plus saillante.

---

26. Marguerite Léna, *Le passage de témoin*, Parole et silence, 1999, p. 14.

L'alliance conjugale

L'alliance paternelle et l'alliance conjugale étant bien posées comme n'étant pas de même nature, il serait toutefois erroné de les croire entièrement étrangères l'une à l'autre. À plusieurs reprises, nous avons souligné que le lien paternel, comme le lien maternel, comme l'amour parental, s'appuyait sur le lien conjugal, se nourrissant de l'amour entre les parents. Dans la même ligne, il apparaît que reconnaître le lien parental comme indissoluble tout en prenant son parti de la précarité du lien conjugal n'est pas très cohérent. Lorsque les parents se séparent, lorsque cesse la vie commune de l'un *et* de l'autre, ensemble, avec l'enfant, la relation de celui-ci à son père, à sa mère, en est affectée. Elle est, pour le moins, amputée. Amputée non seulement par l'absence du toit familial de l'un d'entre eux, mais parce qu'elle n'est plus alimentée de cet échange quotidien entre les parents qui fait le sel de la vie familiale. C'est pourquoi il y a *de facto* une connexion étroite entre l'engagement dans un lien de filiation plénier et l'engagement dans un lien conjugal solide. En sa vérité, le lien conjugal a vocation à être aussi indissoluble que le lien parental, comme l'amour conjugal a vocation à être aussi inconditionnel que l'amour paternel ou maternel[27].

Voici alors, en cette autre alliance, qui est première, fondatrice, une autre aventure spirituelle majeure. Soixante-cinq ans avant le texte de Péguy sur « les aventuriers des temps modernes », Soeren Kierkegaard célébrait l'époux comme *le plus grand des aventuriers*.

« À un point de vue tout extérieur, des centaines et des centaines ont risqué plus qu'un époux : ils ont risqué royaumes et provinces, des millions et des millions, ils ont perdu trônes et duchés, fortune et prospérité ; et pourtant un époux risque davantage. Car celui qui aime

27. Jean-Claude Sagne affirme que le lien conjugal a son ancrage psychologique le plus profond dans l'aspiration à trouver en un être élu un attachement aussi fort que celui qui a été éprouvé avec la mère. *In* X. Lacroix (dir.), *Oser dire le mariage indissoluble*, Cerf, 2001, p. 131.

risque plus que toutes ces choses, et celui qui aime dans toutes les circonstances de la vie risque plus que tous[28]. »

S'engager à vivre une relation intime avec un être différent – par son sexe, son histoire, son origine – « jusqu'à ce que la mort nous sépare », quelle plus grande aventure ? On peut comparer ce chemin à un itinéraire mystique, qui traverse des périls, qui passe par des nuits, pour avancer vers l'inconnu. La chance d'une telle « traversée de l'impossible[29] » est, à travers les dépassements qu'elle exige quotidiennement, de donner d'accéder à une vie nouvelle, plus riche qu'une existence seulement individuelle. Mais rien n'y est joué d'avance, rien n'est jamais acquis. « L'union de l'homme et de la femme, ose affirmer le Talmud, est un miracle plus grand encore que le passage de la mer Rouge[30]. »

Et la parenté, soulignons-le, fera partie des données de cette aventure. Passer de deux à trois, déjà – cap parfois délicat, nous disent les conseillers conjugaux –, puis de trois à... (je n'ose pas donner de nombre !), oblige à des remaniements, à des redéfinitions de la relation qui impliquent l'abandon de représentations ou d'équilibres anciens, pour avancer toujours vers du nouveau[31]. Aux nécessaires transformations du couple s'associeront de surcroît les passes difficiles propres à l'histoire de chaque enfant. Avec lui, non seulement à ses côtés mais traversés et mis en question par elles, père et mère connaîtront les crises de sa sortie de l'enfance, de son adolescence

---

28. Soeren Kierkegaard, *Stades sur le chemin de la vie* (1845), éd. de l'Orante, *Œuvres complètes*, tome IX, 1978, p. 108.
29. Titre d'un chapitre du livre d'Anne Singer, *Éloge du mariage, de l'engagement et autres folies*, Albin Michel, 2000. J'ai retenu ce titre pour mon ouvrage *La traversée de l'impossible*, aux éd. Vie chrétienne, 2000.
30. Traité *Sota*, 2 a.
31. « Même si la famille se réjouit, l'arrivée d'un enfant, et particulièrement du premier, est toujours pour un couple une aventure qui entraîne de nombreux bouleversements et peut provoquer des crises. » Françoise Payen, « L'arrivée du premier enfant », in *Alliance*, n°s 147-148, mai-août 2003.

et de sa post-adolescence. Sans parler de toutes celles qui tiendront à sa complexion et à son histoire singulières : difficultés scolaires, déboires sentimentaux, tentation des paradis artificiels, ambivalence devant l'indépendance, etc. Ils participeront à cette aventure qu'est l'entrée dans la vie de nouvelles existences. L'histoire de leur lien conjugal, en ses différentes phases, ne sera pas étrangère à ce long enfantement. C'est ainsi que Jean-Claude Sagne, repérant quatre « moments » dans la vie du couple, souligne leur lien avec l'aventure parentale : si le premier, temps de la *constitution*, est celui de la fondation du couple, le second, celui de la *réalisation*, de l'entrée dans le réel, correspond à l'arrivée des enfants, tandis que le troisième, celui de la *maturité*, qui est aussi celui de la découverte des limites, correspond à l'adolescence de ces derniers, avant que le quatrième, temps de la *résolution*, temps de la démaîtrise et de la gratuité, vienne après leur départ[32].

Un des fruits de cette aventure indissociablement conjugale et parentale sera l'avancée vers une révélation progressive de la vérité de la différence sexuelle. En un temps et une culture où cette différence fait l'objet de beaucoup d'incertitudes, l'exercice de la paternité et de la maternité demeure un des lieux privilégiés de son expression. En dépit de certaines contestations idéologiques, l'engendrement est le lieu où la réalité de la différence est la plus irrécusable. Nous avons déjà relevé combien, dans l'expérience de la paternité et de la maternité, le masculin et le féminin pouvaient se mettre mutuellement en valeur. Du point de vue spirituel, il s'agit maintenant d'appréhender les « caractéristiques de genre »

---

32. Il est évident que d'autres facteurs interviennent, évident aussi que les couples sans enfants vivent une histoire qui a beaucoup de points communs avec celle-ci. Mais la souffrance même de la stérilité indique bien la profonde aspiration du couple à une telle « réalisation », sans oublier que ces derniers, comme tous les couples, sont appelés à découvrir d'autres formes de fécondité. Sur les quatre moments de la vie du couple, voir Jean-Claude Sagne, *L'homme et la femme dans le champ de la parole, op. cit.*, p. 40-67 ; et *L'aventure spirituelle du couple*, tomes I et II, éd. Saint-Paul/Chemin Neuf, 2001 et 2003.

non comme des déterminismes ou des carcans qui limitent les potentialités de la personne, mais comme l'expression de ressources, de richesses, liées de manière privilégiée à la vocation de chacun, en tant qu'homme ou en tant que femme[33]. Ces ressources, que nous avons appelées *génie propre*, que nous pourrions appeler aussi *charismes* ou *vertus*, sont spirituelles dans la mesure où elles vont dans le sens d'un déploiement de la liberté, et non de son aliénation. Si, comme nous l'avons perçu également, il est difficile de caractériser ce « génie », de crainte de donner dans les stéréotypes, voici que l'exercice conjoint de la paternité et de la maternité offre un beau terrain pour la mise en œuvre des vertus en question. Non en ce que pères et mères exercent séparément, en parallèle, deux séries de vertus différentes, mais en ce que chacun peut se mettre à l'écoute de l'autre pour apprendre à être véritablement père ou mère.

Il est patent que le père devra apprendre de son épouse maints traits de sa paternité tels que le sens du soin, ceux de l'attention à la vie et de la proximité. Mais il n'est pas moins vrai que la mère aura, elle aussi, à apprendre du père certaines qualités, telles que le sens de la distance, celui des médiations ou celui de l'extériorité. Il ne s'agit là que d'exemples, variables d'une personne à une autre et, plus encore, d'un couple à un autre. Le point important à retenir ici est que les ressources morales de chacun, en tant qu'homme ou en tant que femme, ne sont pas des particularités, des propriétés de chaque genre. Elles ne sont des « vertus » qu'en étant valables pour tous, quelle que soit l'appartenance de genre. Il se trouve seulement que l'apprentissage par le père des vertus plus spontanément incarnées par la mère, comme l'apprentissage par la mère des vertus

33. Nous parlons de « vocation » dans la mesure où nous croyons que chacun est « appelé » à réaliser de manière unique un visage de la vérité de l'humain. Être appelé est le propre de la vie spirituelle. Si, par ailleurs, nous affirmons l'unité foncière de la personne humaine, nous devons affirmer que l'appartenance à l'un ou l'autre genre colore cette vocation.

plus spontanément incarnées par le père, libéreront en celui-là ou en celle-ci *la véritable virilité ou féminité*, au-delà des déterminations les plus immédiates, qui souvent sont superficielles ou grossières. Un père tendre ne le sera pas de même manière qu'une mère ; une dimension de sa virilité se révélera à travers sa tendresse. De même, une mère gardienne des médiations pourra l'être avec toute sa féminité. À l'heure où à la virilité sont généralement associés des stéréotypes exclusivement dépréciatifs[34], la paternité offre un des tout premiers lieux de révélation de ce qu'avec le père Henri Caffarel nous oserons appeler une *virilité spirituelle* : ce que nous avons vu se dessiner au chapitre précédent peut nous aider à entrevoir quelques-uns de ses traits : une certaine qualité de *force*, de *droiture*, de *persévérance* (proches, notons-le, de ce que l'on nomme classiquement les « vertus cardinales » : le courage, la justice, la prudence et la tempérance). Cette virilité-là, redisons-le, aura plus de chances d'advenir dans le contexte d'une relation vraie avec le féminin, au fil du temps, en alliance intime avec une épouse qui elle-même, grâce à cette relation, pourra accéder au sens spirituel de sa féminité. Car il faut du temps pour que se révèle la différence.

L'alliance avec l'origine

L'alliance entre les genres est donc une aventure spirituelle et la paternité, avec la maternité, en est un des lieux privilégiés. Elle est un des aspects de l'alliance conjugale, elle-même sous-jacente à l'alliance filiale. Mais nous avons vu antérieurement se profiler une troisième alliance qui, en réalité, est première par rapport aux deux précédentes. La figure d'Abraham nous a rappelé que le père n'est pas à l'origine de son fils. Ni le père ni la mère ne sont l'origine de leur enfant. Cela leur est déjà enseigné par le fait qu'ils soient deux, le recevant, en quelque sorte, l'un de l'autre. Mais,

34. Comme nous avons pu le voir au chapitre III.

en vérité, ce n'est pas *de l'autre* qu'ils le reçoivent, ils le savent bien. D'où le reçoivent-ils alors ? D'une insaisissable origine, dans la mesure où, honnêtement, ils ne peuvent pas prétendre que l'acte sexuel ou, plus précisément, la conception puisse être qualifiée de « cause » de l'enfant. La vie qui obscurément s'est frayé un chemin dans le ventre de la mère et qui, aujourd'hui encore, anime cet enfant les dépasse tellement... Elle déborde aussi bien les ressources de leur intelligence que leurs capacités d'agir. S'ouvre alors une alternative : ou bien ils croient aveuglément que tout ce qu'ils n'expliquent pas aujourd'hui, d'autres seront en mesure de l'expliquer demain, de l'analyser comme le résultat de mécanismes anonymes ; ou bien ils se fient à une intuition et en une parole. Intuition que cette vie, ils la connaissent déjà, en sa vérité, telle qu'elle se donne à eux, en eux, à chaque instant. Comme un élan, un dynamisme, une source de joie. Ils expérimentent alors que leur chair est le lieu de l'« autodonation pathétique de la vie », pour reprendre les termes de Michel Henry[35]. Ils ont l'intuition qu'une vie aussi bouleversante ne saurait être seulement l'effet de processus objectivables, mais ne peut venir que d'un réel du même ordre, que *la vie ne peut venir que de la vie*, de la vie d'un Vivant[36].

Ce qu'ils expérimentent en eux, les parents le devinent et le reconnaissent dans le visage et dans la chair de leur enfant, de telle sorte qu'ils croient que l'origine de sa vie est ce même Vivant qui est l'origine, la source de leur propre vie. En vérité, pour croire cela, ils ne se fient pas en leur intuition seulement, mais ils entendent une parole originelle – parole sans mots ou parole prenant

35. Michel Henry, *Incarnation. Pour une philosophie de la chair*, Grasset, 2000, p. 205.
36. « Venir dans la vie veut dire venir de la vie, à partir d'elle, de telle sorte que la vie n'est pas le point d'arrivée mais le point de départ de la naissance. [...] Venir dans la vie ne signifie pas d'abord venir à la vie dans la condition de vivant, mais venir à la vie à partir d'elle et de cette façon seulement. C'est-à-dire venir à la vie à partir de cet autoengendrement de la Vie absolue qu'est le Père. » M. Henry, *C'est moi la vérité*, Seuil, 1996, p. 79, 85.

corps à travers le corpus d'une Écriture. Cette parole *signifie* l'origine comme Sujet, comme Autre[37].

Avec ce Sujet, avec cet Autre, l'homme et la femme, en assumant la responsabilité de parents, ont scellé, consciemment ou inconsciemment, un *pacte*. Ils reconnaissent qu'ils ne sont pas créateurs de leur enfant, mais « pro-créateurs » – *pro* : devant, en avant, représentants du Créateur. Ils sont conscients que cette place est unique et qu'ils sont assignés en ce lieu à une responsabilité sans équivalent. À chacun des actes qu'ils poseront pour protéger et aider à grandir cette vie, ils se situeront pratiquement comme les alliés du Créateur, dont ils savent (ou croient) obscurément que c'est lui qui fait grandir leur enfant. Il y a « pacte » dans la mesure où il y a réponse à un don antérieur et engagement à donner à son tour. Le don antérieur est double : celui de leur propre vie (alliance filiale) et celui de la vie de leur enfant (alliance paternelle). La seconde prend le relais de la première. On peut en effet considérer l'âme humaine, en son plus intime, comme le lieu d'une alliance entre l'humain et le divin. Dans la paternité, cette alliance prend la forme plus spécifique d'une « alliance entre pères[38] ».

> « Et voici que je suis son père avec Vous », s'exclame Paul Claudel dans le Magnificat que lui inspire la naissance de son premier enfant.
>
> « Vous avez mis en moi votre puissance qui est celle de votre humilité par qui vous vous anéantissez devant vos œuvres,

---

37. « L'origine est simultanément le lieu d'où je viens et celui dans lequel nous sommes fondés dans la Parole. Ce qui fonde le vivant est le don de la vie. Les vivants témoignent de ce don en reconnaissant dans leur différence même une origine commune, la vie, qui leur est donnée et qui se révèle en eux par la parole. Elle fait exister, pour chacun et pour tous, les éléments du monde. En ce sens, nous pouvons dire que la parole est l'origine de l'univers auquel les hommes ont accès quand ils sont appelés à la vie dans un corps. » Denis Vasse, *La vie et les vivants*, Seuil, 2001, p. 55.
38. Sur la dénomination du Créateur comme « Père », attendons le chapitre VII.

En ce jour de ses générations où l'homme se souvient qu'il est terre, voici que je suis devenu avec vous un principe et un commencement[39]. »

Cette proximité avec l'origine, le fait d'avoir ainsi partie liée avec elle est ce qui donne son caractère mystérieux, bouleversant même, à la paternité – comme à la maternité, mais par d'autres voies. Proximité évidente, visible, charnelle, chez la mère. Proximité plus secrète chez le père : le lieu de celle-ci est d'abord le cœur, la mémoire, la foi. Voici alors que la conscience filiale est susceptible de donner consistance à la conscience paternelle, parfois si ténue. Nous avons souligné antérieurement le rôle de ses étayages extérieurs (lois, institutions, symboles). Mais, pour l'essentiel, elle a besoin d'un souffle intérieur ; il lui faut s'éprouver comme greffée sur un réel. La relation filiale à l'origine vient donner à la paternité *un axe*. Ici se trouve le véritable *fil de la filiation*.

Dans plusieurs de ses ouvrages, Denis Vasse indique combien sont graves les conséquences lorsque le père ou la mère se pose ou se conçoit comme l'origine de son enfant[40]. Celui-ci ne peut plus se vivre comme sujet. Lors d'une conférence, le même auteur proposait un schéma fondamental que je reproduis en annexe[41]. En traduisant librement, retenons que la naissance et la vie de l'enfant sont le fruit de quatre unions dans la différence, quatre liens ou lieux de donation : l'union du père et de la mère (conception) ; l'union-séparation entre la mère et l'enfant (naissance) ; le lien entre le père et l'enfant (nomination) ; le lien enfin, qui n'est pas du même ordre et qui se donne à travers les trois autres, tout en les transcendant, le lien de l'enfant à l'origine de la Vie qui se donne invisiblement en lui. Cela ne saurait être dit sans oublier la référence de chacun des

39. Paul Claudel, *Cinq grandes odes*, III, « Magnificat » (1907), *Œuvre poétique*, Gallimard, coll. « La Pléiade », 1957, p. 258.
40. Voir notamment *L'ombilic et la voix*, Seuil, 1974.
41. Annexe II, en fin de volume.

parents à cette même origine, de telle sorte qu'ils ne se prennent pas eux-mêmes pour l'origine. « La Parole de Vie ne cesse de traverser – transcender – la désunion de l'homme et de la femme, la désunion de la mère et des enfants, la désunion de la Vie et des vivants dans la généalogie du genre humain[42]. »

L'accueil conscient de cette Vie opère cette merveille de donner aux parents et aux enfants de vivre à la fois une *séparation* et une *union*. Séparation, car y est reconnue la discontinuité entre les sujets qui reçoivent chacun leur vie de l'origine ; union véritable, car cette réception est ce qui rend possible la communion, laquelle ne saurait avoir lieu sans participation à une vie commune. En celle-ci, homme et femme, parents et enfants, se reconnaissent comme semblables, ensemble *fils* et *filles*, ce qui veut dire, dans l'ordre du réel le plus profond, frères et sœurs.

Il faut que lui grandisse…

Au début du film *Œdipe roi*, de Pasolini, dans une cour de ferme de notre temps, un homme se tient devant un berceau, celui de son fils. Seul, immobile, en gros plan. Sur un intertitre, on peut lire : « Tu es ici pour prendre ma place dans le monde, me rejeter dans le néant et me voler tout ce que j'ai[43]. »

Le fils est appelé à grandir. Il va devenir de plus en plus fort. Un jour, il sera aussi grand et aussi fort que son père, plus même, car viendra également le jour où les forces du père diminueront, jusqu'à la faiblesse extrême. Même si ce n'est pas matériellement vrai, on peut dire qu'en un sens il prendra la place de son père dans la vie.

42. Denis Vasse, « Homme et femme en esprit et en vérité : père et mère selon Dieu », intervention à la session organisée par la Commission doctrinale de l'épiscopat français, le 4 février 2003, Centre Jean XXIII, Luxembourg.

43. « Les intertitres représentent les pensées des personnages. » Pier Paolo Pasolini, scénario et dialogues du film *Œdipe roi*, in *L'avant-scène*, n° 97, 1967.

Cela peut être vécu sur le mode de la rivalité, de la jalousie, dans les termes que nous venons de citer. Les psychanalystes disent souvent que ce que l'on nomme le « complexe d'Œdipe » commence dans la tête du père. Sur fond de telles pensées, en effet, comment l'inconscient ne serait-il pas traversé d'une hostilité du père envers le fils ?

Mais ce qui peut être perçu sur le mode de la concurrence peut l'être aussi selon celui de la réjouissance. Tout autre est la disposition d'esprit de celui qui se réjouit que son enfant grandisse et qu'il puisse un jour le dépasser. Il y a là un mouvement profond de tout amour, qui acquiert une centralité toute particulière dans l'amour paternel : laisser sa place à l'autre. « Mettre au monde, écrit Philippe Julien, c'est savoir se retirer[44]. » En vérité, le père qui est dans de telles dispositions pourrait reprendre à son compte les paroles de Jean Baptiste : « Il faut que lui grandisse et que moi je décroisse » (Jean 3,30). Tout père n'est-il pas, en quelque sorte, le « précurseur » de son enfant ?

Nous rejoignons ici le paradoxe de toute éducation, qui consiste à aider une liberté à advenir, puis à grandir. En dernier ressort, l'éducateur donne à l'éduqué les moyens de se passer de lui. Plus précisément, il l'aide à acquérir les moyens de sa propre autonomie, ce qui veut dire qu'il vise à ne plus être indispensable. Il en va de même pour l'autorité. Le terme, nous l'avons vu, vient de *augeo*, « faire croître, augmenter ». L'autorité véritable suscite la liberté, respecte l'altérité ; elle tend à s'effacer. Cela est particulièrement vrai de l'autorité parentale, qui vit ce mouvement à travers le temps. On a pu parler d'une « retraite progressive » du père, à distinguer de sa « défaite ». Tout en s'effaçant, il peut, il doit rester présent, et bien présent – paradoxe encore. C'est le père de l'enfant ou de l'adolescent qui s'efface, mais le père de l'adulte demeure père, dans ce beau face-à-face « d'homme à homme » qu'avec Péguy nous admirions[45]. Il regarde son fils comme un égal, mais la relation n'est pas symétrique pour autant. Il est le *témoin de l'origine*, le *gardien des*

44. Philippe Julien, « Conjugalité et parentalité », *Études*, novembre 1998.

45. Au chapitre II.

passages, qui appelle une forme spécifique de respect. Mais le respect en question n'est pas celui qu'impliquerait une supériorité ou une suprématie. C'est le respect envers celui qui a traversé les combats de la vie, la moitié de ceux-ci peut-être, et qui « a tenu ». Mais précisément, ses années de plus grande force, au moins physique, sont derrière lui. Respect donc pour celui qui marie force et faiblesse, qui est encore en première ligne sur le front des combats de la vie.

Pour reprendre un terme théologique, nous pouvons parler d'un mouvement *kénotique* de la paternité. Le terme est de saint Paul qui, dans l'épître aux Philippiens, affirme que le Christ s'est « vidé » (*ekenôsen*) de lui-même, « prenant la condition de serviteur » (Ph 2,7). La paternité authentique se dépouille d'une certaine forme de pouvoir et de puissance, pour se concevoir comme un service. Tout l'art – art délicat et paradoxal – est alors de conjuguer cet effacement fondamental avec l'affirmation, symbolique et réelle, d'une force, d'une stature, d'une hauteur. Que le père *humble* ne soit pas le « *Père humilié*[46] ». Qu'il soit écouté, que son autorité soit affirmée, que la dissymétrie dans la relation soit reconnue. Cet alliage de service et d'ascendance, d'humilité et de « poids[47] » est aujourd'hui difficile à mettre en œuvre, souvent manqué ou manquant.

Au début de ce chapitre, nous avons rappelé que saint Augustin qualifiait l'exercice de la paternité de « ministère ». Ce terme a été régulièrement repris dans la tradition chrétienne[48]. Le sens initial du

46. Titre d'une pièce de Paul Claudel, prémonitoire au seuil du XXe siècle (1916).

47. Tel est le sens littéral du terme hébreu *kabod* que nous traduisons par « gloire ». Le commandement « Honore ton père et ta mère » peut se traduire ainsi : « Accordeleur un *poids* égal. » Voir Simone Pacot, *L'évangélisation des profondeurs*, Cerf, 2000, p. 86.

48. Citons Frédéric Ozanam et Jean-Paul II. Pour le premier, voir sa correspondance ou notre étude : « Frédéric Ozanam amoureux, époux et père », in *Frédéric Ozanam*, Bayard, 2001, p. 201. Jean-Paul II souhaite et reconnaît « que les parents exercent leur autorité comme un véritable "ministère" », « ministère éducatif des parents chrétiens », « vrai ministère grâce auquel l'Évangile est transmis et diffusé », « ministère d'évangélisation et de catéchèse de l'Église domestique ». Exhortation apostolique *Familiaris consortio*, Rome, 1981, § 21, 38, 39, 53.

mot mérite ici d'être rappelé : en latin, *ministerium* veut dire « service, fonction de serviteur ». Ce père qui accorde son pas au rythme de son enfant, qui se fait docile aux capacités et au plaisir de sa petite fille en jouant avec elle, ce père qui tente maladroitement de nouer la conversation avec son fils adolescent, celui qui supporte patiemment les crises, les éclats, les désaccords, celui qui prend les moyens de consacrer du temps à son enfant est un serviteur. En grec, le même mot se dit *diakonos*, que l'on traduit aussi par « diacre ». En contexte chrétien, ne craignons pas de parler de « diaconie » de la paternité.

Il n'y a rien de plus pathétique que de voir un père et une mère démunis devant l'échec (apparent) de leur mission, devant le refus, la révolte et parfois la dérive, la destruction de leur enfant. Laissons ici de côté la question des responsabilités ou du sens de cette révolte : nous sommes *de facto* placés devant une souffrance, une douleur, celle de l'amour sans retour, amour déchiré, amour crucifié. « Être blessé dans son désir d'aider l'enfant, c'est se retrouver soi-même comme un enfant démuni », écrit Jean-Claude Sagne. Les parents sont alors renvoyés à l'expérience de leur radicale pauvreté. Ils apprennent à renoncer à tout « projet » pour leur enfant. Ils apprennent aussi que, selon le mot du même auteur, « le dernier nom du don est abandon[49] ». Il y a là une expérience spirituelle fondamentale, qui prend en christianisme une portée toute particulière (celle d'une participation à l'amour crucifié du Christ) et que chaque parent, comme chaque homme ou chaque femme, est appelé à vivre, d'une manière ou d'une autre, à un degré plus ou moins aigu et selon un mode plus ou moins dilué dans le temps, au cours de son existence.

Après celui d'« humilité », le terme de « don » est le second mot-clé de ce développement. L'effacement dont nous venons de parler est celui même du don. Il est banal de dire que le père donne à ses enfants. Mais que veut dire « donner » ? Qu'est-ce, alors, qui est

49. Jean-Claude Sagne, *L'itinéraire spirituel du couple*, tome II, *op. cit.*, p. 47, 48.

donné ? En sa vérité ultime, le don n'est pas le simple transfert d'un objet d'un individu à un autre. Il ne consiste pas, non plus, en la volonté d'imposer à l'autre un bien, en voulant à sa place. Il y a une façon de donner qui tend à accroître son emprise sur l'autre, à l'envahir. Selon Vincent Laupies, psychiatre, il existe trois perversions du don. La première est l'*indifférenciation*, dans laquelle la relation est fusionnelle, à tel point que le don est vécu selon l'imaginaire de la toute-puissance, aussi bien chez le donateur que chez le donataire. La deuxième perversion consiste à donner à l'autre *sans prêter attention* à ses besoins et désirs, c'est-à-dire sans le considérer véritablement comme sujet. La troisième perversion est le don *à sens unique*, qui crée chez le donataire incapable de don en retour une dépendance, voire le sentiment d'une dette insolvable. Les trois conditions du don authentique, c'est-à-dire source de vie, et non mortifère, sont alors la différenciation, la reconnaissance de l'autre comme sujet, l'ouverture au don en retour. Un tel don vise et intègre la réciprocité, c'est-à-dire le vœu que l'autre puisse devenir donateur à son tour[50].

Dans cet esprit, s'applique parfaitement à la paternité la définition du don par Jean-Claude Sagne : « Le don est l'ouverture de notre être à la présence de l'autre pour le rendre acteur de sa propre vie[51]. »

Selon le même auteur, il existe une « loi du don », car le don est structuré, selon des conditions du type de celles que nous venons d'entrevoir. Or, pour qu'un ordre ait lieu, il doit y avoir *a priori*

50. Vincent Laupies, article « Le père, la loi, le don », *in* revue *Esprits libres*, n° 4, 2001. Dans un autre texte, l'auteur distingue le « don fermé », dans lequel les échanges sont régis par des règles rigides et univoques, du « don ouvert », dans lequel le don est ouvert dans cinq directions : 1. Le donateur s'ouvre, en amont de lui-même, aux dons qui lui sont donnés ; 2. Le donateur s'ouvre également à lui-même ; 3. Le donateur s'ouvre aux besoins réels de l'autre ; 4. Il y a une ouverture aux effets possibles du don ; 5. Il est ouvert à recevoir un contre-don. *In* Vincent Laupies, *Donner sans blesser*, éd. de l'Emmanuel, 2004.

51. Jean-Claude Sagne, *La loi du don*, PUL, 1997, p. 171.

deux instances : l'une qui veille au cadre, l'autre au contenu. Ces deux instances peuvent – et même doivent – être présentes dans la même personne. Mais l'humanité est ainsi faite, elle est ainsi incarnée et notre héritage familial est tel que, si la mère est mieux placée pour être attentive au contenu du don, à sa « substantifique moelle », le père est, *a priori*, mieux placé, étant plus à distance, pour être attentif au cadre, aux conditions du don. Il aura à apprendre le don de sa femme, comme elle-même l'apprendra de lui, mais il serait illusoire de croire que, dans leur relation au don, le père et la mère soient dans une position symétrique. Vincent Laupies exprime très clairement cela :

> « La différence entre le père et la mère quant à la loi réside dans le type de loi exprimé, mais plus fondamentalement dans le rapport à la loi elle-même. La mère s'appuie sur la loi pour son aspect nécessaire et fonctionnel, mais elle se centre davantage sur le contenu et la qualité de la relation que sur le cadre de la relation. Le père, au contraire, met en place le cadre de la relation et indique le sens profond de la loi. Par sa position, le père montre que la loi est antérieure et préexistante à la dyade mère-enfant. Ce faisant, il en souligne la prééminence sur chacun. Lui-même y est soumis. Il n'est pas la loi, mais il l'indique à l'enfant. En montrant que la loi est préexistante et supérieure à tous, le père affirme le caractère universel de la loi. Il ne s'agit pas d'une règle établie entre deux personnes pour faciliter les échanges, mais d'un guide préexistant à chacun et valable pour tous[52]. »

Il est deux autres aspects importants de la *loi du don* qui, selon le même auteur, relèvent tout particulièrement de la responsabilité paternelle : en premier lieu le caractère multilatéral du don, son ouverture à d'autres, dans différentes directions, au-delà de la logique duelle ; en second lieu l'antécédence du don, comme de la loi elle-même, tous deux reçus d'un don antérieur, d'une « généalogie

52. Vincent Laupies, « Le père, la loi, le don », *op. cit.*, p. 8.

du don ». Dans la transmission, le père est, en tant que père, obligé de reconnaître et manifester que son don est ordonné à plus grand et plus haut que lui, qu'il est passeur, « passeur de vie », selon Simone Pacot[53].

Bien qu'appelant la réciprocité, le don peut être sans retour, en ce sens que l'enfant peut se détourner de l'amour reçu, refuser la communauté, dire comme le fils d'une certaine parabole : « Donne-moi la part de fortune qui me revient », puis s'éloigner. Cette possibilité ne contredit pas mais confirme l'affirmation selon laquelle le don implique l'accueil : il est livré à la liberté (ou à la non-liberté) de celui qui le reçoit. Le refus du destinataire est encore une manifestation de cette vérité selon laquelle « pour donner, il faut être deux ». Le don est toujours un risque, les parents le savent bien. Il est exposition à l'autre. Plus je vis du don, plus je m'expose à souffrir. En vérité, la paternité, comme la maternité, inclut tous les degrés de la gamme – ou de l'échelle – des dons. Celle-ci va du don gratifiant[54], où la joie de l'enfant est le contre-don évident et suffisant, comme lors des cadeaux de Noël ou d'anniversaire, à des formes de don plus essentielles, souvent invisibles, comme celles du dévouement, du temps consacré, jusqu'à ce don douloureux, sans reconnaissance, que nous évoquions plus haut. En vérité, *nous ne sommes pas maîtres de l'avenir de notre don*, et il est bon qu'il en soit ainsi. Donner vraiment, c'est renoncer à tout « projet » sur les effets du don.

Quel que soit le degré de leur position sur l'échelle en question, paternité et maternité figurent au tout premier rang des expériences humaines où il se révèle que « nul ne vit pour soi-même », que la vie est don en un double sens, au sens passif (don donné) et au sens

53. S. Pacot, *op. cit.*, p. 86-87. Je dois à ce texte le titre de cet ouvrage.

54. La gratification n'exclut pas la gratuité. S'il y a « plus de joie à donner qu'à recevoir », cela ne signifie pas que recevoir soit le but. Il y a une différence entre le *fruit* et le *but*. Sur la gratuité du don, je renvoie au chapitre VI de mon ouvrage *Les mirages de l'amour* (*op. cit.*).

actif (consistant à donner). Il serait vain de prétendre la posséder ou la garder pour soi. « On ne donne la vie qu'en donnant *sa* vie », écrivait le père Henri Caffarel[55]. Ainsi une paternité authentiquement vécue conduit-elle à la fine pointe ou au sommet de la vie spirituelle, tant il est vrai que celle-ci réside dans l'amour et que, selon l'Évangile, « Il n'y a pas de plus grand amour que de donner sa vie pour ceux qu'on aime » (Jean 15,13).

L'expression « donner sa vie » ne doit pas être comprise en un sens sacrificiel (à entendre comme destructeur). Hormis certaines circonstances exceptionnelles, il faut toute une vie pour donner sa vie et, en vérité, il n'y a qu'à Dieu que l'on puisse donner sa vie de façon non aliénante. Par ailleurs, on ne peut donner que ce que l'on a reçu et que l'on continue à recevoir. Il apparaît alors que le don peut être victime de deux travers : l'*avarice* et la *prodigalité*. La première pèche par défaut, la seconde par excès. Le père généreux dépassera la logique du calcul ou de l'équivalence ; il donnera sans compter de son temps, de son énergie, de ses biens, mais il mesurera ses dons à la capacité de recevoir des destinataires. Il veillera aussi à maintenir vivante en lui ce qui constitue son identité la plus profonde, à savoir sa faculté même de donner et de recevoir, faute de quoi ses fils et ses filles n'auraient plus personne en face d'eux. Ce qui nous introduit à un autre aspect de la responsabilité paternelle. Car le rôle du père ne peut pas être seulement de décroître !

La parole assumée

Si la patience, l'effacement, l'humilité forment un des versants de l'attitude paternelle, l'autre versant de la paternité qui, rappelons-le,

55. Henri Caffarel, « Vocation du père », in *L'anneau d'or*, juin 1946, p. 11. Dans le même sens, Denis Vasse : « Ceux qui ne vivent pas de la vie qui se donne ne sont pas pères et mères en vérité ; ils n'ont rien à transmettre. » In *La vie et les vivants*, *op. cit.*, p. 30.

a partie liée avec ce qui fait son essence, est de *tenir*, d'incarner une certaine *force*. L'attention que permet l'effacement est au cœur de la paternité, elle en est la sève ; mais dans un arbre, il n'y a pas que la sève et l'aubier, il y a aussi l'écorce et les nœuds ! Puisque le père est parfois comparé à un arbre, il doit résister, ce qui veut dire manifester une certaine fermeté, parfois même une certaine dureté. Tenir ensemble la patience et la force, le dévouement et la résistance est un art délicat. Il n'est pas facile d'être père quand on est doux, ou alors d'être doux lorsque l'on est père… Mais c'est possible. La résistance appelle la patience, la fermeté peut aller de pair avec la tendresse.

Puisque la disposition fondamentale est le service, celui-ci prendra donc parfois la forme de l'autorité. Si la patience est une vertu, le courage en est une autre. Être père exige souvent le courage de dire « non », de poser des limites. Il est des moments pour « supporter », mais il en est d'autres pour ne pas supporter l'insupportable. « Mon père ne m'a jamais dit "non" », avouait un jour au proviseur un élève en difficulté dans un collège de la région parisienne. Le père est celui qui *corrige*. « Quel est le fils que ne corrige son père ? » : ce qui était vrai du temps de l'*Épître aux Hébreux* l'est encore aujourd'hui, dans un contexte et selon des modalités différents. Corriger, dans ce texte, est associé à « redresser », « rendre droit[56] ». L'enfant et l'adolescent sont soumis à de multiples pulsions, impulsions. Un des rôles du « tuteur » paternel est de les inciter, par le secours d'une force extérieure, à émonder les branches folles, à s'unifier pour s'orienter, ce qui n'ira pas sans renoncements.

Il est des moments où l'exercice de la paternité relève du rapport de forces. L'enfant, l'adolescent aussi par moments, a alors besoin de sentir que son père est le plus fort. Faut-il rappeler que la force n'est pas la violence, même si parfois elle peut être ressentie comme telle ? Le courage de s'affronter suppose la victoire sur la peur. Beaucoup de parents aujourd'hui ont peur de l'opposition, par crainte de paraître moins aimants ou, dans le sens inverse, lors de l'adolescence, de

---

56. Hébreux 12,5-13.

perdre l'amour de leur enfant. L'exercice de la paternité exige une confiance de fond : en soi, en l'enfant, dans le lien. Il appelle aussi une confiance dans le conjoint, une véritable alliance entre les parents. L'autorité des parents n'est pas l'autorité du père ajoutée à celle de la mère ; elle n'est pas une somme. Elle est celle d'un couple. Dès que la dissension s'introduit entre les parents, l'autorité de chacun d'eux est affaiblie. La responsabilité de « faire couple », sous cet angle aussi, fait partie de la responsabilité parentale.

L'exercice de l'autorité exige l'épreuve de l'altérité. Se poser en face, affirmer, interdire, résister, tout cela suppose non seulement le dépassement de la position fusionnelle, mais aussi le dépassement de ce que l'on a pu appeler le *pédocentrisme*[57], c'est-à-dire d'une conception de l'éducation qui centre toute l'attention sur le point de vue de l'enfant. Placer la personne de ce dernier au centre du souci éducatif, rien de plus légitime, nécessaire même. En revanche, considérer sa subjectivité comme la référence ultime et le conduire à se considérer lui-même comme le centre du monde l'est beaucoup moins. L'enfant ne peut pas être pour lui-même sa propre référence. Encore moins son bon plaisir doit-il être pour ses parents la référence première. Lui-même est un être en attente de repères, de résistances, d'altérité. Il a besoin de croire, de faire confiance, d'obéir. Par ailleurs, ses propres besoins ne sont pas le seul critère. La société, la famille, autrui ont besoin de sujets capables de réceptivité, de consentir à une extériorité.

Nombre de relations éducatives, aujourd'hui, se proposent de ne reposer que sur le dialogue, la discussion, sur le modèle du contrat. Il faut argumenter, rendre raison de tout[58]. D'un certain point de

57. Jean-Marc Ghitti, « Être parents, entre autorité et responsabilité », *UDAF 43 – Parentalité*, Le Puy, 2002.

58. « On a appris aux parents qu'ils ne pouvaient plus donner des commandements d'en haut et qu'il leur fallait donner des explications. » Daniel Marcelli, psychiatre, in *La Croix*, 3 octobre 2001. Du même auteur, voir : *L'enfant, chef de famille*, Albin Michel, 2003.

vue, il y a là un principe légitime, correspondant à une obligation éthique : s'adresser à l'intelligence de l'autre, à sa capacité de reconnaître par lui-même la vérité de ce qui lui est demandé. Mais c'est aussi oublier que la personne de l'enfant ou de l'adolescent à qui l'on s'adresse n'a pas nécessairement en lui une telle capacité. Par ailleurs, cette attitude peut l'ancrer dans l'idée qu'il est, en dernier ressort, le *seul* juge de ce qui est bon ou non. Pratiquement, cela revient à subordonner l'issue de la situation à son seul bon vouloir : « D'accord ? » Et voici que les enfants-rois deviennent des enfants-tyrans.

En réalité, une conception exclusivement contractuelle de l'éducation n'est pas tenable. Pour aider l'enfant – et par moments l'adolescent – à sortir de son narcissisme ou du monde de ses caprices, il lui faut de temps à autre l'objectivité du : « C'est comme ça et pas autrement », qui le référera soit au réel, soit à une loi, soit à une convention, soit tout simplement à la résistance d'une autre personnalité. La délicate tâche des parents est d'introduire l'enfant à la fois au *dialogue*, faisant fond sur sa capacité de juger, et à l'*obéissance*, pour susciter son aptitude à s'incliner devant un « ordre ». (Dans la perception de la vérité elle-même il y a une part d'acquiescement. Vient toujours un moment où il faut obéir.) Si la mère est plus tournée vers la négociation, le père pourra l'aider à exprimer ce qui, dans l'autorité, relève de l'*ordre*. Nous avons déjà rencontré cette affinité entre la notion de paternité et celle d'ordre. À l'enfant ou l'adolescent qui jamais n'entendrait dire, par son père tout particulièrement : « Je t'interdis », il manquera toujours quelque chose.

Cela n'est pas la voie de la facilité, pour le père ! Ce pourrait l'être si commander était seulement l'expression spontanée d'une volonté de puissance ou d'une tyrannie domestique, comme cela arrive encore souvent. Parler sur le mode du commandement peut être une facilité s'il s'agit seulement d'affirmer un simulacre de force. Mais, pour celui qui a surmonté cette tentation, qui a intégré le point de vue du dialogue et du respect, assumer cette fonction d'autorité, manifester la force morale dont nous parlions demande de « prendre sur soi », plus même, de trouver en soi – ce qui n'est pas évident – la source de cette autorité et de cette force. Tenir, résister, oui, mais avec quelle énergie, quelles ressources ? Être tuteur, oui, mais en étant soi-même axé sur quel droit-fil ? Il faut une vie spirituelle, une foi, une colonne vertébrale pour exercer l'autorité véritable.

Un tel office ne consiste pas à se poser comme ayant toujours raison ou comme le « Sujet Supposé Savoir » de Jacques Lacan. L'autorité du père n'est pas amoindrie, elle est plutôt augmentée lorsqu'il sait avouer ses ignorances ou ses erreurs, lorsqu'il sait reconnaître ses torts. Sa force n'est pas une toute-puissance mythique, celle du père imaginaire. Ou du moins, à mesure que l'enfant grandit en âge, elle doit tendre à l'être de moins en moins, si elle l'a été au début. Elle s'allie au partage de la simple humanité, elle s'incarne dans un être qui a ses forces et ses faiblesses. Encore un art paradoxal de la paternité, que de marier ensemble *humilité* et *hauteur*.

La parole d'autorité sera d'autant mieux reçue et mieux comprise qu'elle n'est pas la seule parole, autrement dit si elle a lieu sur un fond, un arrière-fond, de conversations, de paroles gratuites, d'échanges simples, jeux, activités communes, de « temps brûlé » ensemble. Paroles paternelles qui disent au fils ou à la fille comment son père voit le monde, ce qui est important pour lui, son regard sur les femmes, quelques moments de son histoire avec son épouse. L'enfant, puis l'adolescent a besoin d'une « présence réelle qui parle », d'une parole de « compagnonnage[59] ». Quels que soient ses choix, présents ou ultérieurs, une telle parole fera partie, pour toujours, de ses références originelles. Pour cela, il faut du temps, du temps gratuit. Cela suppose que le père sache se libérer, sacrifier ce qui est nécessaire pour que les heures ne soient pas comptées. Une rencontre vraie, une parole de confidence entre un père et son fils,

59. Ces termes sont extraits d'une conférence de Jean-Baptiste Échivard qui a inspiré ce paragraphe. Disponible sur Internet, site théologique *Domuni* (www.Domuni.org).

un père et sa fille est un bien rare et précieux, dont l'occasion doit être saisie quand elle se présente. Il faut, pour cela, être disponible au *kairos*, c'est-à-dire au *temps favorable*, moment où le fruit est prêt à être cueilli. Ces moments se donnent de manière imprévisible, inopinément, souvent lorsque les parents imagineraient spontanément faire autre chose. (Mon explication de ce phénomène est que l'adolescent sent alors que ses parents ne sont pas « en demande ». Leur retrait suscite son avancée.) Moments très facilement manqués, qui disparaissent très vite – et il se peut qu'ils ne reviennent pas avant longtemps. Les percevoir tout d'abord, les saisir ensuite suppose cette disponibilité dont nous parlions plus haut, celle qui rend apte à libérer du temps pour l'enfant. Quelle chance, pour le père *et* pour l'enfant, que ces moments de grâce où, sur un chemin de montagne ou devant une table, à travers quelques confidences, deux univers, à la fois si proches et si éloignés, communiquent !

Il est impressionnant en effet – et plusieurs auteurs l'ont relevé – de percevoir combien, entre père et fils, père et fille, il y a en même temps une très grande intimité *et* une très grande distance ; combien ils se connaissent vertigineusement *et* ne se connaissent pas[60]. Le pressentiment de cette proximité suscite une pudeur, qui peut aller jusqu'à la gêne et empêcher la parole. Au demeurant, *il y aura toujours un manque*, une souffrance même, dans la communication

60. « Avec l'innocence des parents qui essaient de communiquer avec ces inconnus, leurs fils et leurs filles, il me demandait discrètement ce qui m'intéressait le plus dans la vie. » Julien Green, *Jeunes années* (1984), Seuil, coll. « Points », vol. 2, p. 285. De Roger Martin du Gard : « Qu'ai-je connu de lui ? Une fonction, la fonction paternelle. [...] Mais lui, l'être qu'il était quand il se trouvait seul en présence de lui-même, qui était-il ? Je n'en sais rien. [...] Et de moi, que savait-il ? Moins encore ! Rien ! N'importe quel camarade de classe, perdu de vue depuis quinze ans, en sait sur moi davantage ! [...] J'ai maintenant avec certitude le sentiment que, malgré tout – bien que je n'aie jamais constaté entre nous le moindre commencement d'échange –, malgré tout, jamais il n'y a eu et jamais plus il n'y aura dans le monde un autre être si bien fait pour être compris de moi dans les profondeurs de son essence, ni mieux fait pour pénétrer d'emblée les profondeurs de la mienne. Parce qu'il était mon père, parce que je suis son fils ! » *Les Thibault*, tome VI.

père-enfant, et il est bien qu'il en soit ainsi. Une transparence totale aurait quelque chose d'impudique et même, osons le mot, d'incestueux. Il est bon qu'il y ait un « voile d'ignorance » autour du géniteur[61]. Avoir l'illusion de déchirer ce voile, ce serait avoir l'illusion de rejoindre son origine, ce qui est radicalement impossible. Ou, pour être plus précis, puisque le père n'est pas l'origine, ce serait recevoir trop de celui qui a eu partie liée, de si près, avec l'origine et qui, aujourd'hui encore, aurait tant à nous donner. L'enfant pressent un *excès de don* possible de la part du père, comme il en est un, différemment, de la part de la mère. Excès de don, en l'occurrence, sur le mode de la parole où seraient objectivées des réalités qui gagnent à ne pas l'être. Contre cet excès, père et enfant, de façon plus ou moins accordée, dressent le rempart de la pudeur. Le premier par respect pour l'autonomie naissante et fragile de son enfant, le second pour ne pas être envahi par les affects que provoquerait en lui une histoire dont il pressent qu'elle serait trop prégnante pour lui.

Il y a une irréductible solitude paternelle, qui tient à la séparation entre les générations, qui est une des expressions de la solitude existentielle universelle, mais qui tient également au lien intrinsèque, déjà relevé, entre paternité et secret. Au fond, derrière toutes ses expressions symboliques, le lien paternel est un lien secret. Il l'a été dès le commencement ; il le demeurera jusqu'à la mort.

La petite fille espérance

Chacune des vertus que nous venons d'évoquer se vit au fil du temps, au cours de cette longue traversée qu'est l'aventure paternelle. Devenir père, c'est « entrer dans le temps[62] », dit fort bien

61. Allusion au titre et à la thèse du livre de Philippe Julien : *Le manteau de Noé*, DDB, 1991.
62. Jacques Arènes, *Y a-t-il encore un père à la maison ?* Fleurus, 1997, p. 35.

Jacques Arènes. La persévérance, le courage pour tenir, la patience pour attendre sont au cœur de la paternité. Mais ces vertus demandent à être animées de l'intérieur ; littéralement, il leur faut une « âme » (*anima*) pour ne pas se transformer en rigidité, en obstination, ou encore en la seule fidélité à des principes. Cette âme est un accueil de l'avenir, c'est-à-dire de l'à-venir, de ce qui ad-vient, commence avec chaque enfant, chaque jour. Il y a là une confiance de fond, une forme de foi qui a nom « espérance ».

Lorsque, dans son inoubliable célébration de l'espérance, Charles Péguy veut personnifier la « deuxième vertu », il incarne celle-ci en deux figures. Tout d'abord en une petite fille, la merveilleuse *petite fille espérance*.

> « Sur le *chemin montant, sablonneux, malaisé*.
> Sur la route montante.
> Traînée, pendue aux bras de ses deux grandes sœurs,
> Qui la tiennent par la main,
> La petite espérance
> S'avance.
> Et au milieu entre ses deux grandes sœurs elle a l'air de se laisser traîner.
> Comme une enfant qui n'aurait pas la force de marcher.
> Et qu'on traînerait sur cette route malgré elle.
> Et en réalité c'est elle qui fait marcher les deux autres.
> Et qui les traîne,
> Et qui fait marcher tout le monde.
> Et qui le traîne.
> Car on ne travaille jamais que pour les enfants. »

Cette dernière parole amorce la suite du texte, car elle va être attribuée à un second personnage, le père bûcheron qui travaille durement en forêt, dans la froidure de l'hiver. À quoi pense-t-il, cet homme ? Pourquoi travaille-t-il ?

> « Il pense à sa femme qui est restée à la maison.
> À sa femme qui est si bonne ménagère.

Dont il est l'homme devant Dieu.
Et à ses enfants qui sont bien tranquilles à la maison.
Qui jouent et qui s'amusent à c'te heure au coin du feu.
Et qui peut-être se battent.
Ensemble.
Pour s'amuser.
Ils passent devant ses yeux, dans un éclair devant les yeux de sa mémoire, devant les yeux de son âme.
Ils habitent sa mémoire et son cœur et son âme et les yeux de son âme.
Ils habitent son regard.
[…]
Il pense à eux, par une grâce de Dieu, aussitôt le sang lui refoule au cœur.
Et le réchauffe tellement.
Et lui reflue dans tous les membres jusqu'au bout des doigts.
Tellement que s'il avait bu un bon verre de vin de Meuse. »

Trois enfants qui grandissent, « et qui seront certainement plus grands que lui ».

« Ses enfants feront mieux que lui, bien sûr.
Et le monde marchera mieux.
Plus tard.
Il n'en est pas jaloux.
Au contraire.
Ni d'être venu au monde, lui, dans un temps ingrat.
Et d'avoir préparé sans doute à ses fils peut-être un temps moins ingrat.
Quel insensé serait jaloux de ses fils et des fils de ses fils.
Est-ce qu'il ne travaille pas uniquement pour ses enfants.
[…]
Ainsi, non autrement tout le monde travaille pour la petite espérance.
Tout ce que l'on fait on le fait pour les enfants.
Et ce sont les enfants qui font tout faire.
Tout ce que l'on fait.

Comme s'ils nous prenaient par la main.
Ainsi tout ce que l'on fait, tout ce que tout le monde fait on le fait pour la petite espérance[63]. »

Impressionnante est la proximité entre enfance et espérance, entre l'accueil de l'une et de l'autre. « La petite espérance est celle qui toujours commence », et l'enfance est commencement, jaillissement de la nouveauté. Sa naissance est l'apparition d'un être radicalement nouveau ; chaque moment de sa vie est un commencement. Ce qui est vrai de chaque existence humaine devient sensible, charnellement perceptible chez les enfants.

La paternité est traversée de part en part par l'espérance. Dès la conception, avant celle-ci, même. Si la naissance de l'enfant est le fruit d'un acte responsable, si elle est voulue et assumée par une liberté, ce n'est pas seulement selon un désir spontané et « naturel » de se reproduire ou de prolonger l'espèce. Il en est qui pensent que celle-ci ne le mérite pas et que la vie n'est pas assez bonne pour être donnée. Ainsi d'un personnage de Milan Kundera : « Si j'avais un enfant, c'est comme si je disais : je suis né, j'ai goûté à la vie et j'ai constaté qu'elle est si bonne qu'elle mérite d'être multipliée[64]. » Il en est d'autres qui sont effrayés par l'avenir, par des périls plus ou moins réels ou imaginés (nucléaires, écologiques, géopolitiques…). Il en est encore qui doutent d'avoir les capacités requises, qui ont peur de l'échec ou craignent de voir se répéter tel ou tel scénario catastrophique qu'ils ont connu dans leur entourage.

L'espérance n'est pas l'optimisme. Elle ne consiste pas à voir l'avenir avec des lunettes roses. Elle est une *vertu*, non un trait de tempérament ou d'humeur. Elle est donc une force, qui se traduit par la victoire sur deux contraires : le *désespoir* et le *fatalisme*. Il y

63. Charles Péguy, *Le porche du mystère de la deuxième vertu* (1912), in *Œuvres poétiques complètes*, Gallimard, coll. « La Pléiade », 1957, p. 540-551.
64. Milan Kundera, *La valse aux adieux* (1973), trad. fr. Gallimard, coll. « Folio », p. 158.

aurait beaucoup à dire, on le devine, sur la place que peuvent prendre ces deux dispositions face au don (ou au refus du don) de la vie, de même que dans l'éducation. Puisque, comme nous l'avons posé, espérer c'est croire aux commencements, c'est plus spécifiquement encore croire aux *re*commencements. Pour une philosophie de l'esprit et *a fortiori* dans l'optique chrétienne, *il n'y a pas de fatalité* ; il n'est jamais d'impasse totale, ni de déterminisme absolu. Un chemin, aussi étroit soit-il, est toujours ouvert.

« Engendrer, écrivait Paul Beauchamp, c'est faire l'acte d'espérance le plus radical[65]. » La tranquille audace des parents qui annoncent joyeusement la naissance de leur enfant a toujours quelque chose d'impressionnant. Ils ont conscience d'être témoins d'un miracle, le miracle le plus universel qui soit, celui qui sauve le monde du vieillissement et du dépérissement. La philosophe Hannah Arendt a placé cet événement-avènement au centre de sa pensée.

> « Le miracle qui sauve le monde, le domaine des affaires humaines, de la ruine normale, "naturelle", c'est finalement le fait de la natalité, dans lequel s'enracine ontologiquement la faculté d'agir. En d'autres termes, c'est la naissance d'hommes nouveaux, le fait qu'ils commencent à nouveau l'action dont ils sont capables par droit de naissance[66]. »

Tout au long de l'histoire de l'enfant, cet acte d'espérance se renouvellera ou devra se renouveler. Il n'y a rien de plus inhibant, de plus meurtrier même pour un enfant qu'un regard de non-espérance, ce qui revient à dire de désespérance, de la part de ses parents. Il sera au contraire mis au monde à nouveau, libéré et dynamisé, il sentira se révéler en lui des ressources qu'il ignorait, dès lors qu'il verra se poser sur lui un regard de confiance, de foi

65. Paul Beauchamp, « La Bible, livre d'espérance », *Études*, juillet-août 1994.
66. Hannah Arendt, *Condition de l'homme moderne* (1958), trad. fr. Calmann-Lévy, coll. « Agora », 1983, p. 314.

(le mot n'est pas trop fort) dans les ressources cachées qui demeurent toujours présentes en lui. Nous sommes incités à grandir quand une personne tourne vers nous un regard qui fasse fond sur le meilleur, et cela est tout spécialement vrai si nous avons avec cette personne une relation filiale, c'est-à-dire une relation dans laquelle le don de la vie est impliqué. « Pour élever quelqu'un, écrivait Simone Weil, qu'il soit adulte ou enfant, il faut d'abord l'élever à ses propres yeux[67]. » Nous pourrions inverser la parole de Paul Beauchamp en affirmant qu'espérer, c'est faire l'acte d'engendrement le plus radical.

Le moment où, dans la relation interpersonnelle, l'espérance est le plus appelée à se traduire en acte est celui du pardon. *Le pardon est au cœur de la relation parentale*, comme il est au cœur de la relation conjugale ou fraternelle. J'ai évoqué au chapitre précédent le pardon de l'enfant envers son père ou sa mère. Mais celui-ci est rendu beaucoup plus difficile si l'enfant n'a jamais fait l'expérience du pardon reçu. Or, il se trouve qu'une des merveilles de la paternité et de la maternité est qu'ordinairement le pardon envers leurs enfants paraît naturel aux parents. Je ne connais pas d'exemple de condition aussi incarnée, spontanée, d'un mouvement d'essence aussi spirituelle qui pourtant, en son fond, est loin d'aller de soi. Sauf exceptions, surtout lorsque l'enfant est encore dans une condition de dépendance à leur égard, les parents n'ont pas à « se forcer » pour pardonner. Ce mouvement leur paraît évident. Et pourtant... Combien de fois ne doivent-ils pas pardonner ! Bien davantage que « soixante-dix fois sept fois » : une parole blessante, un acte de violence, une indélicatesse, une négligence fautive... Il importe toutefois de préciser ce qui doit être entendu sous ce terme, car les confusions sont fréquentes et peuvent avoir des conséquences dommageables.

Le pardon n'est pas le déni. Il ne consiste pas à occulter la faute ou à refouler la peine ressentie. Il n'est pas non plus l'oubli, qui est

---

67. Simone Weil, lettre à Victor Bernard, du 13 janvier 1936, in *La condition ouvrière*, Gallimard, coll. « Idées », p. 170 ; « Folio-essais », p. 213.

passif et peut être superficiel. Il n'est pas davantage l'excuse, qui exonère l'autre de sa responsabilité, attribuant à l'acte une cause extérieure (*ex-causa*). Dans le pardon, je considère bien l'autre comme responsable, fautif même. Le pardon enfin n'est pas l'indulgence ; il ne consiste pas à « fermer les yeux » ou à « passer l'éponge ». Il se garde d'être interprété comme le cautionnement d'une conduite, travers qui est peut-être le plus difficile à éviter : comment pardonner sans encourager l'autre à persévérer dans son attitude ?

En réalité, le pardon véritable, c'est-à-dire le pardon au sens plénier du terme, suppose la parole. Il fait appel à la capacité de dire l'offense et la faute, de formuler le tort subi et ce qui nous apparaît comme un mal. Il y a, dans la Bible, un commandement qui prescrit le pardon, ou son équivalent, à travers deux formules : « Tu n'auras pas de haine contre ton frère » ; « Tu ne te vengeras pas et ne garderas pas de rancune envers les enfants de ton peuple » (Lévitique 19,17-18). Or, entre ces deux maximes, se trouve glissée une troisième, qui n'est pas assez souvent relevée : « Tu dois réprimander ton compatriote, ainsi tu n'auras pas la charge d'un péché. » Le texte va donc jusqu'à affirmer que celui qui se tait portera lui-même la charge de la faute. Redoutable responsabilité pour les parents, en particulier ! La parole conduit à une prise de conscience ; elle seule peut offrir la chance d'un nouveau départ.

Pour que le pardon prenne toute sa dimension, le mieux est également qu'il soit demandé. Une définition élémentaire du pardon peut être la suivante : « Le pardon est l'acte par lequel la personne agressée propose la reprise de la relation et son renouvellement à la personne qui l'a agressée et qui le demande[68]. » Comment, alors, offrir la chance d'une reprise de la relation à celui qui n'en veut pas ? La chose est délicate, car une demande de pardon ne se commande pas. Le père ou la mère qui ordonnerait à son enfant : « Demande pardon ! », comme cela se fait parfois, oublie que l'ouverture au renouvellement du don de la relation ne peut venir

68. V. Laupies, *Donner sans blesser*, *op. cit.*

que du désir. Personne ne peut le vouloir à sa place. Il y a donc une humilité fondamentale dans l'offre du pardon : la docilité à la réception de l'autre.

Le pardon ne se substitue pas à l'exercice de la justice. Selon Vincent Laupies, il y a deux aspects de l'acte coupable : la transgression et l'offense. Le pardon porte sur l'offense ; il répare les dommages causés à la relation (sans exclure d'autres dommages qui, eux, doivent être réparés). Mais il ne se substitue pas à la punition, laquelle a pour fonction d'inciter au respect de la loi.

Tout en étant soumis aux exigences de vérité que nous énoncions plus haut, le pardon n'est pas entièrement défini par celles-ci. Il se peut que toutes ne soient pas remplies et que le pardon soit authentique quand même dans le cœur de celui qui l'offre, même s'il n'est pas en mesure de déployer la plénitude de son sens. Par exemple lorsque la parole est impossible ou lorsque le cœur de l'autre demeure fermé.

Le pardon est essentiellement victoire sur la rancœur et la vengeance. Il est « don-par », don par-delà l'offense, renouvellement et achèvement du don. (En latin, le préfixe *per* ou *par* signifie « achèvement, perfection ».) Don de la paix : « Pardonner, c'est donner la paix et ce don est un cadeau que l'on se fait d'abord à soi-même[69]. » On a pu dire qu'il était un *re-don* et un *sur-don*. Don renouvelé de la confiance et de l'espérance : cet acte est tien, mais tu ne te réduis pas à celui-ci, tu n'es pas prisonnier de ton passé. Dans le vocabulaire chrétien, le pardon est l'*effacement d'une dette*. Or, qu'est-ce qu'une dette, sinon ce qui vient du passé ? Ce passé n'est pas nié, il n'est pas occulté ; il advient au contraire à la parole, mais le présent et l'avenir sont perçus, ils sont voulus et affirmés comme n'étant pas sous sa dépendance.

---

69. Maryse Vaillant, entretien avec Christine Ponsard, *Famille chrétienne*, n° 1240, 20 octobre 2001. M. Vaillant est l'auteur de : *Il n'est jamais trop tard pour pardonner à ses parents*, La Martinière, 2001. Voir aussi Philippe Oswald, *Debout les pères !*, Fayard, 1996, p. 122.

Au-delà du travail de vérité, le pardon révèle les profondeurs insoupçonnées de l'amour. Sa source la plus intime est la *miséricorde*, c'est-à-dire le « cœur sensible à la misère », ce qui n'est pas condescendance, car il s'agit d'une misère partagée. Son lieu n'est pas seulement la réconciliation après la faute ; il peut engager la totalité de la relation en étant celui d'un retour après une rupture, d'un recouvrement après une déchirure. Il doit être pensé non seulement en termes de confiance, mais aussi de compassion et de réjouissance.

« Comme il était encore loin, son père l'aperçut et fut touché de compassion. Il courut se jeter à son cou et l'embrassa longuement. »

Cette phrase évoque pour beaucoup l'histoire de cet homme « qui avait deux fils », récit qui, selon Péguy, « depuis deux mille ans a fait pleurer des hommes innombrables, leur restant plantée au cœur comme un clou de tendresse[70] ». Le fils cadet est parti pour un pays lointain après avoir dit à son père : « Père, donne-moi la part de fortune qui me revient », ce qui est équivalent à anticiper sur la mort de son père. Après avoir dissipé tout son bien, il est parvenu à un point de dénuement tel qu'il en est réduit à envier la nourriture des cochons. C'est la faim qui réveille en lui la mémoire du toit paternel. Il se met donc en route vers lui. C'est alors, nous dit le texte, que, comme il était *encore loin*, son père *l'aperçut*. Pour le voir et le reconnaître ainsi, il a fallu guetter, et, pour cela, attendre. Cette image du père *attendant* son fils après des années d'éloignement, tant physique que moral, est une des expressions les plus fortes de l'espérance paternelle, laquelle est appelée à aller jusqu'aux situations les plus extrêmes.

Or, nous dit le texte, l'ayant reconnu, il ne l'attend pas seulement, mais il « court » pour se jeter à son cou. Il faut voir ce père courir au-devant de son fils pour comprendre jusqu'où peut aller l'amour paternel. Il est des pères qui sont allés jusqu'au bout du monde pour retrouver, sauver parfois, leur fils ou leur fille prodigue. Il en est qui ont

70. Ch. Péguy, *op. cit.*, p. 624. Luc 15,11-32.

fait les premiers pas très longtemps, inlassablement, dans la confiance, pour rencontrer une ouverture du cœur qui a pu être très longue à venir. Au-delà de la « stature » évoquée au chapitre précédent, nous sommes ici devant une posture d'humilité, que figure parfaitement le tableau de Rembrandt, *Le retour du prodigue*. La position inclinée, voûtée même, en contrebas, de ce père au geste maternel contraste avec l'attitude altière et rigide des autres personnages[71].

À peine son fils a-t-il eu le temps de lui dire : « Je ne mérite pas d'être appelé ton fils », aussitôt il demande qu'on lui apporte le vêtement réservé aux invités de marque, avant d'ordonner que l'on sacrifie le veau engraissé pour la fête, que l'on festoie et se réjouisse. Et la raison qu'il en donne est la suivante : « Car mon fils que voilà était mort et il est revenu à la vie ; il était perdu et il est retrouvé. » Il ne dit pas que son fils « lui est revenu », mais qu'il est revenu « à la vie ». Là est l'enjeu, le mobile de la joie. L'histoire est celle d'une re-naissance, en laquelle se joignent le mouvement de retour du fils et celui de l'accueil inconditionnel du père. L'un et l'autre sont nécessaires pour que la renaissance ait lieu. Le fils n'a pas eu le temps d'achever la phrase qu'il avait préparée : « Traite-moi comme l'un de tes serviteurs. » D'emblée il est traité comme un fils, adopté, engendré à nouveau comme tel[72].

Le père peut se réjouir non seulement de la renaissance de son fils, mais de l'accomplissement de sa paternité. Quoi de plus fort, en effet, qu'un lien passé au creuset de l'épreuve, victorieux des forces de dissolution, où la vie se donne à nouveau après le voisinage de la mort ? À ce point d'incandescence, on ne sait plus si le

71. Rembrandt, *Le retour du prodigue* (1669), musée de l'Ermitage, Léningrad. Sur ce chef-d'œuvre, voir les inoubliables commentaires de Paul Baudiquey, *Le retour du Prodigue*, Mame, coll. « Un certain regard », 1995 ; et Henri Nouwen, *Le retour de l'enfant prodigue*, Bellarmin (Québec), 1995.

72. Au fils aîné il est affirmé : « Mon enfant, tu es toujours avec moi, et tout ce qui est à moi est à toi. » Autre expression de l'amour paternel, auquel n'enlève absolument rien l'accueil réservé au cadet. Gardons-nous de lire ce texte en termes de comparaison, ce qui est l'erreur de l'aîné.

texte parle de l'homme ou de Dieu. La pointe de la parabole est de signifier une dimension de l'amour divin mais, recourant pour cela à une histoire de paternité humaine, le récit évangélique laisse deviner en elle des profondeurs abyssales. Le fait même que la seconde puisse permettre de parler de la première est en soi bouleversant. L'expérience de la patience, de l'attente et du pardon *jusqu'au bout* nous situe à l'intersection de l'une et de l'autre.

> « L'homme qui a accepté à fond l'épreuve de la paternité et qui l'a traversée sans désespérer s'est approché du mystère créateur autant qu'il est permis à une créature. Il a désormais partie liée avec les origines du monde. Il est passé de l'autre côté des apparences[73]. »

Nul ne peut être père tout seul

Nous avons reconnu en la paternité le lieu d'une irréductible solitude. Mais il n'est pas dit que la solitude ait le dernier mot. Serait d'abord à éclaircir la question de savoir si, dans la relation à l'épouse, dans la communauté conjugale, la solitude ou la communion est le réel le plus profond, débat délicat dans lequel je n'entrerai pas ici – et pour lequel je n'ai pas de réponse univoque. Plus globalement, affirmons que, si la solitude est indépassable dans l'ordre de la vie psychologique (c'est-à-dire des représentations et des affects), si elle l'est dans l'ordre existentiel et ontologique (l'existence et l'être ne se partagent pas), il est beaucoup moins évident qu'elle le soit dans l'ordre de la vie spirituelle. Car la vie spirituelle comme telle est participante ; elle consiste à entrer dans une vie plus vaste que la sienne. Dans la perspective chrétienne, elle est *communion*. Il est absolument vrai que la communion n'abolit pas la séparation et la différence de chaque vocation. Il n'en demeure pas moins que, pour ce qui concerne la paternité, plus celle-ci est

73. Éloi Leclerc, *L'exil et la tendresse*, Éd. Franciscaines, 1983.

vécue spirituellement, plus elle l'est en relation, en lien avec d'autres pères. La vie que le père souhaite communiquer n'est pas la sienne propre. Elle n'est pas seulement celle de la famille ou du groupe. Plus elle est spirituelle, au sens philosophique et chrétien du terme, plus elle s'universalise, plus elle est ouverte, vécue en alliance avec d'autres pères qui souhaitent communiquer cette *même* vie.

Culturellement, cela est encore plus évident. Nous avons à plusieurs reprises souligné la dimension sociale et symbolique de la paternité. Le lien paternel est en interaction avec le lien social, par lequel il est (en principe) étayé, et auquel il introduit. La paternité *n'existerait pas* sans valeurs communes, sans références partagées. Mais le lien social dans sa généralité, dans sa dimension publique, civique, politique, ne suffit pas. Il lui faut une expression incarnée, particulière. La paternité appelle la socialité concrète, et même la communauté. Le fait que ces biens, valeurs et références que le père désire transmettre à ses enfants le soient aussi par d'autres pères, cela aura, aux yeux des enfants, une fonction d'éclairage et de confirmation. Les recoupements entre des choix de vie familiale par ailleurs différents indiqueront à l'enfant, puis à l'adolescent, ceci : ce que ses parents souhaitent lui transmettre ne relève pas seulement de choix personnels, pas uniquement d'un système de valeurs familial, mais d'un héritage beaucoup plus large, d'un patrimoine commun. Dans ce contexte, les différences entre les options éducatives donneront à l'enfant une marge de « jeu » pour frayer son chemin individuel dans un univers qui ne soit pas monolithique. Ceux qui ont la chance d'appartenir à une communauté à la fois cohérente et ouverte bénéficieront là d'un appui considérable pour leur tâche éducative et pour le lien paternel comme tel.

Par la négative, nous pouvons tous les jours constater qu'au contraire, parmi les principales raisons de la fragilité du lien paternel aujourd'hui, se trouve le fait que la paternité soit vécue presque exclusivement sur le registre de la vie privée, dans l'ordre de l'interindividuel. Les interdits sont alors interprétés comme des interdictions personnelles, les repères et les valeurs comme des préférences subjectives. Isolés entre les quatre murs d'un appartement ou d'une maison, comment transmettre ? La transmission a besoin d'étayages, de confirmations.

Faute de cela, les pères sont de plus en plus démunis face aux difficultés inhérentes à l'exercice de leur tâche. Puisque la coutume, la convention ou les traditions ne dessinent plus avec clarté un rôle, ne dictent plus la conduite à tenir dans chaque situation, il faut inventer à chaque pas et cela peut devenir épuisant. Chaque individu n'a pas en lui seul les ressources nécessaires pour se faire juge et créateur des réponses à apporter aux problèmes très complexes posés par l'éducation. Nous savons combien, par ailleurs, les difficultés relevant de la psychologie des relations interindividuelles peuvent devenir envahissantes, redoutables même, dans le seul contexte familial. L'objectivité de l'appartenance à un *corps* plus grand, la réalité de la participation à une vie plus vaste jouera, à l'égard des affects, une fonction de contenance, de relativisation. Oui, selon les termes de Jean-Claude Sagne, « la paternité est une aventure à hauts risques, qui n'est possible que si elle est partagée[74] ».

On n'est pleinement père qu'avec d'autres pères, partageant avec eux le même mystère de la paternité. Éduquer un enfant, c'est le faire entrer dans un monde commun, le « mettre au monde » socialement, ce même monde où ont déjà introduit et introduisent encore d'autres pères. Ainsi l'enfant n'aura-t-il pas le sentiment que son père veut lui communiquer son *idios cosmos*, son monde propre. Quant au père lui-même, avoir la chance de pouvoir échanger, confronter son point de vue, partager ses convictions comme ses interrogations avec d'autres pères sera un appui considérable. Dans ce sens, parmi les initiatives novatrices les plus opportunes aujourd'hui, il faut évoquer ces « groupes de parole » entre pères qui naissent progressivement ici ou là. En un temps où, nous l'avons dit à maintes reprises, des doutes affleurent sur le sens de la virilité,

74. Enseignement à l'Institut des sciences de la famille de Lyon, le 1er février 1996.

en un temps aussi où le modèle maternel tend à exercer une suprématie, une parole d'hommes entre hommes donnera quelques chances supplémentaires à une conscience de l'identité tant masculine que paternelle. (Cela, bien sûr, sans concurrence avec ce qui se joue dans les relations entre hommes et femmes, mais bien plutôt alimenté par celles-ci.) « Il faut que les hommes se sentent hommes tout au long de cette aventure », affirme Alain Benoît, pédiatre et promoteur de telles réunions[75]. Aux États-Unis, en 1990, est né le mouvement des *Promise keepers*, fondé sur la promesse que chacun s'efforcera d'être un bon père et un mari fidèle[76]. Cette notion de « gardiens de la promesse » est belle ; elle mériterait d'être approfondie : peut-on tout seul sauvegarder et maintenir vivante une promesse ? Il va de soi que les groupes de parole mixtes, où se retrouvent ensemble pères et mères pour échanger sur leurs soucis et leurs visées éducatives, sont également très opportuns. Dans la mixité aussi, la différence aura des chances de se dire et la paternité de voir son profil se préciser.

On entrevoit que la finalité et les fruits de ces partages peuvent être de plusieurs ordres : psychologiques, pratiques, culturels, spirituels. Si la paternité est une aventure spirituelle, il sera très précieux, et il devrait être reconnu comme indispensable, qu'elle puisse être nourrie d'une communion de cet ordre. Dès lors que l'on croit que la paternité est un « mystère », c'est-à-dire le lieu d'une révélation et qu'en dernier ressort sa Source est transcendante, s'approcher ensemble de celle-ci, y puiser avec d'autres, sera d'un très précieux secours. Nous sommes si démunis face à l'Invisible… Ici ou là sont proposées des retraites pour pères de famille. Il existe aussi des pèlerinages où des pères marchent ensemble vers un sanctuaire.

Il y aurait place enfin, ici, pour un développement sur la relation entre *amitié* et *paternité*. Combien de pères n'ont-ils pas été

75. Cité par Louise Lambrichs, « L'art d'incommoder les pères », in dossier spécial du *Nouvel Observateur* cité, p. 10.
76. *Ibid.*, p. 15.

confortés dans leur fonction et leur être paternel par ces rencontres, ces conversations où l'on s'aide mutuellement à discerner le meilleur, dans des moments de rencontre gratuite, sur fond d'affinité, voire de fraternité, dans le respect des différences ? Même si rien n'est comparable à ce qui se joue dans l'alliance conjugale du père et de la mère, place doit être faite à la discrète alliance fraternelle entre pères. La rencontre entre hommes ne donne pas naissance au même type de parole que la rencontre entre homme et femme. Par exemple, si l'amitié peut être caractérisée par l'aveu des fragilités, on n'avouera pas les mêmes fragilités à l'ami qu'à l'épouse. La formule de Jean Lacroix selon laquelle « être amis, c'est chercher ensemble le vrai, et le chercher l'un dans l'autre » vaut aussi pour la vérité de la paternité[77]. Du point de vue de l'enfant également, pour le fils ou la fille, les amis de son père, comme les pères de ses amis, ne compteront pas pour rien dans ce que j'appellerai volontiers la « constellation paternelle ».

*

Passeur de vie, *passeur d'espérance*, le père lui-même est appelé à effectuer des passages. Au cours de cette longue traversée, il avance avec ses fils et ses filles. Eux aussi le tirent en avant ; avec eux il passe de la mort à la vie. Il passe d'une vie ancienne, marquée par les traces plus ou moins heureuses de son histoire antérieure, à une vie régénérée par l'accueil et l'accompagnement des naissances et des renaissances de ses enfants. Plus essentiellement encore, la paternité assumée jusqu'au bout implique un renouvellement de l'accueil de la vie en sa Source originelle. Cette vie le tire vers plus grand, plus haut et plus large que lui. Par ailleurs, les vertus liées à l'exercice de la responsabilité paternelle ne sont pas seulement

77. Jean Lacroix, « De l'amitié », in *Le sens du dialogue*, La Baconnière (Neuchâtel), 1944, p. 139. Pour une réflexion d'ensemble sur l'amitié, je renvoie au chapitre « Éloge de l'amitié » de mon livre *Les mirages de l'amour*, *op. cit.*

celles que l'on nomme classiquement *cardinales*[78] ; elles ne relèvent pas seulement des qualités morales humaines comme telles, mais nous avons rencontré aussi celles que les chrétiens nomment *théologales* : la foi, l'espérance, la charité. « Théologal » signifie alors : greffé sur la vie divine. Nous ne sommes pas allés très loin dans le développement de toutes les implications de cette « greffe », afin que le lecteur non croyant puisse nous suivre le plus longtemps possible. Mais osons une confidence : l'aventure spirituelle dont nous venons d'ébaucher quelques traits va plus loin encore que ce que nous imaginons. Pensée dans sa radicalité, elle peut être associée à un autre terme si, avec Georges Bernanos, nous avons l'audace d'affirmer que « la *sainteté* est une aventure, c'est même la seule aventure[79] ».

78. Depuis Platon : le courage, la justice, la prudence et la tempérance (*République* 427e).
79. Georges Bernanos, *Essais et écrits de combat* [1943-1944], Plon, 1969, p. 40.

Chapitre VI

Paternité plurielle

Un seul homme peut-il tenir tous les rôles, assumer toutes les missions que nous avons vues se dessiner au fil des chapitres précédents ? La pluralité des dimensions du lien paternel pourrait plaider en faveur d'une pluralité des personnifications de ces liens. C'est un fait : un enfant peut avoir été conçu par un homme, avoir reçu son nom d'un deuxième, être éduqué par un troisième, tandis que sa mère vit avec un quatrième. Ce n'est pas une telle tendance que nous avaliserons, et cela au nom d'un principe simple, qui est celui de l'*incarnation.* Or, l'incarnation est unification. Il est bon pour l'unification de la personne du fils d'avoir *un père*, autrement dit de pouvoir reconnaître avec clarté une personne singulière comme « son père ». Mais une idée doit toujours être en tension avec son contraire. L'unité n'est pas, de soi, contradictoire avec la pluralité. Elle peut même être plutôt consolidée par celle-ci. La figure du père est en effet si riche en potentialités, les facettes de ses rôles sont si nombreuses qu'il est *a priori* improbable qu'une seule personne puisse toutes les assumer. Selon l'expression familière, ce serait « beaucoup pour un seul homme ».

La chance est alors que la figure du père puisse s'incarner en plusieurs personnes. Que chacun fasse appel à sa mémoire ; il est probable qu'il y découvrira plusieurs figures paternelles ; plus que cela, plusieurs présences paternelles. Cela, bien sûr, à des degrés variables selon les individus, mais beaucoup plus nettement que pour la figure maternelle, qui est généralement présumée unique, même si les histoires personnelles peuvent effectivement conduire certains, certaines, à considérer qu'ils ou elles ont eu plusieurs mères. Qui, dans la constellation de sa mémoire, ne rencontrerait pas un grand-père, un parrain, un père spirituel, un ami de ses parents, un professeur, un prêtre ou un personnage admiré qui a, en telle ou telle période de sa vie, rempli un office paternel ?

La question peut être abordée sur un double registre, selon que l'on donne au mot « père » un sens partiel ou son sens le plus fort. Au minimum, « père » sera la personne référence, la figure modèle, celui qui dit avec autorité la loi, celui qui invite à grandir. Au sens le plus fort, nous l'avons vu, « père » est celui, autre que la mère, avec qui le sujet a une relation d'origine. Cette expression signifie qu'il a reçu de lui la vie ; elle peut signifier aussi qu'il la reçoit aujourd'hui, autrement dit que, grâce à lui, il naît à nouveau, accède à une dimension nouvelle de la vie. Le père n'est pas seulement, comme on le dit souvent, un « modèle » ou une « référence ». À travers ce modèle, à travers sa parole, c'est une vie qui se transmet.

Heureuse pluralité, donc, car la vie a plusieurs visages, donnant lieu à des naissances successives. Toutefois, par pluralité, je n'entendrai pas – d'entrée de jeu du moins – le *morcellement* de la « parentalité » ou de la paternité qui advient si souvent aujourd'hui, et dont certains se font les avocats. C'est ainsi que Mme Théry ne manque pas une occasion de présenter comme un nouveau modèle ce qu'elle appelle la « pluriparentalité », dans un double contexte : celui des familles dites « recomposées » et celui de l'adoption simple, dont elle préconise la reconnaissance en faveur des couples homosexuels[1]. Une chose est de faire face avec lucidité à toutes les

1. « Les familles recomposées mettent les sociétés occidentales devant la tâche inédite d'inventer la pluriparentalité. Tout en préservant la spécificité de la filiation généalogique, cesser de la penser comme exclusive est un bouleversement immense

situations ; une autre est de promouvoir *a priori* le modèle d'un tel morcellement. Je distinguerai d'emblée la pluralité par addition, enrichissement, conjugaison et la pluralité par soustraction, division, éclatement. La parenté « atomisée[2] » ou « cloisonnée[3] » n'est pas, de soi, favorable à l'unification de la personne de l'enfant. Il s'avère en revanche que dans *toutes* les situations, même dans celles où le lien père-mère, et donc le lien père-enfant, est le plus cohérent, la pluralité des références paternelles contribuera à faire résonner le mot « père » de toutes ses harmoniques.

La paternité adoptive

Entre paternité adoptive et paternité naturelle, il existe à la fois des points communs importants et une différence centrale. Les points communs proviennent du fait que toute paternité doit passer par un acte de parole et de volonté, qui est le consentement à une responsabilité irrévocable. Cet acte a été comparé, plus haut, à un pacte d'alliance. Par ailleurs, étant donné que le « charnel » est plus que le « biologique », il faut reconnaître à la paternité adoptive elle-même une dimension charnelle. La chair étant le lieu où la vie se donne et se révèle selon le mode de l'affectivité, la vie qui se communique entre un père adoptif et son enfant est bien charnelle. Elle ne passe pas que par la volonté ou le mental ! Dans telle ou

---

de nos représentations de la famille. Comment reconnaître qu'une autre forme de parentalité est possible, différente, n'engageant ni le même rapport au temps, ni la même symbolique ? » Irène Théry, « Différence des sexes et différence des générations », in *Esprit*, décembre 1996, p. 88. Sur l'homoparentalité, nous avons déjà renvoyé (chapitre III) à l'article « Pacs, sexualité et différence des sexes », in *Esprit*, novembre 1999, en particulier p. 180-181.

2. Expression d'Aldo Naouri in *Une place pour le père* (1985), Seuil, coll. « Points », p. 149.

3. Expression de Jean-Marie Petitclerc, *Les nouvelles délinquances des jeunes*, Dunod, 2001.

telle circonstance, lors d'une grande souffrance par exemple, le père adoptif pourra dire de son enfant qu'il est « la chair de sa chair ».

Toutefois, l'affirmation du sens et de la valeur de la paternité adoptive sera plus claire s'il est reconnu en même temps qu'elle n'est pas équivalente à la parenté naturelle. L'adoption est l'accueil d'un étranger, la reconnaissance de paternité est l'accueil d'un intime. Elle est le consentement à un donné déjà présent, qui est la conséquence d'une union sexuelle. Dans l'un et l'autre cas, il y a bien un « oui », un consentement, mais dans l'adoption, cet acte *constitue* le lien (non sans une décision de justice, où intervient un tiers), dans la parenté naturelle, il l'*institutionnalise*. Dans l'adoption, le père répond de son acte de parole ; dans la paternité naturelle, le père répond aussi et d'abord d'un acte antérieur ; il répond d'un lien qui est passé par son corps et par un autre corps, auquel il est lié.

C'est pourquoi, en un temps où il est courant de minimiser l'importance de la dimension corporelle, dite « biologique », de la paternité, il importe de rappeler que la filiation par engendrement reste le modèle de la filiation adoptive. De là vient sans doute l'évidence du caractère indissoluble de cette dernière. Le père adoptif se considère comme responsable de l'enfant adopté *au même titre* que s'il lui avait donné la vie. C'est d'ailleurs ce qu'il fait dans le présent, en lui transmettant, au jour le jour, ce qui lui permet de vivre et, plus que cela, *une vie*. Il entre dans le modèle de l'engendrement, à tel point que sa manière de situer sa position par rapport à ce dernier peut être source de difficultés. Nous sommes de plus en plus conscients aujourd'hui qu'il n'est pas souhaitable que les parents adoptifs se comportent comme s'ils occupaient la place des parents d'origine. Cela pour des raisons psychologiques, mais aussi pour des raisons fondamentales. L'enfant a besoin de vérité : lui nuisent aussi bien le mensonge sur son origine que la négation de l'importance de cette dernière. Il importe de reconnaître que, si la parenté adoptive est une parenté *véritable*, seule la parenté à la fois charnelle et adoptive peut être dite parenté *intégrale*[4]. La question de savoir si l'adoption peut ou doit effacer la parenté d'origine est au cœur de nombreux débats, depuis plusieurs décennies, à ce propos.

Mise en valeur par le droit romain, pour lequel le fondement juridique de la paternité résidait essentiellement dans la volonté d'un homme de se constituer père[5], l'adoption n'a pas été intégrée par le droit canonique ancien de l'Église, qui considérait comme seule légitime la filiation issue du mariage et de ses « œuvres ». Il s'en trouve des récits au fil des siècles, mais ils sont rares[6]. Elle réapparaît dans le Code civil, en 1804, dans des conditions toutefois très limitées[7]. C'est en 1923 seulement qu'elle est introduite en France à l'égard des mineurs, non sans, ultérieurement, de nombreuses révisions et remodèlements. L'essentiel du dispositif actuel est codifié dans la loi du 5 juillet 1996. Les juristes soulignent que l'adoption *n'est pas un simple contrat*. La volonté est nécessaire, mais elle est insuffisante à créer le lien. Il faut un jugement, une décision de justice. Cela étant, le droit français, désormais, reconnaît clairement deux types d'adoption : l'adoption plénière et l'adoption simple.

---

4. Voir Pierre Benoît : « On peut appeler "parenté intégrale" la parenté qui rassemble la totalité des composantes parentales : l'origine naturelle, la protection, la procréation, l'éducation, la primauté du don. Un homme est pleinement père s'il est à la fois le géniteur, le protecteur, l'éducateur, le premier à aimer. Le renoncement à l'une de ces fonctions serait, non pas un renoncement à la réalité de la paternité, mais à sa plénitude. » In *La relation parentale est ontologique*, Institut des sciences de la famille, Lyon, 1999. (À paraître.)

5. Voir Jean Delumeau (dir.), *Histoire des pères et de la paternité*, Larousse, 1990, p. 28-29.

6. *Ibid.*, p. 77. Le Code de droit canonique de l'Église catholique, dans sa version de 1983, reconnaît l'adoption, en renvoyant aux législations civiles. « Les enfants adoptifs selon la loi civile sont considérés comme fils ou filles du ou des parents adoptifs » (can. 110). Voir aussi les canons 535.2, 877.3 et 1094.

7. Seuls, alors, peuvent être adoptés les enfants majeurs, par des personnes mariées sans descendance, âgées de cinquante ans au moins et ayant quinze ans de plus que les futurs adoptés.

> « L'adoption plénière est une imitation complète de la filiation légitime ; un enfant qui était étranger à une personne devient, par décision judiciaire, son enfant de la même manière que si cette personne lui avait donné naissance[8]. »

Les droits de l'adoption plénière sont assimilés à ceux de la filiation par le sang. Comme celle-ci, elle est irrévocable (§ 240). Le nom de l'adoptant se substitue au nom d'origine[9] ; l'enfant adopté voit sa nationalité établie de la même manière que s'il était issu des adoptants (§ 316). L'acte de naissance originaire de l'adopté est considéré comme nul et ne peut plus être divulgué[10]. *L'enfant cesse d'appartenir à sa famille de sang*[11]. Un tel changement suppose la manifestation d'une autre volonté, celle des parents d'origine, qui peut se manifester soit par un acte officiel de consentement à l'adoption, soit par un abandon de fait[12].

L'adoption simple relève d'une philosophie différente. Elle n'opère pas de rupture entre l'adopté et sa famille d'origine. L'enfant est reconnu comme appartenant à deux familles. Parce que l'adopté demeure dans sa famille d'origine, subsistent les empêchements au mariage, les droits successoraux et l'obligation alimentaire à l'égard des parents de sang. Parce que l'adopté entre dans la famille adoptive, il ajoute à son nom d'origine le nom de l'adop-

---

8. Guy Raymond, *op. cit.*, § 213. Voir aussi, du même auteur, *Ombres et lumières sur la famille*, Bayard, 1999, p. 221-222.

9. « L'adoption confère à l'enfant un nouvel état civil ; de son état civil originaire seuls demeurent le sexe, la date de naissance et le lieu de naissance » (§ 238).

10. Cependant, l'acte de naissance nouveau doit indiquer le lieu réel de naissance de l'enfant (§ 237).

11. Il existe deux exceptions à ce principe : (a) les prohibitions au mariage de l'adopté avec les membres de sa famille d'origine subsistent ; (b) s'il s'agit de l'adoption d'un enfant du conjoint de l'adoptant, la filiation demeure à l'égard de ce conjoint et de sa famille (*Ibid.*, § 237).

12. Le consentement peut être retiré dans les deux mois qui suivent l'acte par simple lettre recommandée ; l'abandon de fait est constaté par décision judiciaire au bout d'un an (§ 222 à 226).

tant ; il subit les empêchements du mariage avec les membres de sa nouvelle famille, il acquiert tous les droits et doit respecter les devoirs d'un enfant légitime à l'égard de tous les membres de sa nouvelle famille (§ 245 à 252).

Par ailleurs, l'adoption simple n'exerce aucun effet sur la nationalité : l'enfant adopté par des parents français ne devient pas automatiquement français[13]. Enfin – donnée très importante – si, comme nous l'avons vu, l'adoption plénière est irrévocable, l'adoption simple est révocable, pour motifs graves (§ 252).

Certains pensent que le régime de l'adoption simple offre au moins un avantage, celui de ne pas détruire la filiation primitive. Le fait que le lien n'y ait pas toute la force et toutes les dimensions de la filiation légitime est, selon d'autres, une faiblesse. Comment donc donner à un enfant la chance d'un lien de filiation porteur du caractère total et inconditionnel du lien créé par la génération sans, pour autant, nier l'écart avec ce dernier, son absence ou son existence ailleurs ? Le débat est sans fin et l'expérience de cette tension est parfois difficile, voire douloureuse à vivre. Psychiatres et psychologues soulignent unanimement l'opportunité d'informer l'enfant de son adoption, « quand il a entre 3 et 5 ans, à partir de ses questions sur l'origine des bébés[14] ». Comment, alors, désigner les parents d'origine ? Certains prônent l'attribution du terme « parents » à ceux-là seuls « qui ont pris l'engagement d'occuper la place et les fonctions parentales ». Il leur paraît capital que les parents adoptifs soient convaincus d'être les seuls parents de l'enfant, de telle sorte qu'il n'y ait pas d'un côté les « parents adoptifs » et de l'autre les « parents biologiques ». À cette dernière expression ils préfèrent le terme de « géniteurs ».

13. Il lui est cependant possible de réclamer la nationalité française par simple déclaration, pendant toute sa minorité, à condition qu'il réside en France au moment de sa déclaration (§ 316).

14. Vincent Laupies, chapitre « Adoption », in *Parcours alphabétique en thérapie familiale*, à paraître en 2004.

Cette position a l'intérêt d'apporter une clarification. Le terme de « géniteur » laisse toutefois insatisfait. Passons sur ses connotations plutôt négatives aujourd'hui, malgré le sens riche de sa racine, *genere*, « engendrer ». Mais surtout, puisque nous avons à plusieurs reprises retenu l'engendrement parmi les composantes de la parenté, il nous faut, logiquement, affirmer qu'engendrer, c'est déjà être parents. Ce n'en est que le commencement, mais le commencement n'est pas rien ! Réduire l'acception du terme « parents » à sa dimension fonctionnelle et éducative risque d'être un appauvrissement. Par ailleurs, le désir si souvent manifesté par les enfants adoptifs de rencontrer – ne serait-ce qu'une seule fois – ceux qui leur ont donné la vie est bien l'indice qu'ils gardent avec eux un lien, lien de filiation, au-delà de la seule génération. Quel terme retenir alors ? La réponse n'est pas évidente. J'ai déjà refusé l'expression, discordante et pauvre, de « parents biologiques ». Parents d'origine ? Parents naturels ?

La question posée demeure : comment éviter la dualité, le clivage, dans l'esprit de l'enfant comme dans celui des parents, entre deux « parentés » ? L'unité de la personne et de son identité appelle l'unification. Mais peut-être celle-ci pourrait-elle avoir lieu dans la parole des parents adoptifs, dans la manière dont ils « adoptent » eux-mêmes les parents naturels et dont ils conçoivent leur propre office. La fonction de la parole n'est-elle pas de relier, de donner sens, de hiérarchiser aussi, accordant à chaque dimension du lien, à chaque acteur de celui-ci sa place ?

Toujours est-il que laisser place au vide de la génération est, pour les parents adoptifs, une opération aussi douloureuse que salutaire. Une opération vérité. Elle a un sens spirituel de retrait, de reconnaissance des limites et, plus profondément, d'affirmation simultanée de deux vérités contraires mais non contradictoires : le don corporel de la vie n'est *pas rien*, mais il n'est *pas tout*. En reconnaissant une absence, le père adoptif laisse place à la fois à celui par le corps duquel est passé le don originaire *et* à lui-même, dans la spécificité de son rôle. Rôle de reprise symbolique de ce don, sur un autre registre : relationnel, éducatif, social, civil, mais non désincarné pour autant, redisons-le.

Si toute paternité est une aventure, la paternité adoptive est, si l'on peut dire, une aventure redoublée, tant il est vrai qu'elle ne va pas sans risques spécifiques. L'histoire antérieure de l'enfant, l'ignorance qui la recouvre et les traces profondes qu'elle a pu laisser sont autant de vulnérabilités, autant de défis à relever. Ils sont la marque d'une altérité plus grande de l'enfant : l'altérité de sa personne est redoublée par l'altérité de son histoire, si ce n'est de sa culture. Au-delà des considérations pratiques ou psychopédagogiques qui exigeraient une approche spécifique[15], il faut souligner la haute valeur spirituelle de ce lien. Que, par un tel pacte, un étranger, venu parfois de très loin (au sens propre ou au sens figuré), devienne proche, très proche, accueilli dans un lien aussi intime et aussi fort que s'il était né de sa propre chair, quelle plus forte expression de ce que nous mettons sous le terme d'« alliance » ? Hospitalité radicale, solidarité incarnée, don-accueil où la volonté se coule dans un modèle inspiré par les liens du sang. À la fois hommage et dépassement de ceux-ci. Les parents adoptifs reconnaissent le prix des liens du sang : ils ont, le cas échéant, assez souffert de ne pas pouvoir les incarner. Mais ils sont explorateurs d'un autre type de liens, où l'union du verbe et de la chair se réalise différemment. Ils peuvent, en ce domaine, jouer un rôle prophétique. Leur histoire est un témoignage, un enseignement pour ceux à qui il est donné de vivre une forme apparemment plus évidente ou plus directe de fécondité.

Voilà ce qui est beau lors de la rencontre entre un père adoptif et un père selon la chair : *chacun révèle à l'autre une dimension essentielle de ce qu'il vit*. Le premier rappelle au second que le lieu le plus réel de sa paternité est la parole et tout ce qui gravite autour d'elle, tandis que le second indique au premier ce qui est

15. Voir le volume « Adoption et paternité », *in* revue *Nervures*, n° 5, 1994. Sur les troubles de l'attachement, consulter l'association *Pétales – France* (www.petales.org).

à la source de la radicalité de son pacte : l'appel de la chair vers la vie.

Il serait, de surcroît, trompeur de ne considérer l'adoption que comme un palliatif pour la stérilité. Il est des familles où les enfants adoptifs viennent rejoindre des enfants de sang : orphelins de pays en guerre, abandonnés par des parents en détresse, victimes de handicaps parfois lourds. L'aventure de la paternité-maternité adoptive se redouble de celle qui se joue entre frères et sœurs qui, eux aussi, doivent « s'adopter » mutuellement, autre forme d'alliance. On devine l'extraordinaire richesse de ce qui peut se jouer alors. L'accueil de l'altérité n'est pas, ici, une formule convenue ! Les témoignages et récits sur la vie de ces familles pionnières donnent à penser que c'est en de tels lieux que se cherchent et se découvrent réellement de « nouveaux modèles familiaux »[16]. Ces familles font ressortir avec netteté le sens premier de l'adoption, qui est d'*offrir une famille à un enfant*, et non un enfant à une famille[17].

Même si l'adoption n'a pas été centrale dans leur histoire, les chrétiens ont toujours eu devant les yeux la figure exemplaire d'un père adoptif : celle de saint Joseph. Il est frappant, au seuil de l'Évangile selon saint Matthieu, que la généalogie de Jésus, où est indiquée notamment sa lignée messianique, aboutisse à « Joseph, l'époux de Marie, *de laquelle* naquit Jésus, que l'on appelle Christ » (Mt 1,16). C'est le nom et la personne de Joseph qui inscrivent Jésus dans une généalogie, alors que la suite du récit indique que Marie « se trouva enceinte par le fait de l'Esprit saint ». Il a fallu la parole de l'Ange pour que Joseph « prenne chez lui son épouse » et, ainsi, adopte l'enfant. À plusieurs reprises Joseph est présenté – y compris

16. Association Emmanuel – SOS Adoption, Montjoie, 49150 Clefs. *Office chrétien des handicapés*, 90, avenue de Suffren, 75015 Paris.

17. Il reste en France, au fil des années, environ 2 000 enfants pour qui aucun projet d'adoption n'a été formé. Dans 33 % des cas, la cause de cette situation est le handicap de l'enfant (Étude du ministère de l'emploi). Article de Marianne Gomez, in *La Croix*, 15 mars 2001.

par Marie – comme le « père » de Jésus[18]. Joseph est bien père, alors qu'il n'est pas géniteur, et cela au sein d'une culture qui accordait à la génération charnelle un grand prix.

> « Joseph, père de Jésus, dont la première épreuve consiste à accepter de n'être pas le géniteur de son enfant. Joseph n'est rien par rapport à Jésus. Il accepte de n'être rien. Il accepte d'être son père[19]. »

Comment Joseph est-il devenu père ? Tout d'abord en « ne craignant pas » de prendre chez lui Marie sa fiancée, malgré l'inconnue autour de la conception. Ensuite en *sauvant* l'enfant du péril de mort, par l'exil en Égypte, pour fuir la folie meurtrière du roi Hérode.

> « Il lui a sauvé la vie dès l'origine – méritant par là même le titre de père –, il s'est levé en pleine nuit pour qu'il échappe aux assassins qui le recherchaient, il lui a trouvé un refuge en terre étrangère. Comme Abraham son ancêtre, auquel Dieu dit un jour : "Quitte ton pays, ta parenté et la maison de ton père pour le pays que je t'indiquerai" [20]. »

Il l'a ensuite nourri, éduqué, instruit de la Loi héritée de ses pères. Il le conduit au Temple et, lorsqu'il a atteint l'âge de douze ans, celui de sa *bar mitzvah*, où l'enfant pour la première fois lit l'Écriture devant l'assemblée, avec son épouse ils le perdent, puis le retrouvent, pour s'entendre dire : « Pourquoi me cherchiez-vous ? Ne saviez-vous pas qu'il me faut être aux affaires de mon père ? » (Luc 2,49). Toutefois, après cette parole abrupte, le texte souligne que, de retour à Nazareth, l'enfant « leur était soumis » (v. 51). Après cela, il est notable qu'aucun des quatre Évangiles ne parle plus de Joseph, qui s'efface complètement. « Même sa mort, remarque Sylvie Germain,

18. Luc 2,48 ; 4,22.
19. Denis Marquet, *Père*, Albin Michel, 2003, p. 273.
20. Sylvie Germain, « Jésus, l'enfant adoptif de Joseph », *in* dossier spécial du *Nouvel Observateur*, décembre 2003, p. 90.

est passée sous silence. » Figure exemplaire de la paternité adoptive, donc, et de la paternité comme telle, exposée à l'inconnu, à des périls, à un réel difficile à comprendre, mais conduisant à bon port son fils, le bon port étant la reconnaissance d'une autre filiation, première et fondamentale.

La paternité spirituelle

Il est une forme de paternité moins codifiée que les deux précédentes, non instituée ou définie par le droit, qui rejoint pourtant, par une proximité souterraine, ce qui est au cœur de celles-ci. À plusieurs reprises j'ai osé affirmer que la paternité, *pour l'essentiel*, avait lieu de sujet à sujet, ce qui veut dire d'esprit à esprit. Cela implique qu'elle puisse advenir dans un contexte aussi imprévisible, aussi ouvert et universel que celui de la vie de l'esprit (ou de l'Esprit). Autrement dit, si la paternité est toujours spirituelle, ce terme caractérise plus particulièrement certaines de ses formes.

À seize ans, un jeune homme qui a beaucoup reçu de son père charnel, mais aussi s'est heurté aux limites de celui-ci, peut avoir la chance de rencontrer un adulte qui, par le regard qu'il porte sur lui et par sa parole, lui donne de naître à une dimension nouvelle de sa personne. À quarante ans, *in media vita*, un père ou une mère de famille, confronté à ce que l'on appelle parfois la « crise du milieu de la vie », pourra rencontrer non seulement un ami ou un thérapeute, mais un visage, un être, une présence qui, par la qualité de son écoute, lui permet d'entendre en lui une voix qui l'engendre de nouveau à la vie. Tout au long de son histoire, un homme ou une femme pourra régulièrement retrouver un aîné sur le chemin de la vie spirituelle : moine, ermite, contemplatif ou homme à l'existence ordinaire dont la parole sera pour lui relais de la Parole de vie, l'aidant à discerner l'essentiel de l'accidentel, à revenir à la Source, à reconnaître la simplicité des enjeux fondamentaux dans le labyrinthe de l'existence.

Pourquoi, alors, parler de « paternité » ? Le père a des points communs avec le maître, mais il s'en distingue aussi. Ce dernier aide le disciple à naître à une dimension nouvelle de sa conscience, de la pensée. Ainsi Socrate, qui aimait rappeler qu'il était fils d'une sage-femme, se disait lui-même « accoucheur » pratiquant la *maïeutique*, c'est-à-dire, littéralement, l'art d'aider les esprits à accoucher, autrement dit à découvrir par eux-mêmes la vérité qu'ils portent sans le savoir. Mais, pour la sagesse grecque, une telle vérité est impersonnelle, et la démarche concerne essentiellement l'intellect, même si la prise de conscience en question peut avoir des répercussions existentielles. Plus universellement, le maître enseigne un art de vivre, une sagesse. Il est un guide, il donne une méthode, il peut être un modèle. Il parle avec une autorité qui vient soit de la force de sa parole, soit de la tradition qu'il transmet.

Plusieurs de ces traits se retrouvent dans la paternité spirituelle, mais il y a en celle-ci plus encore. Ce qui est transmis n'est pas seulement une méthode, un savoir ou un savoir-faire, pas seulement un art de vivre, mais encore *une vie*. À vrai dire, il ne s'agit pas de transmission ou de communication directe. Entre les deux sujets passe le fil d'une vie invisible à laquelle l'un et l'autre sont réceptifs. La part d'affinité, d'amitié, voire, le cas échéant, de ressemblance n'est pas nulle ; elle fera même, parfois, partie des raisons pour lesquelles « paternité » et « filiation » seront ressenties comme telles, mais là n'est pas la donnée la plus déterminante. Le père spirituel est lui-même fils, et c'est une filiation qu'il transmet. Nous ne sommes pourtant plus, ici, dans l'ordre de la généalogie : à ce stade de la réflexion, il s'agit d'une filiation *dans le présent*, de la référence à l'origine dont nous parlions plus haut, de la filiation que nous oserons appeler divine.

Il est possible de parler de paternité spirituelle dans un contexte séculier, humain, philosophique, si nous entendons par là *une relation dans laquelle un homme aide une autre personne à naître à une dimension nouvelle de sa vie*. Mais le discours reste alors inachevé. Jusqu'à quel point parler de « dimension nouvelle » et pourquoi, finalement, parler de « paternité » ? En contexte religieux, chrétien tout particulièrement, les choses sont plus explicites, l'expérience située dans son ordre spécifique. Dans le judaïsme déjà, le *rabbi* est plus qu'un maître de sagesse. C'est une vie qu'il transmet, et selon le Talmud il est considéré comme une Torah vivante[21]. En christianisme, une tradition très ancienne, remontant aux « pères du désert » (IVe siècle), appelle « abba » ou « père » le maître spirituel. « Père, dis-moi une parole pour que je sois sauvé » : André Louf, moine et auteur de référence en ce domaine, cite cette demande pour introduire la manière dont il définit l'office du père spirituel :

> « S'il a un rôle à jouer, ce n'est ni par des conseils, aussi judicieux soient-ils, encore moins par des ordres ; ce sera en raison de la qualité même de la relation existant au préalable entre le père et le fils, qualité qui permettra au désir de Dieu de se manifester dans le cœur du fils, à travers son ouverture et à travers la respectueuse écoute du père. Mais tout cela suppose qu'entre les deux quelque chose de plus important soit déjà advenu, qui n'est pas sans rapport avec cet engendrement mystérieux à la vie de Dieu dont parle saint Paul[22]. »

La référence à Paul renvoie au texte où ce dernier ne craint pas de se dire le « père » des chrétiens de Corinthe, auxquels il a transmis l'Évangile :

> « Auriez-vous, en effet, des milliers de pédagogues dans le Christ, que vous n'auriez pas plusieurs pères ; car c'est moi qui, par l'Évangile, vous ai engendrés dans le Christ Jésus » (1 Co 4,16).

Aujourd'hui, l'expression « père spirituel » est employée surtout dans le contexte d'une relation d'accompagnement. Elle désigne une tâche, une mission, qui est d'aider la personne à discerner ce

21. Voir Traité *Sanhédrin*, 101, a et b.
22. André Louf, « Être formé à l'accompagnement spirituel », in *Séminarium*, A. XXXIX Rome, 1999, p. 556.

que l'on appelle la « volonté de Dieu » en elle[23]. Toutefois, reçue en son sens fort, l'expression va plus loin encore. L'accompagnateur devient proprement « père » si, par grâce, il lui est donné d'être à ce point proche de son interlocuteur qu'il aide celui-ci à grandir, d'une manière comparable à celle dont son propre père charnel l'a aidé à grandir durant son enfance. Il s'agit alors de plus qu'une métaphore, car la vie à laquelle il introduit est en soi supérieure à celle d'une paternité seulement conforme aux valeurs mondaines.

Il s'agit aussi de plus qu'une fonction, une tâche ou un rôle. La paternité spirituelle est une grâce imprévisible, qui peut avoir lieu à l'insu de l'intéressé. Nul ne connaît sa fécondité ; nul ne sait auprès de qui il a tenu, tient ou tiendra, à un moment ou à un autre de sa vie, une place paternelle. Chacun, en revanche, peut, dans son histoire, garder mémoire des êtres qui ont, au fil des années, rempli ce « ministère[24] ».

Le fait que cette notion de « paternité spirituelle » ne se soit, à notre connaissance, développée qu'en christianisme est significatif. On ne la trouve ni dans le judaïsme, ni dans l'islam, ni dans le bouddhisme. Elle est reliée, clairement ou obscurément, à la nomination de Dieu comme Père, c'est-à-dire à la reconnaissance du mystère de la paternité au cœur même de la vie divine. J'y reviendrai.

Un paradoxe apparaît alors : les chrétiens gardent mémoire du précepte évangélique : « N'appelez personne sur terre du nom de "père", car vous n'avez qu'un Père qui est aux cieux » (Matthieu 23,9), et pourtant, dans l'Église, s'est instaurée la tradition d'appeler « père » ou « abbé » certains de ses ministres. Cela pourrait être interprété de façon critique, voire ironique. Mais ce peut aussi être compris comme riche de sens : le fait que l'on nomme

23. Sur le sens de cette expression, voir Michel Rondet, « Dieu a-t-il sur chacun de nous une volonté particulière ? », in *Écouter les mots de Dieu*, Bayard, 2001.
24. L'auteur de ces lignes pourrait citer un nombre bien déterminé de personnes qui réellement, au cours de sa vie, ont été ses « pères ». Il ne le fait pas par discrétion, mais il leur rend ici hommage *in pectore*.

« pères » précisément ceux qui ne sont pas pères selon la chair est en soi un enseignement. Leur paternité prend sens comme relais d'une autre paternité. N'étant pas charnelle, elle risquera moins de se croire totale, absolue. Hormis quelques situations perverties où le prêtre tenterait d'usurper une place qui n'est pas la sienne, cette appellation ne peut être comprise dans sa vérité qu'en référence à une autre génération, invisible, mystérieuse, attestée par une Écriture, par la parole du Fils premier-né, par l'expérience intérieure. La fonction paternelle du prêtre, qui a eu une grande importance dans les siècles derniers (surtout depuis le XVIIe), serait sans doute à mettre davantage en valeur aujourd'hui. Il en est encore donné de beaux témoignages. Ainsi Guy Gilbert raconte-t-il comment un jeune « loubard », antérieurement maltraité par ses parents, l'avait littéralement adopté comme son père. Ayant appris un jour qu'il était malade, il avait parcouru tous les hôpitaux de Paris pour le retrouver. « Cette paternité, je dois l'assumer ; c'est mon métier. Et plus que mon métier, c'est le sens donné à ma vie de célibataire[25]. »

La paternité spirituelle a des aspects communs avec la maternité. Aux chrétiens de Galatie, Paul ose écrire :

> « Mes petits enfants, vous que j'enfante à nouveau dans la douleur, jusqu'à ce que le Christ soit formé en vous » (Ga 4,19).

Aux chrétiens de Thessalonique :

> « Nous avons été au milieu de vous pleins de douceur, comme une mère réchauffe sur son sein les enfants qu'elle nourrit » (1 Th 2,7).

La maternité spirituelle serait, elle aussi, une expérience à considérer ; elle pourrait faire l'objet d'une autre étude[26]. Dans un tel contexte, les caractéristiques propres à la paternité comme à la mater-

---

25. *La Croix*, 17 septembre 1998.

26. Voir, par exemple, les écrits et les biographies de Claire d'Assise, Catherine de Sienne, Thérèse d'Avila, Thérèse de l'Enfant-Jésus. Article de F. M. Léthel in *Bulletin de l'Institut catholique de Lyon*, n° 110, juillet 1995, p. 89-90.

nité seraient à mettre en lumière. Selon les deux citations qui précèdent, la mère (ici incarnée par la personne de Paul !) « enfante » et « réchauffe sur son sein ». Mais plus loin, le même Paul se compare au père qui « exhorte », « encourage », « adjure[27] ». Serions-nous autorisés à transposer ici quelques traits, retenus plus haut, de la paternité charnelle dans sa différence avec la maternité ? Cela ne serait pas aberrant, car la paternité spirituelle est elle-même incarnée ; elle l'est dans un corps, une parole et une histoire masculins. Toutefois, la raison déterminante de la différence réside dans le fait que le mystère ultime auquel il s'agit d'introduire est celui de la paternité divine. Et pourquoi, objectera-t-on, ne serait-ce pas à celui de la maternité divine ? Sur les raisons de ce choix et sur le sens de cette différence, attendons, là encore, le chapitre suivant.

Une autre intuition pourrait être avancée ici, selon laquelle, loin de gommer la masculinité, la paternité spirituelle la porterait à son plus haut degré. Selon Henri Caffarel, n'est *pleinement homme* que celui à qui il a été donné, d'une manière ou d'une autre, d'être père. « C'est dans la paternité seulement, précise-t-il, que toutes ses facultés entrent en jeu et atteignent à leur développement[28]. » Une telle pensée serait difficilement recevable si elle se bornait à la paternité charnelle. Élargie à la paternité spirituelle, forme de fécondité offerte à tous, elle ouvre de belles perspectives, en direction notamment d'une conception du masculin qui dépasse les catégories classiques du « faire » et du « conquérir ». Le terme de « fécondité » est traditionnellement associé d'abord à celui de « femme », auquel il est étymologiquement apparenté[29]. Il reste beaucoup à découvrir autour de ce que peut être une « fécondité masculine ».

27. « Comme un père pour ses enfants, vous le savez, nous vous avons, chacun de vous, exhortés, encouragés, adjurés de mener une vie digne de Dieu » (1 Thessaloniciens 2,11-12).

28. Henri Caffarel, « Vocation du père », *L'Anneau d'or*, juin 1946, p. 15.

29. De la racine indo-européenne *Fē*, « qui porte du fruit » (d'où proviennent aussi *felix* et *fœtus*).

La paternité relayée

Entre le contexte familial et celui, beaucoup plus large, de la paternité spirituelle, se dessinent maints lieux ou instances intermédiaires. Autour de la personne du père, nous avons déjà rencontré les autres pères avec lesquels il se trouve en relation, voire en communion, et qui seront susceptibles de faire référence pour l'enfant, à l'instar des pères de ses propres amis. Il arrive aussi qu'un oncle soit, un jour ou l'autre, le confident de l'enfant ou de l'adolescent, ou encore son parrain, un grand-père…

Une place toute spéciale doit ici être reconnue aux grands-parents, le grand-père pouvant, de diverses manières, être une instance paternelle. Cela est particulièrement évident si le père est absent ou décédé, mais ce pourra être vrai également si celui-ci est bien vivant, en complément de son mode de présence. Père de son père ou de sa mère, le grand-père incarne autrement et plus encore la durée. Celui dont la parole et la présence ont été référence pour les parents l'est aussi, au deuxième degré, pour l'enfant. En étant témoin de la relation de son père ou de sa mère avec son propre père, l'enfant percevra ceux-ci différemment, comme inscrits eux-mêmes dans une histoire et un héritage. Il verra la paternité sous un autre angle, comme si elle prenait du relief en se détachant sur un fond. Il pourra, par exemple, être sensible aux continuités et aux infléchissements, aux ressemblances et aux dissemblances dans la manière de l'exercer. À mesure qu'il grandit, il comprendra mieux, ainsi, certains traits de son père ou de sa mère.

Mais surtout, avec la personne de son grand-père, il pourra nouer un lien d'une qualité toute particulière. Plusieurs témoignages de grands-pères me disent l'émerveillement tout à fait spécifique devant ce nouvel avènement, cette génération renouvelée qui continue l'histoire, ce retour du don de la vie qui paraît encore plus miraculeux, à distance, que la naissance de ses propres enfants. Réjouissance ensuite devant une croissance et des apprentissages perçus eux aussi de façon encore plus émouvante, rendus plus sensibles par l'alternance de présence et d'absence, à travers une relation plus gratuite. Joie devant la joie du petit-fils ou de la petite-fille pour qui les retrouvailles sont à chaque fois une fête. La grand-paternité n'est pas seulement une suite de la paternité, elle en est le renouveau, comme le redoublement. « Voir les fils de ses fils » a toujours été un indice de bénédiction[30].

Chaque génération, dans l'éducation, apporte sa note propre. Comme il arrive souvent qu'une génération s'affirme en réaction contre les valeurs de celle qui l'a précédée, la transmission pourra avoir lieu, par-dessus la suivante, devant celle qui arrive ensuite. C'est ainsi que les enfants d'une génération sceptique et libertaire seront heureux de pouvoir prendre appui sur celle de leurs grands-parents pour redécouvrir les vertus de la confiance et de la fidélité. Étant plus à distance et dans une relation plus gratuite, les grands-parents pourront parfois avoir une parole plus libre que les parents, imbriqués de tant de manières dans l'immédiat de la relation. En une époque où le temps, dit-on, s'accélère (superficiellement du moins) et est de plus en plus morcelé, la figure du *témoin* qui tient le cap par-dessus les décennies prend un singulier relief. Et nous pourrions remonter jusqu'à l'arrière-grand-père... Il y a bien un lien intrinsèque, déjà relevé plusieurs fois, entre la paternité et ce que l'on nomme l'« intergénérationnel ».

Entre le familial et l'extrafamilial se trouve la figure du *parrain*. Son nom est apparenté à celui de « père » : *patrinus* et *matrinus* apparaissent lorsque, au IXe siècle, l'Église institue au moment du baptême la présence d'un autre père et d'une autre mère, père et mère « spirituels », pour bien signifier que le baptême est une seconde naissance. Désormais, parrain et marraine sont appelés à être plus spécialement témoins et accompagnateurs de la vie spirituelle de l'enfant, comme les parents le sont de sa vie ordinaire.

30. « Puisses-tu voir Jérusalem dans le bonheur / Et voir les fils de tes fils / Paix sur Israël ! », Psaume 128, v. 5.

Après le concile de Trente, au XVIIe siècle, l'Église catholique interdira que le choix du parrain ou de la marraine se porte sur le père ou la mère, dans un contexte où elle met en valeur le rôle et la place des pères extérieurs à la famille[31] (parrains, donc, mais aussi prêtres, « abbés[32] », évêques, Pape, pères spirituels). Il ne serait pas superflu de se demander aujourd'hui si le choix du parrain correspond bien à la visée initiale et surtout s'il ne gagnerait pas en signification en lui étant rapporté. Bien souvent, le parrain est choisi pour « faire plaisir » à un proche ou pour l'honorer, dans un savant dosage entre les parentèles ou les amitiés. Les intérêts sont plus, alors, ceux des adultes que ceux de l'enfant ; le point de vue plus affectif ou clanique que véritablement spirituel. Qui envisage vraiment de choisir le parrain pour offrir à l'enfant la chance d'une relation privilégiée avec un autre témoin de la vie chrétienne ? Cela arrive pourtant et il est des personnes pour lesquelles le parrain, à un moment ou à un autre de leur existence, a été le confident ou celui qui incarnait une manière de grandir en humanité différente et complémentaire de celle du père. Certains même pour lesquels il a été une référence majeure, bien au-delà des cartes de vœux et des étrennes obligées.

Une femme me raconte un jour son histoire. Durant son enfance, elle avait été victime de maltraitance de divers ordres, y compris sexuels (elle avait notamment été violée par son grand-père). Sa vie ultérieure avait été pour le moins instable, puisqu'elle avait eu quatre enfants de quatre pères différents. Et pourtant elle pouvait attester, de manière crédible, que tous les quatre, parvenus à l'âge adulte, « grandissaient avec bonheur ». Je lui demandai alors ce qui l'avait le plus aidée dans l'éducation de ses enfants, autrement dit ce qui, à son avis, avait contribué à ce qu'elle-même et ces derniers trouvent les ressources pour une croissance personnelle relativement équilibrée. Sans hésiter, elle me donna une triple réponse : la foi de leur mère, une

31. Voir *Histoire des pères et de la paternité*, *op. cit.*, p. 102, 139, 140, 157.
32. De l'araméen *abba*, « papa ».

communauté spirituelle porteuse, la présence d'un prêtre ami. Il se trouve que ce prêtre, fréquemment reçu dans la famille, avait été pour chacun et chacune à la fois une référence et un confident, jouant manifestement un rôle paternel, en tant qu'homme, en tant que prêtre, en tant qu'ami. On pourrait trouver des exemples différents mais, en celui-ci, convergent plusieurs rôles déjà rencontrés : l'appui à la mère, la présence masculine, l'ouverture à une plus haute vie.

Devant les défaillances de nombreuses familles, face à l'absence si fréquente des pères[33], c'est la fonction paternelle elle-même qui se trouve exercée de façon dispersée, avec des fruits très aléatoires. Impressionnant est le nombre de personnes qui, de par leur profession ou leur position, peuvent être conduites soit à remplir une partie de cette fonction, soit à tenir quelque temps un rôle paternel : instituteur, professeur, proviseur, tuteur, médecin, psychologue, psychanalyste, juge, éducateur, travailleur social, policier, voisin, patron[34], entraîneur, prêtre, homme politique, sans oublier les acteurs de l'entourage familial, amical et communautaire déjà évoqués. En principe, tous les représentants de l'État sont, sous un certain angle, dans cette position. Nous avons déjà rencontré la racine *stare*, sur laquelle ce nom est formé[35], comme associée à la figure paternelle : tenir, être là pour dire la loi, poser des limites, formuler des devoirs. (Se pose à nouveau ici le problème des représentations de plus en plus maternantes de l'État, selon la thèse déjà citée de Michel Schneider[36].) Il apparaît aussi qu'une personnalité comme celle du pape, tout spécialement lorsqu'elle a l'envergure de celle de Jean-Paul II, tient pour beaucoup ce rôle, y compris chez ceux qui lui en veulent terriblement de remplir cet office.

---

33. On estime à plus de deux millions le nombre vivant, en France, sans la présence de leur père. Évelyne Sullerot, *Le grand remue-ménage*, Fayard, 1997, p. 188.
34. De la même racine (*pater*) que « père ».
35. *Stare*, d'où provient le mot « État ».
36. Michel Schneider, *Big Mother*, Odile Jacob, 2002.

Même pour une famille où la situation est (apparemment) simple, sur la base de liens stables et de relations « suffisamment bonnes », une telle constellation paternelle est non seulement opportune, mais nécessaire. J'en ai indiqué quelques raisons à la fin du chapitre précédent. Aucune famille ne se suffit à elle-même ; nul homme n'est père de manière exhaustive. Même si, par hypothèse – improbable ! –, il était parfaitement père, sa paternité comme telle serait ouverte à d'autres paternités. *Car la paternité n'est pas une réalité seulement familiale.* Il nous faut renoncer à un modèle de celle-ci trop centré sur le groupe familial, autrement dit sur la « vie privée », modèle qui a peut-être atteint son apogée, en Occident, à la fin du XXe siècle. *Quelles sont donc les instances paternelles extrafamiliales ?* La question doit être posée avec obstination. Les refus du « paternalisme », parfois fondés, ne peuvent tenir lieu de philosophie suffisante en la matière. Sans confusion des rôles et des places, en étant vigilants sur les dérives et les abus possibles, il faut oser reconnaître, et le cas échéant assumer, la portée possiblement paternelle des fonctions évoquées plus haut.

Dès lors que le rôle paternel est tenu comme tel avec vérité, il viendra moins concurrencer la paternité familiale que la renforcer. Un père appelle d'autres pères. Ce qui est authentiquement paternel vise la croissance d'une liberté, sous la reconnaissance d'un don antérieur. Même si, empiriquement, peuvent survenir des tensions, voire des contradictions, dans cet ordre il ne peut y avoir que convergence. Il est un âge où ces tensions elles-mêmes peuvent être sources de croissance. Le principal critère, redisons-le, est l'authenticité de cette qualité paternelle, dont les signes sont les suivants : elle n'est pas recherchée pour elle-même ; elle ne repose pas sur la séduction ; elle conduit à plus grand qu'elle.

On l'aura compris : nous distinguons le « père-relais » du *gourou.* Là où le premier saura, le cas échéant, dire : « Je ne suis pas votre père », le second affirmera : « Je suis votre père », exploitant le besoin de dépendance de celui qui s'en remet à lui. Une telle usurpation est généralement liée à un contexte sectaire, qui est celui d'une fermeture et d'une mise à part, alors que la paternité authentique, nous l'avons assez souligné, est ouverte et reliante. Le gourou séduit, il conduit à soi, tandis que celui qui remplit un moment l'office de père, souvent à son insu, s'efface ; il conduit au-delà de lui.

La paternité morcelée

J'ai, au début de ce chapitre, distingué la pluralité par addition et la pluralité par éclatement. Il faut bien, toutefois, faire face aux situations telles qu'elles sont, lorsque circonstances et décisions ont, de fait, conduit à des dissociations dans l'exercice de la paternité. Deux positions doivent ici être critiquées : celle qui nierait les difficultés propres à de telles situations ; celle qui les présenterait comme des impasses dans lesquelles la paternité n'aurait aucune chance d'advenir avec fruits. La première est la plus répandue aujourd'hui, au nom de la *soft ideology* qui nie le caractère dramatique des ruptures et privilégie le point de vue des adultes. Mais critiquer cette dérive n'implique pas, pour autant, que l'on renonce à explorer tout ce qui est possible dans un tel contexte.

Diverses sont les situations où un enfant peut voir (ou savoir) incarnées les différentes dimensions du lien paternel par des personnes distinctes. La plus fréquente de nos jours est celle dans laquelle les parents se sont séparés. Le discours « politiquement correct » affirme alors que le couple parental survit au couple conjugal, ce qui, à la lettre, est vrai. La formule vise à inciter les deux parents à la responsabilité, c'est-à-dire à mettre en œuvre tout ce qui est en leur pouvoir pour que les deux liens, paternel et maternel, continuent à être honorés. Mais il est difficile de nier que le « couple » en question ne l'est qu'en un sens très atténué, dès lors qu'il ne se rencontre qu'épisodiquement et, bien souvent, dans un contexte conflictuel. Même en recourant à des aides opportunes, comme celle de la médiation familiale, une situation dans laquelle il faut se partager l'autorité, le temps, la « garde » et les responsabilités est nécessairement complexe. Elle est particulièrement propice aux conflits, surtout sur la base des contentieux qui ont conduit au divorce et des blessures qui l'ont accompagné. Le mythe de la *séparation réussie*, dans laquelle les parents seraient tellement en harmonie que l'on en vient à se demander pourquoi ils ont divorcé, demanderait quelques atténuations.

Les enfants sont les premières victimes de ces déchirures. Le tabou sur ce versant du divorce commence à être levé. Une enquête publiée en 2002 a fait grand bruit en révélant un écart considérable entre le taux de réussite scolaire des enfants dont les parents ont divorcé et celui des couples stables[37]. Il n'est un secret pour personne que l'attention et la capacité de travail d'un enfant sont révélatrices de tout un état psychoaffectif. J'ai mentionné plus haut d'autres données relatives aux états dépressifs, aux tentatives de suicide et à la toxicomanie[38].

Il est vrai qu'il faut faire la part, dans l'analyse des raisons, de la mésentente qui a précédé le divorce. Vrai aussi que les chiffres ne doivent pas être lus de façon unilatérale ou fataliste. Les mêmes données indiquent que, dans la plupart des cas, la proportion des enfants concernés qui ne connaissent pas l'échec est la plus grande. Il est à noter toutefois que c'est dans les milieux ouvriers ou défavorisés que les dégâts sont les plus importants. Maints observateurs ont remarqué que les familles économiquement démunies sont les plus durement touchées par la fragilité conjugale. L'idéologie libérale de la précarité des liens convient particulièrement aux nouvelles

37. Dans les milieux favorisés, le taux d'échec au baccalauréat double en cas de séparation (de 7 à 15 %), tandis que les chances d'obtenir un diplôme de second cycle universitaire chutent de 45 à 25 %. Quant aux enfants d'ouvriers dont la mère n'est pas diplômée, ils ont une chance sur deux de quitter le système scolaire sans aucun diplôme, contre une sur trois si leurs parents vivent ensemble. Les enfants d'employés sont 22 % à quitter l'école sans aucun diplôme lorsque les familles sont désunies, et 11 % seulement dans le cas contraire. Revue *Populations et sociétés*, n° 379, mai 2002.
38. Chapitre III, notes 51-53.

classes bourgeoises (les « ultra-bourgeois » libertaires dont parle Jean-Marc Ghitti[39]), au sein desquelles, d'ailleurs, elle est élaborée.

Si nous nous rappelons que, dans près de neuf cas sur dix, la garde de l'enfant est confiée à la mère, il se confirme que le lien paternel est la principale victime de ces séparations. La loi française favorise désormais l'exercice en commun de l'autorité parentale conjointe (loi du 4 mars 2002) mais, pour sa mise en œuvre, il n'y a pas de solution miracle. La « garde alternée » implique généralement pour l'enfant une *résidence alternée*, laquelle, si l'on prête attention au poids de ces termes, n'est pas sans poser de sérieuses questions. Quant au « droit de visite », nous avons déjà entrevu[40] qu'il n'est pas facile d'être père un week-end sur deux, autrement dit de vivre ce que certains ont pu appeler la « paternité en pointillé ». Par ailleurs, plus dramatique encore, il n'est pas difficile pour la mère d'interrompre ces visites. Une simple accusation sordide (comme celle d'attouchements sexuels) peut suspendre celles-ci durant toute la durée de l'instruction. Des situations extrêmement douloureuses en résultent parfois, qui peuvent conduire le père jusqu'au suicide. Les associations de pères divorcés en reçoivent d'abondants et poignants témoignages[41].

Cela dit, le drame n'est pas la tragédie. Souligner le caractère dramatique du divorce ne revient pas à considérer l'échec comme une fatalité. Dire que, dans la moitié des cas, les parents continuent à se faire la guerre, c'est suggérer aussi que, dans l'autre moitié des cas, ils peuvent faire la paix ! Nombreux sont ceux qui parviennent à régler paisiblement les questions relatives à leur responsabilité commune, pour certains même à partager ensemble avec leurs enfants des repas ou des moments de fête (anniversaires par exemple). Il existe des époux divorcés et réconciliés. La situation, cela

39. Jean-Marc Ghitti, *La séparation des familles*, Cerf, 2003, p. 101-111.

40. Je renvoie encore au chapitre III.

41. SOS Papa (www.sospapa.net), Pères exclus (www.peres-exclus@ifrance.com) ou La condition paternelle (www.interpc.fr/papa/).

va sans dire, est alors beaucoup moins difficile pour l'enfant. Elle est meilleure aussi pour le lien paternel, dont nous savons combien il est tributaire de la manière dont la mère parle du père à son enfant. Il peut alors se nouer, ou se renouer, entre père et enfant, une relation réelle. Il arrive même que certains pères consacrent plus de temps à leurs enfants après leur divorce qu'avant. Le face-à-face des week-ends ou des vacances passés ensemble comporte à la fois ses limites et ses ressources propres : limites du « tête-à-tête » quasi obligé, moins spontané et animé qu'une vie familiale commune au fil des jours, ressources du « vis-à-vis », du temps consacré à l'autre singulièrement, de la parole développée.

Il y aura pourtant des temps d'absence, plus nombreux, en général, que les temps de présence, surtout si l'on songe que, dans la moitié des cas, l'enfant rencontre son père moins d'une fois par trimestre après une période de cinq ans[42]. Pour la mère aussi, la situation est difficile car, si elle peut faire tout ce qui lui est possible, parfois avec héroïsme, pour tenir les deux rôles (maternel et paternel), elle ne peut remplir les deux fonctions. Nous retrouvons ici l'office des « pères relais » évoqués plus haut, qui deviennent alors, plutôt, des « pères de substitution ».

Lorsque le père ou la mère se remarie ou vit en concubinage, les données se modifient encore. La situation est alors celle pour laquelle quelques sociologues ont réussi à imposer l'expression « familles recomposées ». Expression curieuse dans laquelle le préfixe « re- » peut donner à penser que c'est la même famille qui a été reconstituée. Le langage convenu gomme ainsi le problème, à savoir que derrière le visage souriant de la « tribu joyeuse » subsiste une famille décomposée. Or, c'est cette dernière qui, dans la majorité des cas, compte le plus pour l'enfant. Les enquêtes sociologiques le confirment : la plupart des enfants à qui l'on demande quel est leur « vraie famille » citent leurs parents d'origine, ainsi que

42. *Populations et sociétés*, n° 220, janvier 1988.

leurs frères et sœurs[43]. Il serait donc plus juste – et je ne suis pas le seul à l'affirmer – de parler de famille *composite*[44].

L'arrivée du nouveau conjoint du père ou de la mère n'est pas toujours facile à vivre pour l'enfant. Ici encore, l'idéologie dominante, expression de l'intérêt des adultes, tend à gommer les difficultés. Il est entendu que l'enfant *doit* aimer son beau-père ou sa belle-mère, et l'on ne manquera pas de lui tenir des propos culpabilisants si tel n'est pas le cas. « Pour ne pas nuire à leurs parents, note la sociologue, ils font parfois semblant d'aimer leur beau-parent et osent encore moins dire qu'ils le détestent. » Ils sont ainsi conduits à une certaine duplicité ou division intérieure. Du point de vue du beau-parent, la situation n'est pas simple non plus. Il est en effet difficile, pour un homme ou une femme, d'avoir la même relation avec ses propres enfants et avec ceux de son conjoint. La place de la belle-mère est la plus inconfortable, car c'est généralement elle qui a le plus affaire avec les détails concrets de la vie quotidienne. « Les beaux-pères, eux, peuvent se montrer plus distants, s'immiscent moins dans la vie privée, peuvent se trouver une place de "copain" : ils sont en général mieux acceptés, tant qu'ils ne font pas preuve de trop d'autorité[45]. » Il arrive que le beau-père, avec le temps, soit considéré par l'enfant comme son « vrai » père. Mais le risque est alors qu'il usurpe une place qui n'est pas la sienne. Le voici pris entre deux normes contradictoires : « La première, héritée des recompositions après veuvage, l'invite à se substituer au parent absent, à traiter ses beaux-enfants comme s'ils étaient les siens. Alors que la seconde norme, plus actuelle, préserve la place du parent d'origine et lui interdit de l'usurper. » Entre les enfants non plus, les relations ne

43. Sylvie Cadolle, sociologue, entretien in *La Croix*, 24 février 1999. Ouvrage : *Être parent, être beau-parent. La recomposition de la famille*, Odile Jacob, 2000.
44. Ainsi Guy Raymond, *Ombres et lumières sur la famille*, Bayard, 1999, ou Évelyne Sullerot, *Le grand remue-ménage*, Fayard, 1997.
45. Sylvie Cadolle, *Ibid.*

seront pas toujours aisées. De bien des manières il s'avère que la famille composite n'est pas la solution miracle que présente l'idéologie la plus diffusée.

Un équilibre toutefois peut être trouvé. L'arrivée au foyer d'un homme aux côtés de la mère peut offrir une référence paternelle opportune. Certains beaux-pères manifestent une grande attention à l'éducation et au devenir des enfants de leur épouse. On les voit suivre de près leur vie scolaire, rencontrer les professeurs, exercer quotidiennement une autorité paternelle. Ils peuvent, au demeurant, respecter la place du père d'origine, dans leur parole et en reconnaissant qu'il lui revient de prendre, avec la mère, les grandes décisions relatives à la vie de l'enfant ou de l'adolescent. Lorsque cet art quelque peu funambulesque est trouvé, les enfants peuvent vivre la situation de façon sereine. Plus même, selon la psychologue Anne Thévenot, « quand chaque adulte a sa place, ce peut être enrichissant pour lui. Tisser des liens avec des adultes différents, qui constituent pour lui plusieurs modèles, peut l'aider à se construire. » Toutefois, aux yeux de la même spécialiste, « La seule chose que l'on puisse dire, c'est que ce n'est pas facile. Pour que ça se passe bien, il faut dépenser une énergie considérable[46]. »

Aucune situation n'est, de soi, une impasse. Les ressources du psychisme humain, favorisées par l'inventivité et la bonne volonté, pourront toujours ouvrir des voies de réparation, de renouveau, d'élargissement. Mais, redisons-le, une chose est de faire face avec courage aux accidents et échecs de l'existence, *une autre* est de proposer à la légère la fragilisation et la dissémination des liens familiaux comme sources de nouveaux « modèles ». Lorsque l'on entend traiter de la « circulation des enfants » entre deux ménages, on est quelque peu pris de vertige[47]. Ceux qui se font les apologistes de « liens moins solides que les fils antérieurs mais en comprenant net-

46. Anne Thévenot, du Laboratoire de psychologie de la famille, à l'université Louis-Pasteur de Strasbourg, entretien in *La Croix* du 24 février 1999.
47. Expression d'Irène Théry, *in* article de la revue *Esprit*, 1996, cité plus haut.

tement plus[48] » seraient bien avisés de demander leur avis aux enfants eux-mêmes. Lors d'une enquête québécoise auprès de jeunes de 12 à 16 ans, à la question : « Quel a été l'événement le plus douloureux de votre existence ? », trois fois sur quatre la réponse fut : « Le divorce de mes parents[49]. »

La paternité de l'ombre

« La reproduction humaine repose sur l'union sexuelle d'une femme et d'un homme. Pourtant, que l'on examine les recherches sur la fécondité (les naissances), la fertilité (la capacité de mettre au monde un enfant vivant) ou la contraception (la limitation des naissances), les travaux scientifiques se sont intéressés essentiellement aux femmes, excluant quasiment les hommes dans leurs études[50]. » Les premières lignes d'un article de la revue *Populations et sociétés* consacré à la fertilité des hommes parlent d'elles-mêmes. Puisqu'elles suggèrent des rapprochements, je propose la mise en relation de cinq phénomènes : 1. le peu de considération accordé aujourd'hui au terme de « géniteur », souvent employé en un sens restrictif ou dépréciatif ; 2. le fait que, dans la plupart des pays aujourd'hui, on trouve normal qu'une décision aussi grave que celle de l'avortement soit prise par la femme seulement ; 3. sur un registre différent, le fait que la contraception soit si généralement conçue comme « une affaire de femmes » exclusivement ; 4. le contraste entre la réprobation de l'accouchement « sous X » ou du recours aux « mères porteuses » et, dans le même temps, l'approbation de l'insémination avec donneur

48. François de Singly, *Les uns avec les autres*, Armand Colin, 2003.
49. Enquête réalisée par Marie-Christine Saint-Jacques, de l'université Laval, auprès de 232 jeunes vivant en famille composite. Citée par l'article de Micheline Lachance : « Les ravages insoupçonnés du divorce », in *Le courrier international*, n° 566, septembre 2001.
50. « Stérilité, fertilité, la part des hommes », par Élise de la Rochebrochard, *Population et sociétés*, n° 371, septembre 2001.

de sperme anonyme ; 5. le non-étonnement devant le fait que, lorsqu'une femme décide d'accoucher anonymement, le père puisse être tenu à l'écart de la décision, et donc de la reconnaissance.

Différentes entre elles, certes, ces données croisent deux questions auxquelles nous avons déjà été rendus sensibles : celle du sens reconnu à l'acte fécondant lui-même, celle de la place reconnue à l'homme dans la génération. Sur le premier sujet, il a déjà été relevé que l'importance de l'acte propre au géniteur masculin est, dans la culture actuelle, plutôt minimisée. Cet « indatable coup de grâce[51] », ces quelques instants de jouissance, cette émission de semence qui ne dépend même pas de la volonté semblent de peu de poids par rapport aux neuf mois de la gestation maternelle. Et ce spermatozoïde vainqueur qui, parmi des milliards d'autres, franchira l'enveloppe de l'ovule est si petit ! Pourtant, à travers lui, se transmettra une ressemblance, à travers lui la couleur des yeux, une forme de nez et plus que cela, tout un tempérament, un état de santé, une hérédité. Cette dernière est une composante importante de la génération, mal aimée aujourd'hui où l'on envisagerait volontiers que chaque naissance soit un commencement absolu. Sans oublier que la dimension ontologique de la filiation, ce fait si impressionnant qu'elle implique l'être lui-même, passe d'abord par le corps.

Dire que « le lien du sang n'est qu'une fiction » est soit une hyperbole littéraire, soit un abus de langage[52]. S'il n'est rien sans être relayé (par la parole, par la loi, par la volonté), il n'est pas *rien*. Nous avons déjà eu l'occasion de relever, à cet égard, les contradictions de nos sociétés qui, par ailleurs, accordent à la définition « biologique » de la paternité une importance jamais connue auparavant. La vérité est que, au-delà d'un scientisme objectivant et réducteur, le biologique est plus que le biologique. Le sperme est plus que sperme. Il est « semence » ; il vient du plus intime de la

51. Expression de Denis Marquet, *Père*, *op. cit.*, p. 24.
52. *Ibid.*, p. 153.

chair de l'homme, en laquelle est inscrite une mémoire immémoriale. À travers les milliards d'informations dont il est porteur, ce sont les traits de milliers de femmes et d'hommes (phénotypes) qui se transmettent ; c'est aussi la loi de l'espèce (génotypes). Ce qui n'est pas rien ! Mais un fond de pensée existentialiste et culturaliste, régnant depuis un demi-siècle au moins, pousse à ne pas aimer ce qui est *nature* dans le *natif.* Plus que cela : est-il bien certain que notre culture accorde, fondamentalement, un si grand prix à la *chair* ? Un autre rapprochement nous est ici suggéré, l'hypothèse d'un lien entre l'atténuation du sens de l'union charnelle (dont la gravité est minorée) et celle du sens de l'acte procréatif comme tel.

Le second enjeu concerne plus directement la place de l'homme dans la filiation. Plusieurs auteurs ont montré récemment que l'évolution du droit de la famille depuis une trentaine d'années allait systématiquement dans le sens d'un accroissement du droit des mères, presque toujours au détriment de celui des pères. Cela est particulièrement vrai en dehors du mariage. Depuis la loi du 18 janvier 1993, le père naturel bénéficie de l'autorité parentale partagée à condition de l'avoir demandée et s'il y a vie commune au moment de la reconnaissance de l'enfant. Dans les cas contraires, l'autorité parentale est attribuée à la mère (article 372). Si donc, en cas de désaccord, il ne peut pas être fourni de preuve de vie commune, l'autorité revient à la mère. Par ailleurs, pour que la demande du père soit opératoire, il faut en premier lieu, bien sûr, qu'il prenne la parole (ce qui ne va pas toujours de soi) ; en second lieu que la mère ne s'oppose pas à sa demande. En cas de désaccord de la mère, le père est privé de ses droits. « Incontestablement, commente Françoise Hurstel, en ce qui concerne le statut légal du père, dans les familles naturelles, on peut parler d'un pouvoir légal des mères et parfois d'exclusion légale du père[53]. »

Dans le mariage lui-même, la femme a le droit de déclarer son enfant sous son propre nom, et la présomption de paternité ne joue

53. Françoise Hurstel, *La déchirure paternelle*, PUF, 1996, p. 121.

pas automatiquement. Pour que celle-ci puisse avoir lieu, il est nécessaire que, sur l'acte de naissance de l'enfant, figure le nom de sa mère *et* la mention du mariage. « Si cette mention du mariage n'existe pas, l'enfant est déclaré uniquement sous le nom de jeune fille de la mère, l'enfant n'est pas un enfant du mari, mais un enfant sans père juridique[54]. » Hors mariage et dans le mariage, c'est donc la mère qui, en dernier ressort, dispose de la paternité. Que de pères laissés dans l'ombre ! On les appellera « géniteurs » ; on invoquera l'irresponsabilité ou la violence masculine. Il est vrai que nombreuses sont les femmes abandonnées ou maltraitées. Mais qui parle de la souffrance des hommes floués dans leur paternité ? Paternité potentielle, paternité commençante mais avortée. Quand, à la puissance naturelle des femmes sur la vie, s'ajoute le pouvoir reconnu par le droit, les hommes sont bien démunis.

Il est un cas particulièrement dramatique d'affirmation unilatérale de cette puissance : la décision d'avorter. La plupart des législations qui dépénalisent ou autorisent cet acte grave ne se réfèrent qu'à la mère. En France, la loi du 17 janvier 1975 (dite « loi Weil ») ne mentionne l'homme que latéralement : « Chaque fois que cela est possible, le couple participe à la consultation et à la décision à prendre » (article 162-4). Mais la situation est quasi exceptionnelle. Les praticiens qui exercent dans les centres concernés nous disent que les hommes sont rarement présents. Rares sont les législations qui prévoient la prise en compte de l'avis du géniteur[55]. Le discours convenu tend à considérer les hommes absents comme des lâches, qui n'assument pas les conséquences de leurs actes et se détournent de leurs responsabilités, abandonnant la femme à son sort. La réalité est peut-être plus complexe. Il est des hommes qui sont en désaccord

54. Guy Raymond, « Filiation biologique, filiation affective : quels choix en droit français ? », in *Revue d'éthique et de théologie morale*, juin 2003, p. 60.
55. En Allemagne, d'accord avec la femme, le partenaire peut être autorisé à participer à l'entretien préalable. En Finlande, le père peut être entendu « si cela est utile ».

avec une telle décision, mais qui n'y ont pas été associés. Il est vrai que, pour certains, c'est l'idée de l'arrivée d'un enfant qui serait insupportable, en particulier parce qu'elle les engagerait dans une responsabilité forte et à très long terme. Mais il n'est pas moins vrai que, pour un nombre important d'entre eux, c'est l'avortement lui-même qui est vécu douloureusement. Une enquête américaine auprès de certains hommes confrontés à cette réalité fait apparaître que plus d'un tiers d'entre eux ont vécu celle-ci comme « frustrante et éprouvante », certains « pensant fréquemment à cet enfant qui n'a pas existé avec des sentiments de culpabilité, de honte, de remords, prenant parfois des allures de comportement de deuil au sens psychopathologique du terme[56] ». Dans une étude affinée, Marie-Claude Van den Bossche, gynécologue, affirme avoir rencontré des hommes qui étaient « loin de l'image habituellement colportée de l'homme irresponsable ». Plusieurs des pères qu'elle a longuement interrogés affirment ne pas avoir osé prendre la parole devant une telle décision, impressionnés par l'idée selon laquelle « la grossesse est d'abord une affaire de femme ». Il arrive que certaines femmes interprètent alors négativement ce scrupule, croyant que leur conjoint ou compagnon préfère se décharger sur leurs épaules du poids de la décision. L'étude fait apparaître également une responsabilité des équipes médicales elles-mêmes dans cette mise à l'écart des hommes. Et pourtant, y est-il affirmé avec force, « on ne peut pas à la fois refuser les images de la femme comme objet sexuel et accepter que l'homme soit seulement "spermatophore"[57] ». Dans le même esprit, on peut s'étonner que, de ce même « géniteur » tenu

56. Communication de Geneviève Delaisi de Parseval, aux journées de l'Association nationale des centres d'interruption de grossesse et de contraception (ANCIC), Paris, 1981. Article Sabine Gignoux, *La Croix*, 20 janvier 1995.
57. Marie-Claude Van den Bossche, *La place de l'homme dans la fécondité troublée*, Diplôme universitaire de gynécologie psychosomatique, université Paris VII – faculté de médecine Lariboisière, juin 1995, p. 11.

à l'écart, il soit possible d'exiger le versement d'une pension alimentaire si l'enfant venait à naître.

L'avortement est donc révélateur de malentendus, voire de maldonnes dans la relation entre hommes et femmes, tant à l'échelle du couple qu'à celle, plus large, de la relation entre les genres. À l'échelle du couple, il révélera une carence plus grave que le simple « manque de communication » : l'absence d'une parole de vérité, non seulement sur la relation mais sur le *réel* impliqué dans cette vie humaine commençante. Une parole qui reconnaîtrait qu'une paternité et une maternité y sont, conjointement, déjà amorcées, initiées. Quant à la relation entre les genres, l'avortement révèle la peur des hommes envers les femmes comme des femmes envers les hommes, les travers dans l'image que chaque sexe se fait de l'autre : femme vouée à porter seule la responsabilité d'une grossesse *ou*, à l'opposé, ayant toute-puissance sur la vie ; homme extérieur, étranger à celle-ci, voyant dénié le fait que son altérité imprègne en profondeur celle de l'être qui croît en la femme. Certains discours idéologiques le montrent bien : la négation de l'altérité de l'embryon coïncide souvent avec celle de l'altérité du fruit du don masculin, et c'est le slogan « mon ventre est à moi ». Si l'enfant est considéré comme un intrus, cela peut signifier que c'est l'homme lui-même qui est considéré ainsi.

Le mutisme autour de l'avortement porte peut-être à son point extrême le malentendu entre les sexes. Cela est cohérent avec le fait que le don de la vie est, au contraire, l'apogée de leur conjonction, de leur imprégnation mutuelle, de la fécondité de leurs différences. « C'est dans l'enfant qu'ils deviennent une seule chair », affirme Rachi, grand commentateur du Talmud[58]. C'est dans l'enfant aussi que se traduira la déchirure. Il n'est pas exceptionnel que le désaccord autour de la décision d'avorter entraîne une aggravation de la divergence du couple, une crise grave qui peut aller jusqu'à la sépa-

58. Commentaire de Rachi sur Genèse 2,24. Cité par Josy Eisenberg, *Et Dieu créa Ève*, Albin Michel, 1979, p. 176.

ration. Quelque chose est brisé dans la confiance mutuelle sur laquelle se fonde l'union[59].

Si le refus de la fécondité peut révéler des malentendus, la volonté de procréer à tout prix peut en susciter. Le désir d'enfant étant un élan particulièrement fort chez les personnes et dans les couples, la découverte de la stérilité s'accompagne d'une grande souffrance, d'autant plus accentuée qu'elle apparaîtra et se confirmera à travers le temps, selon une durée qui peut être longue, au fil des examens médicaux. Le deuil de la paternité et de la maternité selon la chair est difficile et douloureux. L'enjeu principal est, alors, pour le couple, de découvrir qu'il peut vivre d'autres formes de fécondité et même, plus spécifiquement, de paternité ou de maternité. L'écueil est d'entrer dans la spirale de ce qu'un praticien a lui-même appelé la « médicalisation à outrance » de la procréation. Il en est qui vont jusqu'à recourir au corps d'un tiers pour contourner l'obstacle de la stérilité du couple lui-même : insémination artificielle avec donneur, don d'ovule, gestation dans un autre ventre maternel. La législation française autorise les deux premières voies, la troisième étant hors la loi. Le recours à un gamète étranger heurte moins les esprits que la « location d'utérus ». Cela se conçoit. Il faut bien voir pourtant les questions qui se posent lors des dissociations impliquées par le recours à la semence d'un donateur externe. Même si cela est moins immédiatement perceptible, cette pratique implique *un tiers* dans la vie et la fécondité du couple. En amont du sperme, il y a quelqu'un. Il serait simpliste de croire ou d'affirmer que la semence masculine n'est qu'un peu de matière, l'apport inévitable d'une substance biochimique – matériel génétique tout particulièrement – pour que l'ovule se transforme en zygote. Si la conscience claire se le cache, l'inconscient sait que cette semence vient d'un autre corps,

59. Le roman de Paul Auster, *Moon Palace*, témoigne avec acuité de cette déchirure introduite au sein d'un couple par l'avortement (trad. fr. Actes Sud, 1990, coll. « Babel », p. 429-431).

d'une autre chair. Et le patrimoine génétique lui-même transmettra des traits, une morphologie, des capacités. Psychologues et psychanalystes confirment que ce tiers sera bien présent dans l'imaginaire de la mère, comme dans celui du père, l'un et l'autre pouvant se surprendre, fugitivement, à rechercher – ne serait-ce que par soustraction de ceux de la mère – les traits de cet *autre* dans ceux de l'enfant. Un médecin exerçant dans un CECOS[60] affirme que la mère aura tendance à « idéaliser le donneur ». La dissymétrie entre ce tiers, absent mais fécond, et l'époux, présent mais stérile, pourra entraîner des difficultés dans le couple. La clinique le confirme.

Par ailleurs, il est étonnant que l'on ne s'interroge pas davantage sur l'anonymat du donneur dans les pays où, comme en France, il est prévu par la loi. On comprend l'intention : préserver la quiétude de ce dernier, ne pas décourager les donneurs potentiels, déjà rares, par la perspective de voir un jour arriver chez eux un adolescent, éventuellement en difficulté, qui lui demandera aide ou assistance en lui disant : « Vous m'avez engendré. » Mais ce risque lui-même est significatif : permettre à un être humain de vivre, contribuer de manière décisive à sa naissance et, à travers son propre corps, à ce qu'il est, n'est pas un acte léger. Si ce n'est pas encore la paternité, c'en est déjà, telle est notre thèse, le commencement. On ne peut pas inclure le fait d'être géniteur dans la définition de la paternité pour, ensuite, affirmer que cela n'a rien à voir avec elle. Il est donc surprenant qu'à l'heure où les adversaires de l'anonymat de l'accouchement « sous X » font entendre de plus en plus fortement leur point de vue, si peu de voix s'élèvent pour faire valoir la question de l'« accès aux origines » du côté du père. En certains pays, le débat a eu lieu, et la réponse est différente : certaines législations exigent que le donneur livre son identité et que, parvenu à l'âge de sa majorité, le fils ou la fille puisse le rencontrer[61]. Les récits attestent que ces rencontres sont souvent ponctuelles et décevantes. Mais

60. Centre d'études et de conservation du sperme, créé en 1973.

61. En Suède, par exemple.

ainsi n'est pas dénié totalement le principe de la responsabilité à l'égard d'un acte qui n'est pas anodin. Les objections pratiques à une telle norme peuvent être multiples ; ce qui me paraît significatif est l'existence même du débat et, finalement, l'impossibilité d'apporter une solution satisfaisante au problème posé. Anonymat ou non : aucune réponse n'est adéquate puisque, dès le départ, il y a une discordance, de par l'introduction dans la fécondité, dans la filiation paternelle, d'une dissociation et d'une place vide. Dissociation entre géniteur et père, dont des exemples innombrables montrent qu'elle est source de difficultés ; place vide d'un tiers dans ce que le couple a de plus intime, le don de la vie[62].

Dans un témoignage consigné par une psychanalyste, au sein même d'un récit selon lequel tout semble se passer pour le mieux, apparaît *in fine* le problème du secret[63]. En réponse à une question posée par la clinicienne, il semble évident au père que nous appellerons « adoptif » que les circonstances de la conception feront l'objet d'un « secret total », « pour tout le monde » comme pour l'enfant. Notoire aujourd'hui est la place que prend tout secret de famille dans la parole, dans la relation, dans l'inconscient. Un tel secret sera entouré d'autres secrets. Il fera « tache d'huile ». La place de celui que l'on appelle parfois le « père additionnel », même si elle est vide, restera inscrite. Il faut savoir, enfin, qu'une telle filiation, en France, est fragilisée. En cas de divorce, le père peut annuler sa reconnaissance de paternité, arguant du fait que celle-ci ne repose pas sur des bases biologiques. L'enfant peut alors se retrouver, juridiquement, sans père[64].

62. « Les procréations par donneur anonyme nous semblent inhumaines puisque aucune relation ne peut exister entre l'homme et la femme qui conçoivent l'enfant, né délibérément d'une non-relation rationnellement programmée. » Catherine Labrusse-Riou, « La filiation en mal d'institution », in *Esprit*, décembre 1996, p. 108.

63. « Monsieur J., père désirant mais stérile », in *Histoire des pères*, *op. cit.*, chapitre XV, p. 409-414.

64. Voir le récit donné dans le chapitre : « Mon fils, ma bataille », in *Histoire des pères*, *op. cit.*, p. 394.

La déontologie des centres d'insémination, en France, restreint le recours à l'insémination avec donneur aux couples qui formulent un « projet parental ». Lorsque le couple est marié, aucune condition de durée de vie commune n'est posée. Lorsque le couple n'est pas marié, il devra apporter la preuve d'une vie commune de deux ans. Ici comme ailleurs, le droit n'ose plus affirmer comme normatif le cadre du mariage[65]. Le « certificat de concubinage » soulève pourtant beaucoup de questions d'ordre pratique, parmi lesquelles celle de la « preuve » de cette vie commune. Par ailleurs, ce certificat n'a aucune valeur juridique et n'est qu'un élément laissé à l'appréciation du juge[66]. Mais il est des pays où se pratique sans obstacle l'insémination de femmes seules. Il est donc légal, c'est-à-dire rendu possible pour des milliers de cas, que des enfants soient *a priori* privés de père. Nous arrivons ici au stade ultime (avant le clonage) du déni de la paternité. Dès lors que l'on envisage « le droit absolu de la femme à un enfant », toutes les dérives sont possibles. Il existe aux États-Unis des banques de sperme présentant une sélection selon les performances intellectuelles ou physiques des donneurs. Il y a quelques années, dans un reportage de la télévision française, était filmée une femme se balançant dans un hamac avec son enfant, blotti contre elle. Inséminée, disait-elle, par « un sperme de prix Nobel », elle avait donné à son enfant le prénom de *Doron*, issu d'un verbe grec qui signifie « donner », parce que, disait-elle en se berçant, « c'est un cadeau que je me suis fait à moi-même ». Il se trouve qu'un autre prénom, mieux connu, est construit sur la même racine : *Dorothée*, qui signifie « don de Dieu ». On mesure l'écart. Double déni, alors, dans la venue au monde de Doron : du père et de l'altérité de l'Origine. Nous avons plus haut repéré le lien entre ces deux reconnaissances. Difficile départ dans

65. « Pourquoi une telle attention à l'institution médicale et un tel désintérêt pour l'institution matrimoniale ? », demande Olivier de Dinechin, *in* « Sciences biomédicales et loi française », *Documents épiscopat*, n° 17, Paris, décembre 1989.
66. Guy Raymond, *op. cit.*, § 263.

la vie, donc, pour cet enfant conçu dans le jeu de miroirs entre « je me » et « à moi-même ».

Les centres français refusent, jusqu'à présent, l'insémination par le sperme (congelé) d'un père décédé. Mais il est des pays où cela se pratique. Après les paternités dissociées et la paternité « additionnelle », voici venir la paternité « congelée » ou « mort-née ». « Peut-être la mort du père n'est-elle plus vraiment un mythe dès lors qu'on peut congeler *de la paternité* dans une éprouvette anonyme, la conserver, la vendre... Le temps du père-objet est-il venu ? », demande la psychanalyste[67].

Ces pratiques demeurent largement minoritaires. Mais elles manifestent, aux marges, combien le lien paternel est vulnérable. Vulnérabilité renforcée et multipliée par la sortie de toute institution. Il faut revenir à ce que nous entendions plus haut des *Appels vers le père* pour évaluer éthiquement de telles dérives. Ceux-ci plaident pour une pluralité qui ne soit pas dissociation, autant qu'ils plaident pour une unité qui ne soit pas clôture. L'alliance de l'unité de la personne du père avec la diversité des médiations paternelles est un des principaux défis à relever. Elle appelle des familles ouvertes, étant entendu que l'ouverture n'est pas l'éclatement et que l'enrichissement du lien paternel ne passe pas, *a priori*, par sa dissémination.

67. Geneviève Delaisi de Parseval, *Histoire des pères*, *op. cit.*, p. 414.

Chapitre VII

Vous n'avez qu'un seul Père

Le père est-il, selon une expression familière, *l'auteur des jours* de ses enfants ? Peut-être, si l'on veut bien s'en tenir à l'étymologie du terme « auteur », celui-ci est-il recevable : son origine est la même que celle du mot « autorité » : *augere*, « faire croître ». Le père est bien, avec la mère, celui qui fait croître l'enfant. Encore que l'expression, en elle-même, soit contestable. Il ne le « fait » pas vraiment croître. Il l'aide à grandir, il a la responsabilité d'aménager les conditions de sa croissance. Un peu plus que cela, au demeurant : il lui donne de vivre, lui transmettant une vie qui, tel un feu, naît à partir d'un autre feu, se communiquant au contact d'une autre vie. Il est bien vrai que, selon la formule synthétique de Pierre Benoît, « c'est par un sujet qu'un sujet advient[1] ».

Auteur, il le sera aussi, à la rigueur, si l'on considère, comme en témoignent maints écrivains ou artistes, que l'auteur d'une œuvre véritable doit s'effacer devant elle, obéir à une inspiration, une vérité qui le dépasse. « Sois dans le lieu de mon retrait », dit l'écrivain Denis Marquet à son fils[2]. Mais que le père soit « auteur » au

1. Pierre Benoît, *La relation parentale est ontologique*, Institut des sciences de la famille de Lyon, p. 28.
2. Denis Marquet, *Père*, Albin Michel, 2003, p. 287.

sens d'origine ou de cause, non, nous ne pouvons pas l'affirmer. Le père n'est pas l'origine de son enfant. Il ne l'est pas, déjà, parce que, pour procréer, il faut être deux. Il ne l'est pas non plus parce que, si les parents peuvent choisir d'avoir *un* enfant, ils ne sont pas en mesure de choisir d'avoir *tel* enfant, dans sa singularité. Selon la belle expression de Gabriel Marcel, ils formulent un « vœu créateur », mais ils ne sont pas les créateurs de leur enfant. Ils n'ont ni pouvoir ni puissance sur sa vie[3]. La vie qu'ils lui transmettent, ils savent et ils expérimentent qu'elle vient non seulement de plus ancien, mais de plus haut, de plus profond et de plus originaire qu'eux. Comme le dit excellemment Khalil Gibran, « nos enfants nous traversent[4] ».

Une paternité de fils

Si donc il est une expression à laquelle il faudrait tordre le cou, c'est bien celle, malheureusement si courante, selon laquelle les parents « font les enfants ». Là est la racine d'un nombre incalculable de malentendus. Malgré les illusions que peut donner un certain pouvoir technique, l'enfant n'est pas le résultat de l'agir de ses parents. Pas même de leur acte d'union charnelle. Il y a, en effet, disproportion entre cet acte et son fruit, fruit qui fraie son chemin et grandit dans l'obscurité du corps maternel. Entre l'union de l'homme et de la femme d'une part et la naissance de l'enfant d'autre part, il serait tout à fait erroné d'affirmer qu'il y a relation de cause à effet. L'acte des parents n'est pas la cause adéquate de l'enfant[5]. Pas davantage celui-ci n'est-il le prolongement de leurs projets. Il grandit de sa vie propre qui n'est ni celle du père, ni celle de la mère.

---

3. P. Benoît, *op. cit.*, p. 59.
4. Khalil Gibran, *Le prophète* (1923), Casterman, 1956, p. 19.
5. Philippe Soual, « Visages du Père : de la philosophie à la révélation », in *Théophilyon*, V-2, juin 2000, p. 355.

Entre parents et enfants, il y a bien une certaine continuité, dans la mesure où, pour reprendre la parole de Lucrèce, « semblables aux coureurs, ils se transmettent le flambeau de la vie[6] ». Mais cette comparaison entre la vie et le flambeau, entre la génération et le passage de témoin n'est pas valable jusqu'au bout. La vie n'est pas une chose que l'on se transmette directement. De même que Kierkegaard affirmait qu'il n'y a pas de communication directe de la vérité, nous devons affirmer qu'il n'y a pas de communication directe de la vie. Entre les générations a lieu une radicale discontinuité.

À l'instant où ils reçoivent et appréhendent la vie charnelle de leur nouveau-né, les parents ont l'intuition irrécusable que cette vie ne vient pas d'eux seuls ; que leur enfant est autre, qu'il est *tiers*, que sa vie lui est *donnée*, en vertu d'une invisible donation qui ne coïncide ni avec l'union fécondante, ni avec les processus que celle-ci a enclenchés. Une donation non seulement passée, mais présente, à chaque instant neuve, donation-source dont témoigne chaque acte, chaque éclat de rire du sujet qui est en face d'eux. Reconnaître ce don, c'est reconnaître une double altérité : celle de la personne de l'enfant et celle de son origine. À l'enfant comme tiers correspond la reconnaissance de l'origine comme Tierce, comme autre, comme mystère.

Cette origine, certains la laisseront innommée. D'autres la désigneront d'un terme abstrait ou imagé : comme Principe ou Source, par exemple. La penser selon le registre de la filiation, et donc selon celui de la paternité, c'est la penser au sein d'une certaine tradition spirituelle. C'est aussi la concevoir en poussant jusqu'au bout l'idée de condition filiale. En effet, la paternité en sa vérité est, selon l'excellente expression de Philippe Soual, une « paternité de fils » : il est important que chacun se reconnaisse fils ou fille pour être père ou mère en vérité. Cela est vrai de la filiation inscrite dans le temps, celle de la naissance, qui nous intègre dans une lignée. Mais, si l'on y prête attention, cela est vrai aussi d'un accueil de la vie encore plus

6. Lucrèce, *De natura rerum*, II, 79.

fondamental, qui a lieu dans le présent. Nous sommes « fils » ou « fille » parce que nous avons, en naissant, puis en grandissant, reçu la vie de nos parents ou, plus exactement, *à travers* eux. Mais chacun a l'expérience que cette vie – la vie au sens plénier, et non seulement biologique du terme –, il la reçoit encore chaque jour, à chaque heure, à chaque instant. Comme un élan, une ardeur, un excès. Une vie éprouvée excellemment dans la joie, mais aussi dans le désir et la souffrance, une vie qui se donne en se révélant et se révèle en se donnant. Cette coïncidence entre révélation et donation constitue sa marque propre, que reconnaît « celui qui écoute en lui le bruit de sa naissance », selon la belle expression de Michel Henry[7]. Elle est la révélation originaire qui précède toute autre révélation ou manifestation, rendant celle-ci possible. Si cette donation n'est pas pensée comme le résultat de forces anonymes mais véritablement comme une donation, c'est-à-dire comme un *acte*, elle sera pensée, de façon très cohérente, comme acte d'un *sujet*, sujet vivant et source de la vie. Nous sommes très près, alors, du vocabulaire de la filiation.

Michel Henry franchit ce pas en affirmant qu'« être soi et être fils sont synonymes ». « Être soi, c'est venir dans la vie avant de venir dans le monde et, pour cela, venir de la vie. » En effet, « la vie, qui est plus qu'une propriété du vivant, ne peut venir que de la vie ». Étant celle d'un soi, c'est-à-dire celle de ce que les philosophes appellent une *ipséité*, la vie personnelle ne peut provenir que d'une vie marquée par le même caractère : « l'ipséité appartient à l'autogénération de la vie » : elle est, dans l'absolu, celle *du* Père engendrant *le* Fils, et cela en elle-même d'abord. « Le Père [...]

7. Michel Henry, *Incarnation*, Seuil, 2000, p. 371. Dans un ouvrage antérieur, M. Henry écrivait : « Nous avons accès à la Vie elle-même. Où ? dans la Vie. Comment ? par la Vie. C'est la Vie elle-même qui parvient à soi. La Vie est autorévélation. » *C'est moi la vérité*, Seuil, 1996, p. 73. Auparavant, l'auteur s'étonnait : « N'est-il pas paradoxal, pour qui veut savoir ce qu'est la vie, d'aller le demander aux infusoires, dans le meilleur des cas aux abeilles ? Comme si nous n'avions avec la vie que ce rapport tout à fait extérieur et fragile avec des êtres dont nous ne savons rien – ou si peu de chose ! Comme si nous n'étions nous-mêmes des vivants ! » *Ibid.*, p. 63.

engendre en lui éternellement le Fils, si nous entendons par là le Premier Vivant[8]. » Nous sommes « fils dans le Fils », lorsque nous entrons dans ce mouvement de génération originaire et absolue. À ce niveau de considération, pères et fils sont à égalité, tous deux fils dans le Fils, frères, donc.

Irons-nous jusqu'à dire, avec Michel Henry, qu'« aucun homme n'est fils d'un homme, et pas davantage d'une femme, mais *seulement* de Dieu[9] » ? Non. C'est le sens même de la naissance qui est ici en jeu, indissociable de celui de la paternité, comme de la maternité. Si l'on souligne exclusivement que « naître, c'est venir de la vie avant de venir dans le monde », ou encore que « donner la vie, seule peut le faire la vie elle-même ; aucun vivant n'est en mesure de le faire[10] », c'est le caractère de surgissement de la naissance qui est relativisé, ce en quoi elle est un commencement, l'apparition d'un être nouveau, d'un individu, avec ses caractères particuliers. Or, à cette particularité, les corps de l'homme et de la femme ne sont point étrangers. Le fait qu'ils aient été, momentanément, « une seule chair » ou, en termes scientifiques, que leurs patrimoines génétiques aient fusionné, est déterminant pour ce qui constitue l'individualité corporelle du nouveau-né. Or, de cette dernière, et même de ce que nous apprend la biologie, il est réducteur de parler en termes seulement dépréciatifs, comme d'une vision « chosiste », « mondaine », ainsi que le fait Michel Henry[11].

---

8. Michel Henry, *ibid.*, p. 71-78.
9. *Ibid.*, p. 91.
10. *Ibid.*, p. 95.
11. « Parce que les hommes ne comprennent leur propre condition qu'à la lumière de la vérité du monde, être fils, pour eux, veut dire être le fils de son père et de sa mère. Naître veut dire naître du monde, apparaître à tel endroit de l'espace, à tel moment du temps – sortir du ventre de sa mère à cet endroit et à ce moment, de telle façon qu'avant cette naissance l'enfant ou le fœtus se trouvait déjà dans le monde et finalement sous forme de germes dans le corps de son père et dans celui de sa mère. [...] À cette vision chosiste de l'origine de l'humanité, l'idée d'une provenance divine se juxtapose de façon mystérieuse chez les peuples anciens. » *C'est moi la vérité*, *op. cit.*, p. 93.

Même si la chair est plus que le biologique et la vie plus qu'une propriété du vivant, cela ne doit pas se traduire en termes dualistes où seraient opposés d'un côté une « vie transcendantale » qui proviendrait immédiatement de Dieu et de l'autre ce que nous percevons dans l'espace-temps et le monde matériel. Entre la vie au sens éminent et la vie corporelle sensible telle que l'analyse – de façon réductrice, certes – la biologie, il n'y a pas coïncidence, mais il n'y a pas non plus dualité, encore moins disjonction. Même si leur unité n'est pas représentable, car elle ne relève pas de l'objectivité, elle est expérimentée, et elle doit être postulée par toute philosophie du corps vivant. Dans un langage différent, lorsque nous affirmons que la personne spirituelle transcende l'individu corporel, nous devons affirmer aussi que la première n'existerait pas sans le second.

La vie personnelle ne se donne pas comme une *émanation* immédiate de la vie divine, dissociable de toutes les médiations mondaines que nous connaissons : union charnelle des parents, naissance corporelle, nomination, reconnaissance, histoire. Le « don » n'est pas exactement une effusion ou un prolongement de la vie divine. Entre vie divine et vie du sujet humain, il y a continuité *et* discontinuité. Au premier rang de ces discontinuités, il y a la *séparation* que constitue la naissance d'un être nouveau, capable de parole et de liberté, séparation dans l'intervalle de laquelle viendront prendre place les médiations évoquées : langagières, relationnelles, événementielles. Nous comprenons Michel Henry lorsqu'il affirme qu'en sa source ultime et intime, *la vie ne peut venir que du vivant* et que donc « la vie n'est pas le point d'arrivée, mais le point de départ de la naissance » ; mais nous ne le suivons pas lorsqu'il affirme que « dans le monde, aucune naissance n'est possible » ou lorsqu'il oppose « venir dans le monde » et « venir dans la vie[12] ». La vie n'est pas pure immanence, pure autoaffection et autorévéla-

12. *Ibid.*, p. 78, 79. « Naître, ce n'est pas venir dans le monde. Naître, c'est venir dans la vie. »

tion. Elle est relationnelle, extatique, se tenant hors d'elle. Elle se communique entre sujets. Elle est aussi désir, liberté, parole et chacun de ces pôles appelle d'autres désirs, d'autres libertés, d'autres paroles. Même si, originellement, radicalement, parents et enfants reçoivent la vie absolue de la même Source qui les précède tous et est, pour chacun, « plus intime que le plus intime de lui-même[13] », il n'est pas moins vrai que, pour les enfants, cette vie est passée un jour, et passe encore dans le présent, de façon de plus en plus atténuée il est vrai, par le corps, le visage et la parole d'un homme et d'une femme singuliers. Pas plus que la création des parents, l'enfant n'est la pure émanation du divin. Il naît au croisement, croisement caché et radicalement insaisissable, de l'acte des parents, de la vie naturelle et du don que nous appelons divin. Ainsi sa naissance est-elle *et* n'est-elle pas un commencement. Elle est absolument un commencement, celui d'une vie personnelle, mais elle n'est pas un commencement absolu.

Du fantasme à l'invocation

La nomination de Dieu comme père soulève aussi d'autres questions. Tout particulièrement, « père » étant un terme issu de l'expérience humaine, le risque est grand de projeter en Dieu nos représentations empiriques, voire psychologiques, de la paternité. L'affirmation selon laquelle « Dieu est père » est toujours à convertir, à épurer de ce qui peut y demeurer de représentations humaines, trop humaines de la paternité. *A fortiori*, lorsque c'est la foi en un Père « tout-puissant » qui est confessée, les images spontanées de la toute-puissance ne demandent qu'à surgir. Le risque est alors d'adorer un père imaginaire, au sens précis du terme,

13. « *Intimior intimo meo* », saint Augustin, *Les confessions*, livre III, ch. 6.

c'est-à-dire conforme à la logique de ce que les psychanalystes nomment « imaginaire[14] ».

Mais le risque n'est pas fatal. Un écart important doit tout de suite être souligné, celui qui existe entre *nommer* Dieu comme père et se le *représenter* comme tel. La nomination n'est pas la représentation. Depuis le livre de l'Exode, c'est une affirmation centrale dans la Bible que toute représentation de Dieu est idolâtrique. « Tu ne te feras aucune image sculptée, rien qui ressemble à ce qui est dans les cieux là-haut ou sur la terre ici-bas, ou dans les eaux au-dessous de la terre » (Ex 20,2-5). Le texte parle d'images sculptées (comme les idoles des païens), mais l'interprétation stricte, commune aux juifs, aux musulmans et à une part importante de la tradition chrétienne, étend cet interdit à *toute* image, c'est-à-dire à toute figuration ou représentation de Dieu.

Telle est sans doute la raison pour laquelle la nomination de Dieu comme « Père » est, dans la Bible ou, plus précisément, dans le Premier Testament, rare et discrète. Une vingtaine d'occurrences au total. Cela ne signifie pas que la reconnaissance de Dieu comme père soit étrangère à l'Écriture et à la foi juives. Elle s'y révèle finalement centrale, et ce serait une grave erreur que de la référer, comme beaucoup l'ont fait, seulement à la foi chrétienne. Centrale, donc, mais réservée, d'apparition tardive, aux côtés d'autres dénominations : Pasteur, Roi, Rocher, Vigneron, Seigneur, Créateur. Tout se passe comme si l'Écriture avait voulu éviter les connotations païennes, spontanément vitales ou familiales, de ce terme.

Il faut savoir, en effet, que l'invocation de la divinité comme Père se rencontre dans de nombreuses cultures. On la trouve notamment en Afrique, dans le Moyen-Orient ancien, dans la mythologie gréco-romaine. *El*, le dieu suprême du panthéon cananéen, était, comme le *Min* égyptien, appelé « père ». Dans l'*Iliade*, Zeus est dit « père

14. Avec Jean-Claude Sagne, définissons ainsi l'imaginaire : « Le monde de nos représentations tel qu'il gravite autour de l'image idéalisée de nous-même. » Voir *La loi du don*, PUL, 1997, p. 13, 32, 95 ; et *Viens vers le père*, éd. de l'Emmanuel, 1998, p. 22.

de tous les dieux », ce qui sera aussi le cas, chez les Latins, de Jupiter (dont le nom est construit sur la racine *pater*). Chez certains philosophes même, comme le stoïcien Épictète, Dieu était dit « père des hommes[15] ». Autour des Hébreux, les peuples cananéens adoraient des « Baals », divinités dont le nom peut se traduire indifféremment (ce qui est très significatif) par « père », « maître » et « seigneur ». Le culte qui leur était rendu s'exprimait à travers celui du taureau, image de la puissance mâle. En contraste avec tous ces dieux, le Dieu biblique n'est pas sexué. Il n'est pas « mâle » ou masculin. Contrairement à la plupart des divinités païennes, il n'a pas d'épouse. Il est Saint, ce qui veut dire « séparé », Tout-Autre. Dans cet esprit, l'islam bannit l'appellation « père », qui ne fait pas partie des quatre-vingt-dix-neuf noms de Dieu. « Dis : Dieu est unique ; Dieu est l'Impénétrable ; il n'engendre pas et n'est pas engendré[16]. »

Dans un texte important, Paul Ricœur indique à quelles conditions l'invocation de Dieu comme père, « rare, difficile et audacieuse », revient, transformée, dans l'Écriture. Le Dieu des plus anciennes traditions a d'abord été un libérateur, le Dieu des pactes d'alliance et des promesses renouvelées (avec Noé, avec Abraham, au Sinaï), un Dieu nommé, d'un nom imprononçable (YHWH), un Dieu créateur *avant* d'être un Dieu père. « Il est capital que Yahvé soit désigné par un nom avant d'être désigné comme père. » C'est, selon le même auteur, *le nom contre l'idole*. « Yahvé n'est pas d'abord père ; à cette condition il est aussi Père[17]. »

Antérieure à l'affirmation de Dieu comme Père est l'affirmation selon laquelle Israël est son fils. Dès le livre de l'Exode : « Mon fils premier-né, c'est Israël » (Exode 4,22). La révélation de la filiation

15. « Si l'on parvenait à s'assimiler, comme elle le mérite, cette vérité que nous venons tous en dernier ressort de Dieu et que Dieu est le père des hommes et des dieux, je crois que l'on n'aurait de soi-même aucune pensée vile ou basse. » Épictète, *Entretiens*, I, ch. III, 1.

16. Sourate 112.

17. Paul Ricœur, « La paternité : du fantasme au symbole », in *Le conflit des interprétations*, Seuil, 1969, p. 475, 476.

précède celle de la paternité[18]. L'invocation de Dieu comme Père fera retour avec les prophètes et le courant prophétique. Elle correspond à une intériorisation de la relation, après l'extériorité des récits historiques : une relation chargée de sentiment intervient parmi les clés d'interprétation du mystère divin. Mais il s'agira d'abord d'une paternité d'adoption, plus que d'engendrement. « Au pays de la steppe il l'adopte, dans la solitude éclatante du désert. Il l'entoure, il l'élève, il le garde comme la prunelle de son œil » (Deutéronome 32,10). L'élection et la délivrance sont interprétées comme actes d'alliance tantôt paternelle, tantôt conjugale. Il arrive même que les deux métaphores se retrouvent dans la même phrase : « J'avais pensé : tu m'appelleras mon père et tu ne te sépareras pas de moi. Mais comme une femme qui trahit son amant, ainsi m'a trahi la maison d'Israël » (Jérémie 3,19-20). Une telle paternité est plus tournée vers le futur que vers le passé. Plus prophétique qu'archaïque, elle est liée à l'annonce d'une création nouvelle, de l'ère messianique. « Il m'appellera : “toi mon père, mon Dieu, le rocher de mon salut” » (Psaumes 89,27). Dans la plupart des références, il ne s'agit pas exactement d'une désignation de Dieu comme père, mais d'une invocation, présentée par le prophète comme une indication de Dieu lui-même[19].

Rare mais suggestif, le terme « père » est entouré d'autres termes aux connotations paternelles qui, du coup, contribuent à lui donner une place centrale. Il est « rocher », « citadelle », « rempart et bouclier[20] ». Il donne assurance et force[21]. Sa tendresse est celle d'un père pour ses fils[22]. Il est fidèle plus que père et mère : « Si mon père et ma mère m'abandonnent, le Seigneur me recevra[23]. » S'agit-il de la

18. Voir Philippe Mercier, « La révélation trinitaire en filigrane dans la première alliance », *in* revue *Tychique*, n° 144, mars 2000, p. 13.

19. Osée 11,3 ; Jérémie 31,20…

20. Psaumes 62,3 ; 42,10 ; 144,2 ; 33,20 ; 28,7.

21. Psaume 31,5.

22. « Comme est la tendresse d'un père pour ses fils… », Psaume 103,13.

23. Psaume 27,10.

projection en Dieu d'images paternelles ? La cohérence profonde de la foi qui s'exprime à travers les psaumes suggère une autre interprétation : il s'agit d'une expérience spirituelle fondamentale, celle d'une certitude, d'une délivrance et d'un apaisement, fruits de la prière, qui, pour se dire, rencontrent les termes que nous avons nous-mêmes discernés autour de la figure paternelle. *En deçà* de l'opposition entre le mouvement de projection et le mouvement de révélation, une *structure d'expérience commune* à la vie de foi et à la vie filiale.

> « Tu es pour moi un refuge,
> de l'angoisse tu me gardes,
> de chants de délivrance tu m'entoures.
> – Je t'instruirai, je t'apprendrai la route à suivre,
> Les yeux sur toi je serai ton conseil » (Psaume 32,7-8).

Mais, demandera-t-on ici, pourquoi se limiter à la métaphore paternelle, pourquoi ne pas invoquer aussi un tel Dieu comme « mère » ? La suggestion est d'autant plus légitime que, redisons-le, le Dieu biblique n'est pas sexué. C'est donc un père *non masculin* qui est offert à notre attention. L'exercice sera bénéfique : il obligera à dépasser toute représentation anthropomorphique du Père, nécessairement sexuée. Pour corriger donc l'image d'un Père « viril » ou « patriarche », il peut être bon de le recevoir aussi comme « mère ». Le Dieu biblique a incontestablement des aspects maternels. Il connaît les douleurs de l'enfantement, il allaite son peuple, le sèvre, il (ou *elle* ?) défend ses petits comme une ourse, il nous garde à l'ombre de ses ailes[24]. Très souvent, nous l'avons déjà aperçu, dans les psaumes, il « entoure ». C'est ici qu'il faut rappeler que le terme de « miséricorde » est la traduction de l'hébreu *rahamin*, pluriel de *rehem*, qui signifie « matrice » ou « utérus ». Certains traduisent par « frémissement d'entrailles ». Quant à la Sagesse, la *Ruah* (l'Esprit) et la *Shekinah*, qui sont des attributs, des

24. Nombres 11,12 ; Esdras 1,28-29 ; Psaume 131,1-2 ; Isaïe 66,13-14.

modes de présence ou d'action de Dieu, elles sont féminines. Le croyant pourra donc corriger son habitude de penser au masculin en se rappelant ces qualités maternelles de Dieu. Cette démarche, au demeurant, ne sera pas inédite ; depuis bien des siècles, elle a été celle de grands théologiens ou auteurs mystiques : Clément d'Alexandrie, Angèle de Foligno, Catherine de Sienne, Thérèse d'Avila, Bernard de Clairvaux[25].

Cependant, puisqu'il faut bien choisir un terme privilégié, j'affirmerai que, somme toute, l'appellation « père » me paraît *moins inappropriée*, pour désigner Dieu, que celle de « mère ». La relation paternelle est une relation qui franchit une distance, un non-savoir, un secret. Elle passe essentiellement par la parole. L'altérité du père est une donnée première, tandis que l'image de la mère érigée en absolu pourrait suggérer davantage un contact immédiat, un milieu, une enveloppe. Traditionnellement, les divinités féminines sont ou ont été souterraines, « chtoniennes[26] ». Telle Déméter, elles sont liées aux cultes de la fécondité, à l'adoration de la vie naturelle. Ne serait-il pas plus approprié, alors, de dire que notre Mère primordiale serait la terre ou, plus largement, la Nature ? Par comparaison, appeler Dieu « Père » et dire qu'il est « aux cieux » est presque tautologique. Il serait beau alors de penser – et cela peut être fait de façon non païenne, c'est-à-dire non idolâtrique, en respectant la transcendance du Créateur – que nous sommes nés de l'alliance entre Dieu et la nature… Aux yeux du croyant, dans une perspective différente, maternelle sera l'Église, qui enfante et nourrit les chrétiens, selon l'antique parole de Cyprien de Carthage : « Pour avoir Dieu pour Père, qu'il ait d'abord l'Église pour mère[27]. »

---

25. Virginia Mollenkott cite encore bien d'autres auteurs : Grégoire de Nysse, Augustin, Pierre Lombard, Thomas d'Aquin, Bonaventure, Grégoire Palamas, Hadewijch d'Anvers, Julienne de Norwich, Brigitte de Suède. In *Dieu au féminin*, trad. fr. Centurion, 1990, p. 22 *sq.* ; 44 *sq.*

26. Du grec *chtôn*, « terre ».

27. « *Ut habere quis possit Deum patrem, habeat ante ecclesiam matrem* », Cyprien de Carthage, épître 74, ch. VII, 2.

La révélation d'un secret

Rare, nous l'avons vu, dans le Premier Testament, la désignation de Dieu comme Père passe au premier plan dans le Nouveau Testament. Elle apparaît près de cent soixante-dix fois dans les Évangiles, dont une centaine dans celui de Jean[28]. Avec Jésus, incontestablement, l'invocation explicite et directe de Dieu comme « Père » effectue un grand pas. Les textes gardent la trace d'une relation d'intimité tout à fait singulière avec celui qu'il n'appelait pas seulement « Père » mais « *abba* », terme araméen qui peut se traduire par « papa ». Une nomination sur fond de connaissance mutuelle : « Nul ne connaît le Fils si ce n'est le Père, comme nul ne connaît le Père si ce n'est le Fils, et celui à qui le Fils veut bien le révéler » (Matthieu 11,27). Nous sommes ici dans l'ordre de la reconnaissance, qui constitue l'être même du Fils. « Connaître » signifie plus que « savoir » : il s'agit d'une expérience réelle, celle d'une unité, d'une co-naissance, d'une réciprocité du donner et du recevoir que nous ne pouvons imaginer. Dans l'Évangile de Jean tout spécialement, c'est dans ce mystère, c'est-à-dire dans la révélation d'un secret[29], que le croyant est invité à entrer :

> « Père juste, le monde ne t'a pas connu, mais moi je t'ai connu, et ceux-ci ont reconnu que tu m'as envoyé. Je leur ai révélé ton nom et le leur révélerai, pour que l'amour dont tu m'as aimé soit en eux et moi en eux » (Jean 17,25-26).

À trois reprises, au cœur du sermon sur la montagne, Jésus associe le nom du Père à l'idée de « secret » :

> « Quand tu fais l'aumône, que ta main gauche ignore ce que fait ta main droite, afin que ton aumône soit secrète ; et ton Père *qui voit dans le secret* te le rendra. »

---

28. Quatre fois chez saint Marc, quinze chez Luc, quarante-deux chez Matthieu.
29. Tel est le sens du mot hébreu *sôd* que nous traduisons par « mystère » : révélation d'un secret.

« Quand tu pries, retire-toi dans ta chambre, ferme sur toi la porte, et prie ton Père *qui est là, dans le secret.* »

« Quand tu jeûnes, parfume ta tête et lave ton visage, pour que ton jeûne soit connu, non des hommes, mais de ton Père *qui est là, dans le secret* » (Matthieu 6,3-4.6.17-18).

Quinze siècles plus tard, dans l'obscurité d'un cachot, à Tolède, saint Jean de la Croix composera un poème qui commence ainsi :

« Bien sais-je la source qui jaillit et fuit,
Malgré la nuit !

Cette source éternelle bien est celée,
Et pourtant sa demeure, je l'ai trouvée,
Malgré la nuit !

Ne sais son origine, car n'en a mie,
Mais que toute origine d'elle est jaillie,
Malgré la nuit !

Bien sais que de fond jamais on n'y trouva
Et que nul à gué oncques ne la passa,
Malgré la nuit[30] ! [...] »

C'est au plus intime de la chair et de la foi, plus secrètement qu'une source scellée, que Dieu se révèle comme Père. Nous ne sommes pas, pour autant, dans le pur ineffable, la seule immédiateté. « Père » n'est pas exactement synonyme de « source » : le père est parole et visage. Mais, puisqu'il se donne dans la nuit, puisque nous sommes dans l'ordre du secret, comment peut-on parler ainsi ? Pour le chrétien, il y a une raison déterminante de le faire : la parole et le visage du Fils. Le croyant, lecteur des Évangiles, voit le Fils

---

30. Jean de la Croix, « Chant de l'âme qui s'éjouit de connaître Dieu en foi » (1578), trad. fr. *Œuvres complètes*, DDB, coll. « Bibliothèque européenne », 1967, p. 926.

en prière, à l'écart, la nuit ; il entend invoquer « *abba* », c'est de ses lèvres qu'il reçoit le nom du Père. Quant au visage, il évite de réitérer l'erreur de l'apôtre Philippe. Lors du dernier repas, celui-ci, dans un bel élan de ferveur, demande : « Seigneur, montre-nous le Père, et cela nous suffit. » Et Jésus de lui répondre : « Voilà si longtemps que je suis avec vous, et tu ne me connais pas, Philippe ? *Qui m'a vu a vu le Père. Comment peux-tu dire : "Montre-nous le Père" ?* » (Jean 14,9). Est chrétien celui qui prend réellement au sérieux cette parole : « Qui m'a vu a vu le Père. » Le Fils est l'icône, l'image, la seule, du Père. Il ne s'agit pas d'imaginer ou de rechercher *derrière* le visage du Fils, au-delà de lui, différente, une autre image – par exemple celle d'un Père qui serait plus âgé que lui. L'interdit de la représentation du Père vaut pour les chrétiens comme pour les juifs.

Il faut donc absolument refuser les images faciles de « Dieu-le-Père » comme ce vieillard barbu qui trône au-dessus des nuages, ce patriarche conforme aux représentations d'une culture, qui éloignent du mystère de Dieu plus qu'elles n'en rapprochent. Dans l'art chrétien authentique, notamment dans l'iconographie orientale traditionnelle, on ne se permet pas de figurer le Père. Jusqu'au XIVe siècle, cela était interdit. Des figures apparaissent par la suite, mais par pure tolérance, et seulement à usage privé, hors du contexte liturgique. Dans l'icône même dite « de la Trinité », mais que les orthodoxes appellent plus justement « de l'hospitalité d'Abraham », on ne prétend nullement *représenter* les trois figures divines. D'une part, c'est un repas qui est figuré, celui par lequel Abraham a accueilli trois anges en lesquels la tradition chrétienne a vu une préfiguration de la Trinité (Genèse 18) ; d'autre part, les personnes divines ne sont *pas identifiables* : les commentateurs qui tentent de « reconnaître » le Père ou le Fils dans tel ou tel « personnage » se trompent – et, au demeurant, ne s'accordent pas.

Nous ne pouvons nous représenter le Père, mais nous le connaissons quand même. Il y a une différence entre connaissance et représentation – et cela vaut pour tout ce qui est important dans la vie.

Ce que nous connaissons, ce qui nous est donné, est d'une part son mode d'action en nous, que nous pouvons éprouver de façon quasi expérimentale, dans la foi ou dans la prière ; d'autre part le visage et la manière d'être du Fils. Autrement dit, c'est l'*existence filiale* qui nous est donnée comme porte d'entrée dans le mystère de Dieu[31].

Au début de l'Évangile de Jean, cet accueil est dit en termes très concrets : « J'ai à manger une nourriture que vous ne connaissez pas. Ma nourriture est de faire la volonté de celui qui m'a envoyé » (Jean 4,32). Le père n'est-il pas celui qui nourrit et envoie ? Plus explicitement encore, au chapitre suivant : « Je ne puis rien faire de moi-même [...] car ce n'est pas ma volonté que je cherche, mais la volonté de celui qui m'a envoyé » (Jean 5,30). Le croyant devrait pouvoir faire siennes ces paroles. L'acte de foi consiste à reconnaître que « je ne puis rien faire de moi-même ». À la fin des Évangiles, la remise à la volonté du Père est radicale, dans la souffrance et l'agonie (mot qui signifie « combat ») : « Père, s'il est possible, que cette coupe passe loin de moi ! Cependant, non pas comme je veux mais comme tu veux » (Matthieu 26,39)[32]. Jusqu'au bout, l'existence filiale est dans ce consentement à un vouloir qui n'est pas une puissance extérieure, mais un don plus intime que nous-mêmes, plus

31. Voir Jean-Claude Sagne, *Viens vers le Père*, *op. cit.*, p. 40-43 et 66-69.

32. Pour une étude précise de toutes ces références, voir Elian Cuvillier, « Filiation humaine et filiation divine : Jésus Fils dans l'Évangile de Matthieu », in *Revue d'éthique et de théologie morale*, n° 225, juin 2003. « Le texte de Matthieu est ambigu dans sa formulation même : on pourrait y entendre la soumission d'un fils à la "volonté" toute-puissante et perverse d'un père qui laisse mourir son fils. En regard du récit de la tentation [au désert] dont on a vu qu'il mettait en scène le refus d'une figure toute-puissante de Dieu, on peut cependant comprendre cette prière de Jésus comme la demande qu'il fait à son père de ne pas lui épargner d'être fils. Dit autrement : tu m'as institué comme fils bien-aimé à travers l'acceptation des limites propres à tout homme, ne me fais pas tomber dans la tentation d'échapper à cette condition humaine. Que ta "volonté" que je sois fils de cette manière soit faite. Ne me fais pas refuser d'être fils de la manière que tu as voulue pour moi. Jésus refuse de s'autofonder : ce n'est pas de lui-même qu'il parle, mais de la parole qui l'a établi comme fils » (p. 83).

vrai et conduisant plus sûrement à la vie que notre « volonté propre ». L'existence filiale est un oui radical. Ce « oui », redisons-le, n'est pas tourné vers un « père tout-puissant » conforme à la logique de l'imaginaire, mais un Père dont l'image, l'Icône, précisément, est ce Fils qui consent à mourir, transformant le sens de sa mort en acte de don. Si nous appliquons la parole « qui m'a vu a vu le Père », en toute rigueur, à l'humilité du Christ dans sa Passion, notre intelligence du Père en est transformée, convertie. Si, selon saint Paul, le Christ s'est « vidé de lui-même[33] » en mourant, le Père, avec qui il ne fait qu'un, l'accompagne dans ce mouvement. La toute-puissance du Père n'est plus, alors, conforme à nos images humaines de la puissance ; elle est la toute-puissance de l'amour désarmé[34]. L'image adéquate du Père est celle du Fils qui se met à genoux devant ses disciples pour leur laver les pieds, non celle d'un potentat trônant sur un siège de nuages.

C'est bien l'existence filiale qui nous donne la clé de la paternité divine. Être fils, c'est entendre la parole : « Tu es mon fils. » La plupart ont eu la chance d'entendre cette parole, explicite ou implicite, un jour précis ou au fil du temps, de leur père terrestre. Mais cette parole peut-elle être entendue *aujourd'hui*, au présent, dans l'intime du cœur ? D'où provient-elle alors ? Une telle interrogation reste sans réponse chez celui qui cherche par ses seules ressources. Dans la foi, en lisant les Écritures, il pourra entendre résonner en lui la parole en question.

> « Seul celui qui croit au Christ, qui dit : "Je suis certain de la vérité qui est en toi", seul celui-là comprend et peut comprendre la Parole de Vie qui lui dit : c'est en moi que tu as la vie, "tu es mon Fils". Cette parole, il la lit dans les Écritures, mais il ne peut la lire en celles-ci que

33. En grec, *ekenôsen*, Philippiens 2,7.
34. Voir François Varillon, *L'humilité de Dieu*, Le Centurion, 1974. L'auteur parle d'une « profondeur kénotique de Dieu » (p. 153).

parce que c'est elle qui parle en lui, qui lui parle. Qui lui parle en la parole qui lui donne la Vie. "Qui lui parle" : qui le génère en elle[35]. »

Il y a, dans ce texte très dense de Michel Henry, comme une circulation entre deux mouvements : celui où le sujet s'ouvre à la vérité qui est dans le Fils et celui où le Père l'engendre à la vie. À ces deux mouvements correspondent deux actes de parole : parole de foi – « Je crois en toi » – et parole d'engendrement – « Tu es mon fils ». Dans le texte cité, chacun de ces actes précède l'autre : « Seul celui qui dit » peut comprendre ce qu'il lit. Mais il ne peut lire que parce qu'il entend en lui la parole qui l'engendre. Cette circulation, qui est aussi une respiration, est l'essence même de la vie spirituelle selon le christianisme.

Il faut savoir que la théologie chrétienne distingue le sens initial du mot « filiation » lorsqu'il s'agit du Fils premier-né « engendré, non pas créé, de même nature que le Père », du sens où il s'agit des sujets humains, qui naissent créatures, de la terre, et deviennent fils et filles *par adoption*. Autour de cette adoption, se présente un débat délicat : d'un côté la tradition affirme que nous « devenons » enfants de Dieu par le baptême ; de l'autre elle affirme que chacun reçoit sa vie la plus intime du don du Père et donc qu'en un sens, tout homme, toute femme est enfant de Dieu. Dès la Genèse est bien suggérée une universalité de la condition filiale, dans la mesure où l'homme y est dit créé « à l'image et à la ressemblance de Dieu ». Or, quelques versets plus loin, au début du chapitre 5 du même livre, nous pouvons lire : « Quand Adam eut cent trente ans, il engendra un fils à sa ressemblance, comme son image » (Genèse 5,3). L'expression semble donc indiquer, en filigrane, la filiation.

Il serait *a priori* étonnant qu'il y ait antinomie entre être et devenir, entre l'universalité du don de Dieu et la spécificité du sacrement. Saint Paul désigne le baptême comme le « bain de la *régénération* et de la rénovation en l'Esprit saint » (Tite 3,5). Il faut donc penser qu'il y a eu une première génération ou, au moins, un

35. M. Henry, *Incarnation*, *op. cit.*, p. 372.

premier don de l'Esprit, reçu avec le souffle de la vie. Selon le chapitre 2 de la Genèse, « YHWH Dieu modela l'homme avec la glaise du sol, il insuffla dans ses narines une haleine de vie et l'homme devint une âme vivante » (Genèse 2,7). C'est de cet humain que le Créateur a dit, au chapitre précédent, qu'il serait « à son image, comme à sa ressemblance », et nous venons d'entrevoir la place de cette expression dans le vocabulaire de la filiation.

Or, l'écart entre les deux mots « image » et « ressemblance » doit être relevé, et il peut nous éclairer. Rapprochons-le d'une autre distinction de termes : entre « filiation » et « vie filiale ». Une chose est d'être fils, une autre est de mener une vie conforme à cette condition. Nous retrouvons ici la classique distinction philosophique entre nature et histoire, entre essence et existence. Très tôt, depuis les Pères de l'Église, la différence entre image et ressemblance a été interprétée en ces termes. Ainsi, selon Basile de Césarée : « Tu possèdes ce qui est à l'image, parce que tu es raisonnable, mais tu deviens à la ressemblance en acquérant la bonté. » Plus loin : « Comment devenons-nous donc à la ressemblance ? – Par les Évangiles. – Qu'est-ce que le christianisme ? – C'est la ressemblance de Dieu autant qu'il est possible à la nature de l'homme[36]. » En tout homme, en toute femme, dans ce que Jean de la Croix appelle « le centre le plus profond de son âme », il y a le don de la vie divine. Demeure la question de l'expression, de la confirmation, et de l'actualisation historique de ce don.

Le faux dilemme évoqué peut finalement aider à avancer d'un pas dans la compréhension de la filiation, en rendant attentif à ses dimensions plurielles et donc à celles de la paternité. La paternité humaine n'est pas monolithique, selon les trois dimensions relevées : charnelle, relationnelle et symbolique. La filiation divine elle aussi, finalement, doit être reconnue comme ayant plusieurs dimensions et, pourquoi pas, les trois que je viens d'évoquer. Elle est le

36. Basile de Césarée, *Sur l'origine de l'homme*, I, 17, coll. « Sources chrétiennes », n° 160, p. 209-213.

don immédiat de la vie divine, avec le souffle, la conscience, le désir, avant même la conscience, au plus obscur de la chair, dès le commencement de la vie, dès le ventre maternel. Elle a aussi une dimension relationnelle, qui passe par la volonté. Il est très important de souligner cette dimension, qui est peut-être la plus centrale, la plus décisive. En effet, ainsi qu'il a déjà été affirmé, le don de la vie divine n'est pas une simple *émanation*. Le don n'est pas un écoulement substantiel, un phénomène pensable sur le modèle de la vitalité organique. Le don est un *don*, c'est-à-dire un acte, qui a lieu entre deux libertés. Fruit d'un acte libre, il est reçu par un acte libre. Comme le dit très bien Christiane Singer, « devenir vivant nécessite notre accord[37] ». Nous retrouvons ici la dimension adoptive de la filiation selon la Bible, le pacte d'alliance paternelle. Venons-en maintenant à la troisième dimension de la paternité, qualifiée de « symbolique ». Être fils, fille, c'est recevoir un nom, entrer dans une généalogie, dans une famille, une communauté. La filiation au sens plénier du terme appelle l'expression, la parole, le « geste qu'une parole accompagne ». Nous reconnaissons là une désignation traditionnelle du *sacrement*.

Tout terme a un sens minimal et un sens plénier. Avoir Dieu pour Père, c'est au minimum être né sujet personnel ; au sens plénier, c'est pouvoir se reconnaître comme Fils et nommer ce Père, laissant ce don se déployer à travers notre liberté. « Bienheureux les pacifiques : *ils seront appelés* fils de Dieu » (Matthieu 5,9). « Aimez vos ennemis, faites du bien et prêtez sans rien attendre en retour. Alors votre récompense sera grande et *vous serez appelés* Fils du Très-Haut » (Luc 6,35). Ajoutons que devenir « fils » ou « fille » au sens plénier, ce n'est pas seulement crier « *abba*, père ! » mais aussi pouvoir dire « Notre Père ». En d'autres termes, c'est être fils ou fille avec d'autres fils ou filles, reconnus comme frères et sœurs. Il y a un mouvement réciproque, là encore, entre la reconnaissance de l'alliance fraternelle et celle de l'alliance filiale. De même que l'on

37. Christiane Singer, *Du bon usage des crises*, Albin Michel, 1996, p. 18.

est en droit de se demander ce que signifie l'affirmation – courante aujourd'hui – d'une fraternité sans filiation commune, de même il faudrait se demander ce que signifierait être « fils » tout seul. « Héritiers, cohéritiers », dit saint Paul, au pluriel (Romains 8,17).

Finalement, la filiation divine serait à penser dans une perspective trinitaire : être enfant de Dieu, c'est recevoir le don originaire de la vie absolue d'une source cachée, d'un abîme que l'on appelle « Père ». C'est participer à une vie plus grande que la nôtre, vie structurée, structurée comme Verbe, qui prend corps, qui est incorporation ; être fils dans le Fils, avec d'autres fils. C'est enfin recevoir un souffle, un esprit que saint Basile appelle l'*Esprit de la filiation* ; qui fait entrer dans le mouvement d'*exitus-redditus*, de sortie du Père et retour au Père, qui est celui du Fils premier-né, mouvement dans lequel les fils puînés, fils par naissance *et* par adoption, sont appelés à entrer. « Tous ceux qu'anime l'Esprit de Dieu sont fils de Dieu », affirme nettement saint Paul (Romains 8,14). Le don de l'Esprit commence secrètement et de manière inconsciente comme le don de l'« haleine de vie » dont parle la Genèse au verset cité plus haut (Genèse 2,24), une inspiration, une aspiration. Il acquiert toute sa dimension, il devient explicite, il est confirmé lorsqu'il « prend corps », c'est-à-dire lorsqu'il va de pair avec la réception d'une Écriture, d'une Parole, reçue en communion avec d'autres, lorsqu'il ne repose pas seulement sur un individu mais sur un Corps communautaire.

Tout se passe comme s'il y avait une correspondance entre la dimension trinitaire, c'est-à-dire relationnelle, de la filiation divine et le fait que la fécondité humaine soit le fruit d'une rencontre. Selon les termes d'Olivier Clément, « au Dieu Trinité correspond l'homme communion[38] ». Nul n'est fécond isolément. S'indique ici une articulation très fine entre filiation divine et alliance conjugale. Si nous relions ce qui vient d'être dit avec les chapitres antérieurs, il n'est pas sans importance que le don de la vie divine trouve le

38. Olivier Clément, *Questions sur l'homme*, Stock, 1972.

lieu de son meilleur déploiement dans le contexte du don mutuel entre les personnes, entre l'homme et la femme, entre les époux. Dans celui aussi d'une vie relationnelle plus large, avec d'autres pères et d'autres mères. Le don de la vie divine est indissociable de son contexte humain. Il nous faut donc affiner la relation entre paternité divine et paternité terrestre.

Combien plus !

« N'appelez personne votre "Père" sur la terre,
car vous n'en avez qu'un, le Père céleste »
(Matthieu 23,9).

Cette parole de Jésus, selon Matthieu, résume l'essentiel de ce qui vient d'être dit sur notre relation à l'Origine. Mais revient maintenant la question déjà abordée sous l'angle philosophique : qu'en est-il alors de nos pères terrestres ? Sont-ils disqualifiés ? Cela serait étonnant, dès lors qu'au cœur du christianisme se trouve le sens de l'incarnation, c'est-à-dire de « la mystérieuse inscription de l'éternel dans le temporel » dont a parlé Péguy[39]. Au demeurant, une formule ne doit jamais rester isolée, séparée de son contexte. Dans l'Évangile de Matthieu, cette parole prend place au sein d'une diatribe contre ceux qui aiment à occuper les premières places et s'entendre appeler « maître ».

> « Ne vous faites pas appeler "Rabbi", car vous n'avez qu'un Maître, et tous vous êtes des frères. N'appelez personne votre "Père" sur la terre : car vous n'en avez qu'un, le Père céleste. Ne vous faites pas non plus appeler "Docteurs" : car vous n'avez qu'un Docteur, le Christ. Le plus grand parmi vous se fera votre serviteur. Quiconque s'élèvera sera abaissé, et quiconque s'abaissera sera élevé » (Matthieu 23,8-12).

39. Charles Péguy, *Véronique. Dialogue de l'histoire et de l'âme charnelle* (1909), Gallimard, coll. « La Pléiade », p. 387-391.

La pointe du texte n'est donc pas une critique de la paternité, mais de l'orgueil. À l'adresse des pères, il est rappelé qu'ils ne sont pas « pères » au sens où Dieu est « Père ». Ils sont invités à ne pas se prendre pour l'origine de leur enfant. À l'adresse des fils, il est demandé de ne pas borner leur accueil de la vie à la filiation charnelle, familiale. Or, ainsi replacée dans son « axe de justesse », *la paternité n'est pas disqualifiée mais, au contraire, sauvée*. Renvoyer à plus grand et plus originaire fait partie de sa vérité. Dans le texte, déjà cité, de l'Évangile de Luc où Jésus, à douze ans, est retrouvé parmi les docteurs au Temple de Jérusalem, il répond à ses parents qu'il lui faut « être aux affaires *de son Père* » – alors que sa mère vient de lui dire : « *Ton père* et moi, nous te cherchions » ! Il n'est pas étonnant de lire ensuite que ces derniers « ne comprirent pas cette parole ». Toutefois, « il redescendit avec eux et revint à Nazareth ; et il leur était soumis » (Luc 2,51). Cette dernière expression est entourée de termes à connotations positives[40]. Ayant clairement indiqué sa référence première, il peut être « soumis » à ses parents en toute vérité[41].

Il y a un paradoxe dans l'affirmation : « vous n'avez qu'un seul Père ». Ce Père est autre que les pères selon la chair, donc, mais il est quand même désigné du nom de « père », lequel provient bien de l'expérience humaine. Jésus n'oppose pas paternité divine et paternité humaine. La priorité étant bien clarifiée, la seconde lui permet de parler de la première. Lorsqu'il veut signifier l'incroyable patience et miséricorde du Père céleste, il ne trouve pas de meilleure image que celle d'un père qui attend son fils au seuil de sa maison[42].

40. « Et sa mère gardait fidèlement tous ces souvenirs dans son cœur. Quant à Jésus, il croissait en sagesse, en taille et en grâce devant Dieu et devant les hommes » (v. 51-52).
41. « Il pouvait être parfaitement soumis car auparavant il s'était parfaitement situé. » Simone Pacot, *L'évangélisation des profondeurs*, Cerf, 2000, p. 84.
42. Luc 15, parabole déjà rencontrée au chapitre V.

Une autre parole de Jésus dit à la fois la ressemblance et la dissemblance entre paternité humaine et paternité divine. Le contexte en est l'incitation à demander avec insistance, dans la prière : « Si donc vous qui êtes mauvais, vous savez donner de bonnes choses à vos enfants, *combien plus* votre Père qui est dans les cieux en donnera-t-il de bonnes à ceux qui l'en prient ! » (Matthieu 9,11). Le propos commence de manière abrupte, dure à entendre, même : nous sommes mauvais. Et pourtant, malgré cela, nous savons donner de bonnes choses à nos enfants. Belle caractérisation de la paternité comme de la maternité : celles-ci font appel en nous au meilleur ; nous y donnons non seulement le meilleur de nous-mêmes mais, ici, meilleur *que* nous-mêmes. Tout se passe comme si la paternité réveillait la bonté cachée au cœur de l'homme. La comparaison avec le Père céleste s'ouvre alors par un « combien plus… » : analogie, mais surcroît ; ressemblance mais surabondance. Le don du Père excède nos dons humains. À vrai dire, l'exclamation « combien plus… ! » provient d'une connaissance antérieure du Père, chez Celui qui sait combien sa générosité est sans commune mesure avec la nôtre, si limitée.

La relation entre paternité divine et paternité humaine relève donc de ce que l'on appelle classiquement l'« analogie », étant bien entendu que le terme exprime une correspondance, c'est-à-dire un alliage de ressemblance et de dissemblance dans lequel la dissemblance est plus grande que la ressemblance. Par ailleurs, dans l'analogie, il y a un double mouvement, ascendant et descendant : ascendant par interprétation de la vie divine à partir de traits présents dans l'humanité, descendant par révélation, par réception dans la foi de lumières sur ce qu'est la véritable humanité. Le mouvement ascendant peut être de deux natures différentes : il peut être de pure et simple projection en Dieu de nos représentations humaines, ce qui est à critiquer et ouvrirait la porte à une idée de Dieu purement fantasmatique. Mais il peut être aussi le discernement, éclairé par l'Écriture, d'attitudes ou de dispositions qui, dans l'expérience humaine, sont susceptibles de nous donner discrètement, telles des étoiles dans la nuit, une lumière sur la vie divine : l'amour conjugal et l'amour parental sont au rang de ces expériences révélatrices. Pour que cela ait lieu en vérité, il importe que le mouvement que nous avons appelé « descendant » soit plus déterminant que le premier. Lorsque saint Paul parle du Père « de qui toute paternité, au ciel et sur terre, tire son nom » (Éphésiens 3,15), il se situe dans cette perspective. Pour un juif, le nom – *shem* –, c'est l'essence, l'être. Toute paternité est dite tenir son essence et son être de la paternité divine, et non l'inverse.

Il faut donc tenir ensemble deux affirmations. D'une part, entre paternité divine et paternité humaine, il y a analogie ; d'autre part, selon l'expression de Simone Pacot, « Dieu n'est pas à l'image de nos parents ». La première affirmation repose sur l'unité même de sens du mot « père », dont les significations élémentaires – engendrement et adoption – se trouvent de part et d'autre, même si leur portée n'est pas la même. La seconde affirmation appelle à une libération, à éviter un enlisement, celui qui résulterait de la projection en Dieu de nos images parentales. Il en est qui sont entravés dans leur vie spirituelle par une difficulté à nommer Dieu « père », étant donné les défaillances, parfois très graves, de leur père humain. Il en est d'autres qui sont bridés dans leur vie psychologique par une sacralisation de traits humains, trop humains de leur père : surmoi écrasant, père tyrannique ou castrateur, dépendances ou idéalisations diverses. Il est décisif de comprendre ceci : une relation juste au Père céleste, c'est-à-dire une foi accueillante au mouvement de révélation évoqué plus haut, *libère le sujet* des représentations aliénantes de la paternité. Il est enfin dans le bon axe, celui de l'accueil d'un don qui fait grandir, d'une parole d'appel et de promesse à lui adressée, de ce que, faute de mieux, l'on nomme de façon quelque peu anthropomorphique un « regard d'amour », c'est-à-dire d'une initiative créatrice singulièrement et originellement à l'œuvre en lui. Quelle source de joie et de liberté que de recevoir dans la foi (avec les « yeux de la foi », c'est-à-dire dans la nuit) une telle certitude[43] !

Mais il importe également de souligner que, loin d'éloigner des pères terrestres, cette certitude réconcilie avec eux. Non, certes, de façon magique, c'est-à-dire immédiate ; non sans travail psychologique, qui demandera un temps plus ou moins long. Mais le travail en question sera favorisé, voire suscité, par la disposition spirituelle que nous venons d'évoquer. Celui qui n'attend pas de son père humain ce qu'il ne peut attendre, en vérité, que de son Père divin acceptera mieux les limites de celui-là. « Le premier pas de la libération est de renoncer à faire changer nos parents. Ils sont ce qu'ils sont[44]. » Il est des démarches de réconciliation et d'apaisement qui ne sont possibles que sur fond de certitude d'un amour originel.

Un lent façonnement

Nous avons jusqu'ici envisagé deux modes de relation entre paternité divine et paternité humaine : le premier est la *participation réelle* de celle-ci à celle-là, la médiation réelle de l'engendrement humain pour l'engendrement divin. Le second mode est celui de l'*analogie*, que nous venons d'évoquer. Une troisième modalité de la relation serait celle du *façonnement*, par inspiration et imitation.

Il est impossible que la vie filiale à l'école d'un Père tendre, miséricordieux, patient, fidèle, dont l'Icône authentique va jusqu'à donner sa vie pour ceux qu'il aime, impossible qu'une telle vie n'inspire une manière spécifique d'être père. Nous sommes loin du « père

43. Voir Jacques Philippe, *La liberté intérieure*, éd. des Béatitudes, 2002. Notamment : « Le plus grand cadeau que reçoit celui qui cherche le visage de Dieu en persévérant dans la prière est qu'un jour ou l'autre, il percevra quelque chose de ce regard divin posé sur lui, il se sentira si tendrement aimé qu'il recevra la grâce de s'accepter lui-même en profondeur » (p. 34).
44. Simone Pacot, *op. cit.*, p. 119.

tout-puissant » tyrannique ! À l'école de celui qui est « doux et humble de cœur », de celui qui « n'est pas venu pour être servi mais pour servir », la paternité sera vécue selon une note bien spécifique.

L'apport chrétien en ce domaine n'a pas lieu seulement à l'échelle individuelle. Nous avons souligné antérieurement la portée fondatrice d'un récit comme celui du non-sacrifice d'Isaac. Depuis trois mille ans, la sève judéo-chrétienne travaille dans ce sens : la critique de la volonté de puissance attachée aux liens du sang et celle de l'absolutisation du groupe familial font partie de l'héritage biblique. Critique aussi de la domination de l'homme sur la femme[45], invitation constante, depuis l'Évangile, à accueillir et respecter les enfants : « Gardez-vous de mépriser aucun de ces petits : car, je vous le dis, leurs anges aux cieux se tiennent constamment en présence de mon Père qui est aux cieux » (Matthieu 18,10). Le modèle biblique de la paternité est celui d'un père attentif, alliant justice et miséricorde, éducateur, trouvant sa joie dans ses enfants.

Il est alors surprenant que maints auteurs aujourd'hui, lorsqu'ils évoquent l'histoire de l'Occident, se contentent de stéréotypes superficiels sur le « père tout-puissant » judéo-chrétien qui aurait même, selon certain(e)s pris le relais du *pater familias* romain pour justifier un « patriarcat » imputable de tous les maux. Comment Christiane Olivier, que l'on connaît mieux renseignée – ou vigilante – en d'autres domaines, ose-t-elle écrire que « le christianisme, en rapprochant l'image du père de celle de Dieu, a donné au père un

45. Cette domination, au chapitre 3 du livre de la Genèse, est présentée comme un des fruits du péché et donc comme une mauvaise chose. Dès le premier chapitre était affirmée une radicale égalité ontologique : « À l'image de Dieu il les créa, mâle et femelle il les créa. » Commentaire par Grégoire de Nazianze : « Le même créateur pour l'homme et la femme, pour tous deux le même limon, la même image, la même loi, la même mort, la même résurrection. Puisque nous naissons à la fois d'un homme et d'une femme, les enfants doivent le même respect à leurs deux parents » (*Discours* 37,6 ; cité par A.-M. Pelletier, *Le christianisme et les femmes*, Cerf, 2001, p. 64). Un adage d'Isidore de Séville (VIIe siècle) a souvent fait référence en Église : « *Nec ancilla, nec domina, sed socia* », « Ni servante, ni dominante, mais associée ».

pouvoir discrétionnaire absolu sur sa famille[46] » ? Quant à Élisabeth Roudinesco qui, dans son livre *La famille en désordre*, consacre vingt-cinq pages à la paternité gréco-romaine et moins de cinq lignes à l'héritage biblique, elle ne donne pas dans la nuance : « Le père du temps jadis est l'incarnation familiale de Dieu, véritable roi thaumaturge, maître des familles. Héritier du monothéisme, il règne sur le corps des femmes et décide des châtiments infligés aux enfants[47]. » À en croire l'historienne Yvonne Knibiehler, « selon le christianisme, la paternité humaine est d'abord une sanction du péché originel[48] ». La raison invoquée est qu'« au jardin d'Éden, Adam et Ève n'avaient pas d'enfant » ! Comme si, dès le premier chapitre de la Genèse – avant la chute, donc –, le tout premier commandement n'avait pas été assorti d'une bénédiction[49] : « Dieu les bénit et leur dit : "Soyez féconds, multipliez, emplissez la terre et soumettez-la" » (Gn 1,28).

Plus sérieusement, d'autres historiens relèvent que, dès la fin de l'Antiquité, l'influence chrétienne a conduit à apporter des restrictions à la toute-puissance (réelle) du *paterfamilias* romain. Au IVe siècle, l'infanticide est proscrit. En 374, un décret de Valentinien Ier pose l'obligation pour l'homme de nourrir et élever les enfants qu'il a engendrés. C'est selon cette même influence que la paternité cesse de reposer seulement sur la *volonté* du père, mais aussi sur le lien conjugal, sur la communauté de vie, donc, entre le père et la mère, communauté qui elle-même repose sur la *fides*, la « fidélité ». La *potestas* (« puissance ») du père est tempérée par l'*officium pietatis*, le « devoir d'affection[50] ».

---

46. Christiane Olivier, *Les fils d'Oreste*, Flammarion, 1994, p. 23.
47. Élisabeth Roudinesco, *La famille en désordre*, Fayard, 2002, p. 24.
48. Yvonne Knibiehler, *in* Alain Bruel (dir.), *Quel avenir pour la paternité ?*, Syros, 1998, p. 18.
49. Sans doute le retour d'un vieux cliché sur la fameuse « culpabilisation judéo-chrétienne ». Dès qu'il est question du christianisme, nombre d'auteurs aujourd'hui perdent toute rigueur.
50. J. Delumeau (dir.), *Histoire des pères et de la paternité*, Larousse, 1990, p. 34-46.

Pour le Moyen Âge, alors que certains continuent à s'en tenir à l'image d'un père « maître », « seigneur » et « tout-puissant[51] », d'autres, de plus en plus nombreux, soulignent que l'influence des théologiens et confesseurs chrétiens a travaillé dans un sens différent. « Des études récentes amènent à réviser des conceptions trop négatives des rapports familiaux au Moyen Âge », affirme Sabine Melchior-Bonnet dans *Histoire des pères et de la paternité*[52]. Incessamment, prédicateurs, pasteurs et juristes rappellent aux parents leurs devoirs. L'enfant est reconnu comme un « dépôt divin ». « Le rappel constant de la manière dont Dieu est père a contribué à la naissance de l'affection paternelle[53]. » Contrairement aux idées reçues, l'étude de textes comme les fabliaux ou les récits de miracles atteste en effet d'une forte présence des pères auprès de leurs enfants. Dans un fabliau intitulé « Celui qui botta la pierre », un paysan revient de son travail : « Lorsque l'enfant voit arriver son père, il s'élance à sa rencontre. Il le rejoint sur le seuil de la porte, lui fait la fête et saute sur lui en disant : "Beau père, Dieu vous garde et vous donne joie et vous fasse honneur !" Le prud'homme étreint son enfant et l'emporte joyeusement. » Selon une autre source, qui n'est pas un récit de fiction, tel père habitant Saint-Denis a l'habitude de prendre la température de ses enfants atteints de fièvres quartes à chaque manifestation de la maladie, tous les jours pendant huit mois. Dans un manuel de droit coutumier rédigé entre 1253 et 1259, « le législateur excuse le père qui ne se rend pas au tribunal si, dans les jours qui précèdent la tenue du plaid, il a perdu un enfant de moins de trois mois. On considère que la douleur qu'il ressent le dispense de cette convocation et l'autorise à rester avec les siens[54]. » Saint

---

51. Françoise Hurstel, *La paternité déchirée*, PUF, 1996, p. 91-93.

52. *Op. cit.*, p. 56.

53. Yves Krumenacker, de l'université Lyon 3, conférence à l'Institut des sciences de la famille de Lyon, le 1er février 1996.

54. Didier Lett, « Le fabliau des tendres pères », in *Les nouveaux pères*, dossier du *Nouvel Observateur*, décembre 2002, p. 30-33. D. Lett est l'auteur de : *Famille et parenté dans l'Occident médiéval*, Hachette, 2000.

Joseph enfin, modèle ô combien différent du *pater familias* romain ou du *père tout-puissant* fantasmatique, est constamment donné en exemple aux fidèles.

Il est certain qu'aux XVIe et XVIIe siècles on a vu se développer et s'affiner considérablement le sentiment paternel. Ce serait toutefois une injustice de n'attribuer cette évolution qu'au seul « humanisme » comme tel, et d'oublier que ce dernier et, plus largement, ces deux siècles, marqués par la Réforme, le concile de Trente et le développement des institutions d'éducation, ont été ceux d'une plus large diffusion de l'éthique chrétienne. « L'éducateur doit se faire enfant avec les enfants », écrit Gerson. « Qui enseigne son fils doublement engendre », déclare Nicolas Pasquier, tandis qu'un théologien franciscain, Jean Benedicti, ose affirmer que « si le père désobéit aux lois de Dieu, le fils n'est pas tenu de lui obéir ». Le père est donc invité à l'humilité : « Qu'il te souvienne d'être homme et père d'un homme, c'est-à-dire pécheur et père d'un autre pécheur, et partant avoir besoin de grâce et de pardon », exhorte l'auteur d'un ouvrage à destination des parents[55]. Par ailleurs, si les pouvoirs du père ont été particulièrement grands au cours de ce que l'on a pu appeler l'« âge d'or de la paternité », aux XVIIe et XVIIIe siècles, l'historien de cette période indique que ses droits ont été « tempérés par les lois des Églises[56] ». C'est au contraire avec la baisse de l'influence chrétienne, à la fin du XVIIIe siècle et au début du XIXe, que la « puissance paternelle », dans le Code civil notamment, reviendra en force.

Au XXe siècle, il est indéniable qu'en Occident, le renouveau de la théologie et de la spiritualité conjugale chrétienne a contribué à l'émergence d'un modèle familial qui atteint son apogée dans les années 1940-1960, celui d'une famille stable, au lien conjugal à la fois solide et centré sur l'amour, souvent nombreuse, où le senti-

55. Filelfe, *Guidon des parens en instruction et direction des enfans*, traduit en 1518. Cette citation, ainsi que les précédentes, est tirée du chapitre : « De Gerson à Montaigne, le pouvoir et l'amour », de Sabine Melchior-Bonnet, *Histoire des pères…*, *op. cit.*, p. 55-69.
56. A. Molinier, « Pérenniser et concevoir », *ibid.*, p. 71.

ment s'accordait avec l'institution. Or, dans ce modèle, la figure d'un père attentif, à la fois tendre et capable d'autorité, n'était pas affaiblie mais enrichie par la forte valorisation du lien conjugal[57]. Pour le siècle qui s'ouvre, face à ce que certains appellent l'« hiver de la paternité[58] », la sève biblique et évangélique est porteuse de ressources toujours neuves, à peine explorées parfois.

*

La reconnaissance en vérité du Père invisible ne vide pas la paternité humaine de sa substance, mais vient au contraire l'enrichir. Plus grand est le mystère de la paternité, plus pleine et consistante sera la figure du père humain, dont la relation avec la génération divine n'est pas seulement d'analogie, mais de participation. Plus je deviens consciemment enfant de Dieu, plus je suis fils *et* père en vérité. La conscience de chacune de ces deux filiations est rendue plus juste, aiguisée et équilibrée, ou même guérie et convertie, par la conscience et l'acceptation de l'autre. Voilà donc jusqu'où peut aller l'affirmation de la dimension *religieuse* de la paternité annoncée au début de cet ouvrage. Dimension non extérieure, par surimpression de quelque sacralisation plus ou moins contestable, mais intérieure, intime, intrinsèque au mystère de la paternité comme de la filiation. Mystère selon lequel chacun (chacune) est appelé(e) à entendre à la source de son être la parole silencieuse que le psaume adressait au Messie : « Tu es mon fils, aujourd'hui je t'ai engendré » (Psaumes 2,7). Tu n'as pas seulement été engendré tel jour ou telle nuit, à telle ou telle date, mais tu es engendré *aujourd'hui*.

---

57. Un exemple parmi bien d'autres : « La vraie spiritualité conjugale est donc à base d'amour, un amour conjugal qui s'épanouit en un amour paternel et maternel », selon l'abbé Viollet, acteur important de ce courant, *in* « Spiritualité conjugale », *Orientations de pastorale familiale*, Éditions familiales de France, 1955. Cité par Agnès Walch in *La spiritualité conjugale dans le catholicisme français – XVI*e*-XX*e *siècle*, Cerf, 2002.
58. Denis Marquet, *Père*, *op. cit.*, p. 205.

Conclusion

Christophe était un géant, connu pour sa force et son imposante stature. Il résolut un jour de se mettre au service du prince le plus puissant de la terre. Plusieurs fois déçu dans sa quête, il arriva chez un ermite qui lui enseigna que le seul roi au service duquel il vaut la peine de se consacrer est le Christ. Mais comment le rencontrer ? – En te mettant au service de ton prochain. Christophe alors se fit passeur. Au bord d'un fleuve puissant et dangereux, il se construisit une cabane et, un tronc d'arbre en guise de bâton pour mieux marcher dans l'eau, il transportait d'une rive à l'autre les voyageurs qui devaient traverser le fleuve. Une nuit, pendant qu'il dormait, il entendit une voix d'enfant qui l'appelait : « Christophe, viens et fais-moi traverser le fleuve ! » Aussitôt, Christophe s'élança hors de sa cabane ; mais ne trouva personne. De nouveau, lorsqu'il fut rentré chez lui, la même voix l'appela. Et, cette fois encore, étant sorti, il ne trouva personne. Sur un troisième appel enfin, il vit un enfant qui le priait de l'aider à traverser le fleuve. Christophe prit l'enfant sur ses épaules, s'arma de son bâton et entra dans l'eau. Mais, à mesure qu'il avançait, le courant devenait de plus en plus fort. L'eau enflait, le fleuve était de plus en plus dangereux. Pendant ce temps, l'enfant pesait de plus en plus lourd, comme s'il avait été de plomb. Christophe, pour la première fois de sa vie, eut peur et crut qu'il allait périr. À cet instant, il sentit sous ses pieds le sol de l'autre rive. Ayant déposé l'enfant à terre, il lui dit : « Ah, mon petit, tu m'as mis en grand danger ! Si j'avais porté le monde entier, je n'aurais pas eu les épaules plus chargées ! » Et l'enfant de lui répondre : « Ne t'en étonne pas, Christophe, car tu as porté celui qui porte le monde. Je suis en effet le Christ, ton maître, celui que tu sers en faisant ce que tu fais. En signe de la vérité de mes paroles, quand tu auras à nouveau franchi le fleuve, plante ton bâton dans la terre, près de la cabane : tu le verras, demain matin, chargé de fleurs et de fruits. » Sur quoi, l'enfant disparut. Ayant planté son bâton, Christophe le retrouva dès le matin suivant, transformé en un beau palmier, plein de feuilles et de dattes. Alors il comprit le sens du nom de son baptême[1].

La légende dorée[2] était en filigrane derrière ces pages. Tout père est un passeur. Tout homme qui assume en vérité ce qu'être père veut dire ressemble à ce géant. L'image vaut selon divers degrés d'expérience, depuis celui de la vie quotidienne heureuse jusqu'aux traversées douloureuses, dans la nuit. Depuis la grâce des jours de promenade insouciante, lorsque l'enfant sur ses épaules était léger, jusqu'aux jours où, en sa personne, tout le poids de la vie pèse sur la nuque et le dos du père. Le moment où il éprouve le plus sa faiblesse est celui où il est appelé à se montrer fort.

On a parfois comparé l'exercice de la parenté à un passage de témoin. L'image n'est pas sans valeur, si l'on veut bien considérer que la vie est comparable à un flambeau que se transmettent les coureurs. Mais l'image du passeur est plus juste, selon deux différences au moins. La première est que le passeur ne s'arrête pas au

1. *Christo-phoros* : « celui qui porte le Christ ».

2. Récit inspiré de *La légende dorée* de Jacques de Voragine, dominicain génois du XIIIe siècle (divers éditeurs). La fable situe l'histoire de Christophe aux premiers siècles de l'ère chrétienne, en Syrie. Elle s'est greffée sur la mémoire d'un martyr qui portait ce nom.

moment où la course de l'enfant commence. Il effectue la traversée *avec* celui qu'il sert. Le temps de la traversée commune est celui du plein exercice de la paternité. Viendront d'autres temps, où chacun vivra d'autres traversées. Mais c'est au temps des passages que le père exerce le plus sa responsabilité paternelle. C'est un passage que la naissance, c'en est un autre que l'enfance, un autre encore que l'adolescence. De différentes manières, au cours de ces trois passages, le fils – ou la fille – sera heureux s'il peut compter sur des épaules, sur un dos et des jambes plus robustes que les siens.

L'image du passeur réalise la synthèse entre deux aspects apparemment contraires de la figure paternelle : la stature et le mouvement. D'une part, il est celui qui tient, qui a tenu et se tient encore droit, comme un arbre ; d'autre part, il avance, il ouvre les portes du futur. Il est comme un arbre qui marche, telles les sculptures de Giacometti. (D'où la valeur, dans la légende, de l'image de l'arbre servant de bâton de marche.) Il a des racines ; il n'est pas père sans « arbre généalogique » mais, vivant spirituel, il ne s'arrête pas en chemin, toujours il repart, reprend son bâton de pèlerin.

La deuxième différence avec le coureur en relais est que celui-ci transmet un objet extérieur, alors que le père-passeur est lui-même traversé par ce qu'il communique, qui n'est pas un objet, mais une vie. Vie charnelle, vie généalogique, mais aussi et d'abord vie spirituelle. Le père christo-phore est animé par la même source d'énergie, la même vie originelle que celui qu'il porte. Ce qui fait vivre celui qu'il porte le porte aussi. Il partage avec lui le mystère de la filiation, c'est-à-dire de la réceptivité à une vie qui est à la fois plus intime que le plus intime et appel vers le large. Être père, c'est transmettre un déjà-là, un don toujours antérieur mais, en même temps, dans le même acte, tourner vers l'avant, conduire plus loin. C'est ouvrir à un double inconnu : inconnu de la source du don, inconnu du « pays que je t'indiquerai ». C'est non seulement donner – ou avoir donné – la vie, mais appeler à plus de vie.

Ces propos ne sont pas descriptifs, mais axiologiques : ils visent des valeurs, un axe, un essentiel. Le lecteur aura bien compris que l'objet de ce livre n'était pas de décrire toutes les situations de fait mais d'expliciter *ce qu'être père veut dire*. Sur cet enjeu, puisqu'est venue l'heure des conclusions, c'est-à-dire des formulations synthétiques, je propose trois définitions :

Est père celui qui, traversé par une vie qui vient de plus loin que lui et va plus loin que lui, est *témoin de l'origine, tuteur de la croissance, passeur vers l'avenir.*

Est père celui qui, depuis la conception, rend présent ce qui vient d'ailleurs, assumant la responsabilité d'être *médiateur de l'altérité* : altérité de l'origine, altérité du réel, altérité du monde d'autrui.

Est père celui qui n'a pas enfanté, mais *engendré*, c'est-à-dire reçu, aux côtés de la mère, mission d'incorporer au genre humain. Il veille aux liens familiaux (conjugal, filial, fraternel) en veillant à leur solidarité avec d'autres liens (sociaux, communautaires, spirituels).

Tout terme peut être pris en son sens minimal ou en son sens plénier. Pour que les définitions qui viennent d'être proposées résonnent de toutes leurs harmoniques, sept thèses me paraissent émerger à la fin de cet itinéraire :

1. *Central est le lien entre paternité et conjugalité*. Une conception individualiste de la paternité ne peut conduire qu'à une représentation – ou une réalisation – partielle, fragmentaire, voire amputée de celle-ci. Le lien paternel est médiatisé par le lien conjugal, à travers lequel il vivifie le lien maternel.

2. *La paternité n'existe qu'incarnée*. Son affinité profonde avec l'ordre du symbolique et de l'institué ne doit pas conduire à oublier que la vie de l'enfant est passée par le corps d'un homme et que la filiation est vraiment cohérente si, à travers la pluralité de ses dimensions, se dessine la continuité d'une histoire. Cette continuité n'est rendue possible que par l'unité – dynamique – du verbe et de la chair. Les dissociations entre chair et parole donnent lieu à autant de dissociations dans l'histoire de l'enfant.

3. *L'avenir de la paternité a partie liée avec celui de la différence sexuelle*, autrement dit avec la reconnaissance d'une juste relation

entre les genres. Paternité et maternité sont les lieux où se manifeste le mieux la fécondité de la différence homme-femme. Mais cela signifie aussi quc, dans l'autre sens, elles sont tributaires des difficultés de cette manifestation. Dans notre culture, la réalisation de l'égalité dans la différence, où chaque sexe laisse véritablement sa place à l'autre, reste un défi qui n'est pas gagné d'avance.

4. *Le sens de la paternité est intrinsèquement éthique.* On ne peut en traiter par de purs constats, par analyses ou descriptions positives. Elle ne relève pas seulement du désir tel que la psychologie peut le décrypter, ni des codes sociaux tels que la sociologie peut les dégager, mais des choix fondamentaux d'une liberté. Elle ne peut être comprise sans référence à des appels, des valeurs, des vertus. Manière de dire que la paternité est foncièrement spirituelle. Cela est particulièrement vrai dans le contexte d'une culture qui accorde une grande place à la dimension interpersonnelle des liens familiaux.

5. *Art des passages, la paternité est intrinsèquement paradoxale.* Elle appelle l'alliage des contraires. Née entre chair et parole, entre intimité et altérité, entre don et responsabilité, elle se réalise et trouve son plein déploiement en alliant proximité et distance, humilité et hauteur, force et douceur, tendresse et fermeté, parole et secret, le familial et l'extrafamilial. Cette vocation aux contraires est ce qui constitue à la fois la fragilité et la grandeur de la figure paternelle.

6. *La paternité doit être conçue au-delà du contexte familial.* Au principe d'unité qui vient d'être énoncé doit s'adjoindre, pour le renforcer, le principe de pluralité. Si la paternité selon la chair est irréductible, elle appelle d'autres formes de paternité et de filiation. Nul ne peut être père isolément. Père, tu ne peux l'être qu'avec d'autres pères ; fils ou fille, tu as besoin d'autres instances paternelles, tu es heureux(-euse) s'il t'est donné de rencontrer d'autres visages de pères.

7. *La paternité est, en dernier ressort, un mystère.* Non seulement parce que la personne du père gardera toujours une part d'inconnu

aux yeux de ses enfants, mais aussi parce que le fil qui les relie est en lui-même inobjectivable. La question de la teneur de ce fil renvoie très directement aux questions ultimes (ou premières) : comment recevons-nous et transmettons-nous la vie ? Et quelle vie ? Comment nommer cette dimension qui incontestablement déborde ce que la science peut en objectiver ? Le fil de la filiation nous relie à la Source, tout particulièrement à travers deux formes d'amour *sui generis*, sans équivalent, l'amour paternel et l'amour filial, où l'homme religieux pourra reconnaître une des clés du mystère de l'Être.

« *TRANS* » : cette devise familiale gravée dans le granit d'une demeure bretonne exprime finalement l'idée essentielle de la paternité. Le préfixe latin signifie : « à travers », « au-delà ». Transgénérationnel, transmission, transcendance... D'une génération à l'autre, d'une personne à l'autre, au-delà du visible et de l'immédiat, un fil, un passage, une traversée. À travers l'irréductible écart entre les générations, à travers l'impossible tâche d'aider une liberté à grandir, à travers les remous d'une solidarité à toute épreuve, avancer, persévérer, frayer un chemin. Assumer une continuité par-dessus une réelle discontinuité, être passeur d'une rive à l'autre.

Une rive est quittée, celle du cocon des commencements, des sécurités du passé, des attachements qui enferment. Une rive est visée. Mais sera-t-elle jamais atteinte ? Et s'agit-il de la même rive pour le père et l'enfant ? Nous lui avons donné des noms provisoires : le monde extérieur, la vie sociale, l'avenir, la stature adulte. Mais le temps des fils et des filles ne sera pas celui de leur père et de leur mère. Ils habiteront un autre âge. Et la vie continuera à être pour eux une traversée, après que leur père les aura déposés sur le rivage de la fin de sa charge de passeur. L'enfant – qui ne sera plus un enfant – effectuera lui-même d'autres traversées, sans les épaules de son père, vers d'autres rivages. Le père, lui aussi, connaîtra d'autres traversées, vers d'autres tâches, d'autres combats, d'autres formes de fécondité. « Père », pourtant, il restera toujours. Si ce n'est plus comme passeur ou comme tuteur, ce sera encore comme témoin, en continuant à *tenir*, à faire face, à garder le cap au milieu des courants contraires. Tel sera le minimum de ce que le fils pourra dire de son père – et ce minimum contient beaucoup – : « Il a tenu. » Il a mené jusqu'au bout le combat de la vie, en restant un vivant animé par une foi.

Viendra le moment où il effectuera seul la traversée finale, l'autre rive étant radicalement invisible. Peut-être alors l'un de ses enfants l'accompagnera-t-il pour cet ultime passage. Auparavant, en d'autres moments, le fils ou la fille aura eu l'occasion de tenir cette place aux côtés de son père affaibli. Faibles, nous le sommes tous à un moment ou à un autre de notre histoire, et le rôle de passeur pourra temporairement s'inverser.

Dans la tradition judéo-chrétienne, l'existence est comprise comme un exode. Non comme un exil loin d'un paradis perdu, ni comme une odyssée, retour au point de départ, mais comme chemin vers une Terre promise. En hébreu, « passage » se dit *pessa'h*, que nous traduisons par « Pâque ». Il y a un mystère de mort et de résurrection au cœur de la paternité, non parce qu'elle réaliserait le très ancien rêve d'immortalité que serait le prolongement dans ses enfants, mais, au contraire, dans le dessaisissement qu'elle implique en sa vérité. Donner ce que tu ne possèdes pas, la vie plus grande que toi par laquelle tu es traversé, ne va pas sans mille morts à ce que tu crois posséder. Morts qui sont des libérations. Être père, mère, fils, fille, c'est avoir en partage une singulière solidarité dans ces incessants passages de la mort à la Vie qui constituent la trame de notre exode.

23 décembre 2003.

Annexe I

Témoignages

À lire en regard du chapitre IV

Jusqu'à douze ans passés, j'avais le privilège de me tenir sur ses genoux après le dîner. Je caressais son grand front. Il me caressait la nuque à rebrousse-poil en disant : « C'est ainsi qu'on apprivoise les ours des cavernes. » Il ne s'en tenait pas à cette comparaison. Il passait alors les singes en revue et m'octroyait les noms des plus flatteurs de babouin, de chimpanzé, de sapajou, de ouistiti. J'étais sous le charme mais maman interrompait le défilé : « Arrête, papa, avec tes noms d'animaux ! » Se sentait-elle humiliée, elle aussi l'auteur de mes jours ? Il passait alors volontiers au registre biblique. Comme maman aimait le livre des Juges, il me nommait son Philistin. J'étais aussi la onzième plaie d'Égypte, ce qui m'a permis de retenir toute ma vie qu'il en fut dix. Il arrêtait enfin la déclinaison de tous mes titres de noblesse, prenait sa tasse de café, dont il me laissait le fond sucré. [...]

Il était ravi de me voir suivre son penchant pour les livres, l'histoire, les timbres. Les enfants des écoles – j'étais à la laïque – se rendaient en rang au monument aux morts en plein hiver (ceux qui tombèrent les derniers en 1871). Il prononçait le discours. On gelait, mais j'étais fier de mon père. [...]

L'exemple le plus émouvant que nous laissa notre papa fut de se mettre à genoux pour la prière du soir en famille tournée vers le crucifix. Ensuite on s'embrassait et on montait se coucher.

« Qui aime bien châtie bien. » L'épître aux Hébreux l'affirme. Est-ce pour cela que j'ai été battu plus que les cinq autres à la fois ? J'en ai pris, des triquées, des raclées, des volées ! On se présentait en toute obéissance devant le bourreau. Les corrections que m'administrait maman la rendaient malade, d'autant plus que je lui disais après : « Je vous aime bien, quand même vous me battez. » Je comprenais que c'était pour mon bien. C'est vrai que j'étais embêtant, contrariant, pénible, nerveux, exaspérant. Pauvres sœurs, mes souffre-douleur ! Avant la correction, mon père assis donnait un premier avertissement. Si je continuais, patiemment, un second, puis deux sommations : « Je vais me lever ; je me lève ; approche ; viens prendre ta raclée. » J'approchais comme qui va recevoir une dragée. Une fois battu, je me calmais, apaisé. Oserais-je ajouter que des paroles m'ont plus blessé que le martinet ? C'étaient paroles bénignes quand mon père disait et répétait d'un air lassé : « Oui, mon petit Henri, tu as raison, tu as toujours raison ! » Mais c'était plus grave et j'en souffrais, quand il me traitait de « bâton merdeux » et que même, dans sa clémence, il adoucissait l'expression en celle-ci, intransitive : « Tu as fini de bâtonner ? » J'ai parfois, dans un excès d'humilité, songé à signer « B.M. », mais qui va deviner ? Ils sont rares les initiés qui ont gentiment oublié mes incongruités.

Vous voyez que nos relations n'étaient pas sans rides.

P.S.

L'image de mon père m'apparaît comme celle d'un guide. Concrètement, c'est celui qui m'accompagnait sur le chemin de l'école, un peu impressionnant parfois, perdu dans ses pensées ou déçu que la curiosité naturelle d'une petite fille ne nourrisse pas davantage de conversation (à la différence des échanges qu'il avait pu avoir au même âge avec mes frères, me dira-t-il par la suite).

C'est aussi celle de la rigueur morale, qu'il lui tenait de transmettre à ses enfants, qui en resteront très marqués, en la trouvant parfois presque trop exigeante, voire austère. Ainsi, je garde le souvenir cuisant d'un retour chez l'épicier, pour avouer mon forfait (un bonbon chapardé) et rendre l'objet du délit !

B.V.

Un souvenir de mon père : la montagne. Les levers matinaux, au soleil levant, la montée sur les sentiers. L'apprentissage du pas régulier, le respect des lieux, des animaux, des végétaux et, surtout, des gens. Ne jamais jeter une pierre dans un champ. Il marchait devant, pas question de le dépasser. Il fallait aussi se taire pour garder le souffle, écouter le silence.

La découverte de la haute montagne : il était premier de cordée. Un jour, c'est lui qui a souhaité être pris en charge par ses fils. En dernier, derrière, pour les dernières courses. Nous avons tous les trois hérité de son amour pour la montagne.

P.M.

L'image première qui me vient à l'esprit, quand je pense à papa, est celle d'un homme patient, réservé mais qui, avec autrui, montre toujours de l'humour. Il va toujours, à un moment ou à un autre, intervenir dans la conversation, nuancer, atténuer les propos souvent excessifs des uns et des autres. Et c'est par là que je pourrais définir l'exercice de la paternité : son rôle fut celui d'un modérateur réfléchi. Par son humour malicieux, il relativise les problèmes et désamorce les drames.

F.P.

Papa est mort quand j'avais onze ans, et son souvenir, pendant ces trente et une années, a été modifié et a évolué. Une des raisons de cette modification est que, si le lien physique a bien été rompu par la mort, après des mois de cancer pénible qui ont entraîné des changements physiques et psychologiques, le lien paternel, lui, ne s'est pas dissous dans la mort. C'est pour cette raison que j'ai la chance de n'avoir jamais eu de problème avec l'affirmation de la Communion des saints. Papa est resté et reste présent d'une façon quasiment physique ; et je ne me suis jamais gêné pour m'adresser à lui, de mon adolescence à maintenant, et j'ai toujours eu une réponse (non verbale, bien sûr, et sans utiliser le spiritisme) *toujours efficace*.

A.B.

L'image qui me vient le plus spontanément à l'esprit est celle d'une autorité morale avant tout, d'une distanciation des êtres et des événements, prodiguées plus par l'exemplarité que par le dialogue, comme si la volonté de transmettre devait se réaliser en s'impliquant le moins possible dans le réel, le vécu quotidien.

Si je devais compléter cette image pour tenter de formuler celle que j'ai le désir de donner cette fois comme père, je souhaiterais pouvoir y ajouter, pour la parfaire, une dimension plus grande de dialogue et de proximité.

F.M.

Je le vois dans ses travaux manuels, et tout particulièrement dans le travail du bois. J'étais impressionné par son coup de rabot infaillible. J'admirais sa patience et sa persévérance.

H.B.

En pensant à mon père, le souvenir le plus caractéristique de sa paternité est l'autorité, une ferme autorité. Je crois qu'il savait m'aimer, car aimer, c'est vouloir le bien, et non pas seulement le plaisir, de ceux qu'on aime. Pour procurer ce bien, il savait commander, imposer sa volonté, contrarier les caprices, diriger et discipliner les énergies, tailler les pousses folles. Si la fermeté était nécessaire, il punissait. Il aimait en corrigeant, il corrigeait par amour. Pourtant, une fois devenu adulte, il m'a un jour confié cette remarque : « Ce qui a toujours été dommage, c'est que j'avais toujours le mauvais rôle : celui de punir, de faire appliquer la loi du parent. Finalement, t'aimer, ce n'était pas d'abord être aimé de toi ou te câliner, c'était faire de toi un homme. Tu comprends ? »

F.L.

Le souvenir le plus naturel est celui d'un homme droit, porteur d'un exemple qu'il n'assénait jamais, mais qu'il savait laisser voir avec modestie et humour. Attitude sans doute explicable par sa foi de haute teneur et par sa formation de juriste dont il fera son métier.

L.B.

Le souvenir qui m'a le plus marqué est celui-ci. Un jour, le premier où je n'ai pas trop mal joué le premier mouvement de la *Sonate au clair de lune*, mon père s'est arrêté pour écouter. Il m'a félicité et m'a donné un billet de cinquante francs (de l'époque !). Cela m'a profondément touché, car il était très musicien.

P.V.

Aujourd'hui, mon père a 91 ans. C'est un homme éminemment bon, que je respecte, que j'estime et honore, mais j'avoue avoir du mal à l'appeler « papa ». Ne peut devenir père que celui qui est fils, libre de ses parents. Ce ne fut pas le cas de mon père. Pour des raisons que je ne connais pas et que je n'ai pas à connaître, il ne quitta jamais ses parents. (Il demande d'ailleurs à être enterré avec eux et non avec son épouse.) Si l'homme ne quitte pas son père et sa mère pour s'attacher à sa femme, il peut, bien sûr, engendrer un enfant, mais pas devenir père.

C.F.

Lorsque je pense à mon père, la première image est celle d'un homme fort, qui me donnait la sécurité et la paix. J'ai surtout ressenti cela pendant la guerre de 39-45. Si, pendant une alerte, il était là, je n'avais pas peur. Sans lui, j'étais perdue. Dans son rôle de père, il était une autorité, sans violence. Lorsqu'il nous disait : « Les filles, ça suffit ! », tout le monde rentrait dans le rang. Son autorité était adoucie par sa tendresse.

S.Y.

Il m'est venu l'image de la force tranquille de papa, celle du nageur puissant et paisible qu'il était. Je le revois dans sa tenue de bain, carré, athlétique, bien proportionné, et j'admirais son crawl, qu'il avait dans sa jeunesse travaillé méthodiquement. J'étais fier de ces mouvements réguliers, qui l'emmenaient loin au large, au-delà de la foule des baigneurs. Cette force contrastait avec sa douceur, sa proximité, car ce grand nageur, revenu sur la plage, se livrait avec nous au jeu le plus commun, celui des boules de bois sur le sable.

F.A.

J'étais étudiante à Lyon et, à l'occasion d'un passage où il avait du temps, nous avons « fait » la rue Auguste-Comte, déjà riche en antiquaires. Pour une fois, mon père était disert. Il faut dire qu'il était dans son élément : ébéniste d'art et de formation, aucune essence de bois ne lui était inconnue ; aucun meuble n'avait de secret pour lui. J'ai le souvenir que nous avons marché lentement, nous arrêtant à chaque vitrine et il me racontait chaque meuble : son histoire, sa fabrication, faisant vivre ces choses belles avec un enthousiasme dont il était très avare à l'ordinaire. Il était intarissable et je l'écoutais. Il savait ouvrir tous les meubles en les voyant ; il connaissait les essences les plus précieuses. Sensible et compétent, c'était là un registre étranger à ma mère qui parfois enviait le soin porté aux meubles, elle qui était loin d'en être un…

F.B.

Mon père est, je crois, celui qui m'a permis très tôt de distinguer ce qu'il était juste de dire et ce qui était « indisposant » dans le dire. Sa propre mère, décédée lorsqu'il avait 15 ans, était une amoureuse du dire la vérité pour servir la vie.

F.K.

Le souvenir le plus marquant que j'ai de mon père, ce sont les longs moments qu'il passait à réciter des poèmes, en français d'abord, mais aussi en allemand (qui était sa langue maternelle, langue dans laquelle je ne l'ai jamais entendu s'exprimer en d'autres circonstances), en grec et en latin. C'était en particulier durant les interminables trajets vers le lieu de nos vacances qu'il se récitait et nous récitait longuement Baudelaire, Musset, Hugo, Vigny, Goethe, Schiller, et aussi quelques fragments des tragiques grecs ou de la Vulgate. J'en ai retiré l'amour de la poésie, certes, mais plus encore celui du son de la parole. De la langue entendue comme belle et mélodieuse alors même qu'aucun sens ne venait habiter, pour l'enfant que j'étais, ni l'allemand, ni le grec, ni le latin… Ni d'ailleurs la totalité des mots français qui nous étaient récités.

A.P.

L'image qui me vient spontanément est celle de mon père, lors de nos promenades à cheval dans la campagne lorraine : il est devant, mène la marche, bien droit…

G.C.

La première image n'est pas celle d'une « fonction » paternelle. Je le vois assis à la table familiale, massif, rugueux, silencieux. Quant à un geste « de père », je n'en trouverais aucun, hormis les engueulades.

J.N.

Le souvenir le plus caractéristique de sa paternité est en fait l'incompréhension de ce que j'étais. Il a voulu justement « exercer une fonction », un « rôle ». Mais ce que je comprends maintenant, c'est sa foi qui, finalement, a tout transcendé. Bien sûr, je suis tenté, j'étais tenté de jugement, comme si je n'étais qu'un « accident de parcours »… Bien sûr, il ne me voyait jamais objectivement, simplement, et je n'ai jamais eu avec lui, je crois, de vraies conversations, sinon à la fin, à l'hôpital. Mais il y a eu filiation quand même ; j'ai la foi et, d'une certaine manière, je refais en sens inverse le chemin qu'il a parcouru, qu'il n'a pas parcouru, plutôt…

J.B.

Quand je pense à mon père « en tant que père », je pense à son regard bienveillant, amusé et esthétique sur les scènes de la vie quotidienne. Il m'a entraîné dans ce type de contact à travers les « personnages » qu'il s'est appliqué à me faire rencontrer très tôt (personnages méridionaux truculents, hommes de théâtre, paysans), à travers les scènes touchantes, tragiques ou comiques qu'il me faisait observer dans la rue ou depuis la terrasse d'un café.

Quand je pense à lui en tant que père, il me vient aussi à l'esprit (ainsi qu'aux yeux et au goût) son rapport à la cuisine. Depuis toujours je l'ai vu choisir de bons produits et les cuisiner avec entrain et créativité. Il me délivrait des messages du type : « Quand tu auras quitté la maison, tu sauras te débrouiller, tu ne mourras pas de faim. » Sous-entendu : « Tu pourras te faire de bons plats, mettre de la joie dans la solitude, être heureux, tout simplement. »

V.L.

Mon père évoque pour moi l'autorité (c'est par lui que la sanction arrivait), la compréhension de la société (l'organisation civile, la lecture du journal), mais aussi la lecture d'un livre choisi écouté à plusieurs, l'entrée dans le monde des hommes (mon père chasse et nous a très souvent emmenés avec lui).

B.M.

J'ai vu en mon père un homme qui, durant toute sa vie, s'est révélé dans la lutte. Lutte pour sa famille après de lourds revers de fortune, après la guerre. En sachant être humble sans être humilié, ne confondant jamais arrivisme et dignité, ni réussite et compromission. Deux traits essentiels chez lui : la force et la droiture. Il m'a appris la persévérance.

Cl.V.

Chronologiquement, les deux premiers souvenirs marquants d'actes de mon père à mon égard sont les suivants, alors que j'avais cinq ou six ans :

Au retour d'un voyage d'affaires en Belgique, vers 1949, mon père me rapporte une bande dessinée qui commence à faire fureur : des aventures de Tintin et Milou, *L'île Noire*.

Comme j'étais turbulent et insupportable, mon père me sanctionne en me mettant dans un sac à pommes de terre dans la cave !

Je ne sais si ce sont deux manifestations caractéristiques du lien paternel avec son petit garçon, mais elles sont bien restées. Ensuite, ce qui me frappe le plus, c'est que mon père était curieux des personnes, de la société et de la politique. Il m'emmenait visiter des usines. La visite qui m'a le plus marqué fut celle du barrage de Génissiat, qui venait d'être inauguré. Il m'expliquait comment tout cela fonctionnait. C'était une encyclopédie.

J.F.

Chaque soir, lorsqu'il était présent à la maison, à la fin du repas, mon père nous lisait deux ou trois pages d'une vie de saint. La plupart de ces récits étaient tirés d'une collection où chaque petite séquence était précédée d'une image. Plusieurs de ces images sont restées dans ma mémoire. Comme notre père n'aimait pas dépenser, le fonds restait toujours le même, et nous relisions plusieurs fois la même histoire. C'est ainsi que saint Augustin, sainte Jeanne d'Arc, saint Vincent de Paul, saint François Xavier, sainte Catherine Labouré, Frédéric Ozanam et quelques autres nous sont devenus familiers. Ces visages m'ont marqué pour toujours et ont contribué à me faire découvrir la saveur chrétienne de la vie.

L.B.

Mon père avait montré beaucoup d'enthousiasme à nous encourager à monter un spectacle de danse à la maison, qu'il filmerait. Il s'était donné beaucoup de mal : déménagement du salon, projecteur, costumes, etc. Nous, les enfants, nous nous étions surpassés. Cela avait pris tout l'après-midi, demandé beaucoup d'énergies et donné de joies. Au développement du film, tout était très sombre ! Mais dans mon cœur il est resté la certitude que mon père nous aimait beaucoup puisqu'il voulait partager et garder sur sa pellicule un moment de bonheur. Il était metteur en scène et témoin de nos talents.

F.G.

L'image que j'ai gardée de mon père est celle d'un homme qui souhaitait nous donner le sens du travail bien fait. C'était un entrepreneur, mais aussi un mauvais pédagogue. Il appréhendait toutes nos erreurs sans donner d'explications, comme un maître qui modifierait sans arrêt le tableau de son élève.

J.P.

Les « flashes » convergent tous vers les accès de fantaisie de mon père : presque des coups de tête pour emmener sa nombreuse tribu voir la mer le temps d'un dimanche (de Paris !), découvrir un match de polo ou louer des tandems pour un pique-nique dans la forêt voisine. Toutes ces rares journées émaillaient notre vie avec lui fondée sur une autorité forte. Pendant longtemps, aucun de nous n'aurait osé lui résister et nous avons tous nourri des sentiments de crainte envers lui. Il en découle pour moi une impression de solitude de mon père face à notre fratrie solidaire et forte groupée autour de notre mère.

E.M.

Annexe II

La généalogie du genre humain

selon Denis Vasse

À lire en regard du chapitre V : « L'alliance avec l'origine »

L'homme se fonde dans une chair invisible, celle d'une présence réelle dont il répond dans le temps et l'espace de son corps. Le genre humain surgit d'une différence originaire, d'un don de la Vie à l'unité de laquelle est référée la multiplicité des vivants. En elle « s'articule » – on pourrait dire « parle » – l'unité originaire de ses membres. En cette origine de la vie de Dieu s'engendrant comme lui-même, s'articulent trois unions – trois différences – où le vivant est conçu et se conçoit en Dieu :

1. l'union du père et de la mère dans la *conception* : l'alliance des êtres y transcende la fusion des gamètes ;
2. l'union de la mère et de l'enfant dans la *naissance* et la prématurité de l'être humain : la loi en interdit l'inceste et transcende le montage pulsionnel ;
3. l'union du père et du fils – ou de la fille – dans la *nomination* : par où s'établit que le nom du vivant dans la chair se révèle plus originaire dans le genre humain que le « sexe », la différence subjective plus originaire que la différence objective.

Nulle part ailleurs que dans cette triple union – *conception*, *naissance*, *nomination* – ne peut se signifier dans le monde la commune et unique origine de l'Homme et de l'Univers. Quand il est sous l'emprise de la toute-puissance de la pensée propre à la jalousie ou du sentiment de la toute-puissance propre à la science, l'homme veut alors objectiver l'origine de la Vie. Il fait du vivant un objet. Il manipule à mort l'homme et la femme en se dispensant d'obéir,

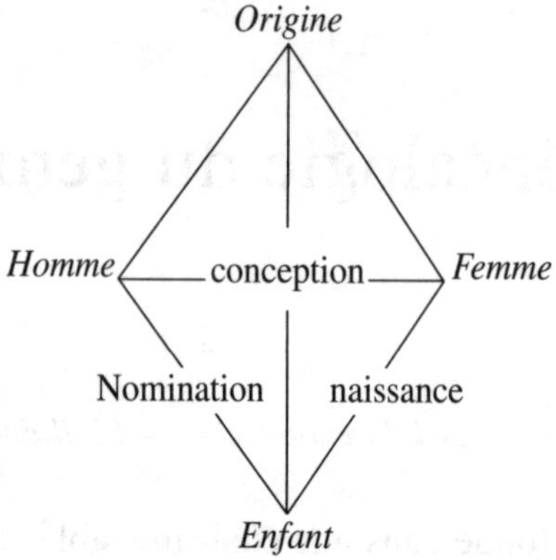

d'écouter ce que dit la Chair quand elle se révèle à travers la triple union sans laquelle la question de la Vérité de l'homme vivant ne se pose même plus. Ni celle du monde, d'ailleurs. Ni celle de Dieu.

Quand elle se révèle dans cette triple union, la Vie dit qu'elle est amour. Si nous l'écoutons, nous la reconnaissons à l'œuvre dans les trois différences que nous avons dites et qui constituent la chair unique et invisible, celle de la reconnaissance de la Vie dont l'homme vit. Il se reconnaît vivant dans sa femme qui enfante comme dans l'enfant au ventre de la mère ; dans la généalogie, il se reconnaît comme fils de l'un et de l'autre sexe et frère de tous dans le genre humain. Ils appartiennent tous au Vivant dont ils héritent la vie à l'origine et dans lequel ils cherchent leur Visage. Le visage du Dieu qu'ils cherchent est celui d'un Père qui ne retient pas la Vie, mais la donne gratuitement, parce qu'il est l'Amour, au risque de la perdre. Sa parole de Vie ne cesse de traverser – transcender (transcander) – la désunion de l'homme et de la femme, la désunion de la mère et des enfants, la désunion de la vie et des vivants dans la généalogie du genre humain[1].

1. Extrait de : « Homme et femme en esprit et en vérité : père et mère selon Dieu », intervention à la session organisée par la Commission doctrinale de l'épiscopat français, le 4 février 2003, Centre Jean XXIII, Luxembourg.

Table des matières

Composé par Nord Compo
à Villeneuve-d'Ascq

Imprimé en Italie par Legoprint.
Dépôt légal : avril 2004
N° d'éditeur : 2589